JN098131

徹底チェック刑法

基本をおさえる事例演習

COMPLETE CHECK CRIMINAL LAW

嶋矢貴之
小池信太郎
品田智史
遠藤聡太

有斐閣

はしがき

法学を勉強することの目標の１つは，事実から法的問題を見出し，法を適用できるようになることである。もっとも，例えば刑法について，教科書を読むだけでそのような能力を身につけるのは容易ではない。教科書は，知識を得ることに重点が置かれているためである。得た知識を実際に用いるトレーニングとしては事例演習が有用であり，現在ではそのための良質な事例演習教材が多数存在する。しかし，そこで取り上げられているのは長文の複雑な事例であることが多く，自力でそうした問題を解くことは，教科書を読んだだけでは難しい。そのような試みは，いうなれば急斜面を一気に駆け上がろうとするもので，登り切れずに息切れしたり，途中でつまずいたりするなどといった事態に陥るかもしれない。それよりも，らせん階段をぐるぐると上っていくように上を目指していくほうが安全であり，結果として目標へ早く到達できる可能性すらある。以上のような考えのもとに作られたのが本書である。本書の目的は，講義や教科書などで刑法をひととおり勉強した人（あるいは，現に勉強中の人）が，長文の事例問題を解けるレベルに至るまでの橋渡しをすることにある。

本書は，刑法総論・各論を一冊でカバーする形で，体系に沿って，事例演習として必要な項目（最新判例も含む）を基本的に網羅している。各講の事例は，重要判例などをモデルにした比較的短めのものであるが，教科書で挙げられる「例」などよりは詳細で，事例問題としての実質を備えている。事例の解説は，答案を書くために必須の基本的知識を，判例およびその標準的理解をベースに，原則として見開き２頁に収まるコンパクトな記述により確認するスタイルをとっている。そこには，教科書などで学修した内容をどのように活かせばよいかという観点が盛り込まれているほか，法科大学院や法学部の法曹コースでの授業担当を通じて，学生の事例検討や答案作成上の悩みに日々向き合っている我々著者４名の経験に基づき，誤解に陥りやすい部分はどこか，その誤解をどのように正せばよいのかについての記述が随所に設けられている。そして各講末尾の「本講のポイント」では，最低限おさえておきたい点をまとめている。刑法の勉強がある程度進んでいる人に，アウトプットまで視野に入れつつ，基礎知識の定着（「本講のポイント」を読んでその具体的内容が思い出せることが１つの目安となろう）を図る教材として使っていただきたいのはもちろんのこと，初めて刑法の講義を受けたが内容が抽象的でついていけないという人には，具体的なイメージを持って学べる副読本としての使用もおすすめしたい。

そのほかに，introduction において「第 0 講　刑法の事例問題への取り組み方」と題し，そもそも刑法の事例問題では何が問われているのか，事例問題をどのように分析していけばよいのかについて書いてあるほか，実際の解答例を素材に，具体的な答案の記述方法についても示している。事例問題に取り組むのが初めてという人には是非読んでもらいたい（すでに事例問題に慣れつつある人にも有用な情報が含まれているかもしれない)。

また，身分犯の共犯に関する刑法 65 条の適用や罪数のパターンについての一覧表（→132 頁，138 頁）のほか，出題頻度の高さにもかかわらずつまずく人の多い強盗の相互関係（事例において複数ありうる強盗罪のうちどれを問題にすべきか）に関する検討のパターン（→206 頁）を掲載している。これらも，事例問題への対応において，役立つはずである。

本書をマスターすれば，刑法の事例問題を解くために必要な基本的知識を獲得でき，長文の事例問題に対応することもきわめて容易となるであろう。本書で自身の基本的知識を「徹底チェック」してほしい。

本書の性質上，学説の先端的な議論状況に立ち入ることができず，参考文献も掲載できなかった。しかし，我々 4 名としては，コンパクトな記述の中に刑法のおもしろさが垣間見えるような意図も込めたつもりである。本書で刑法に興味を持ってくれた人が，さらに様々な体系書・論文などを読んでくれるようになれば，大変喜ばしい限りである。

有斐閣法律編集局の三宅亜紗美氏から本書の具体的な企画を提案いただいたのは平成の頃で，それから我々 4 名は何度も打合せを重ねてきた。その間，三宅氏は我々の長時間の議論に辛抱強くつきあってくださったことをはじめとして，刊行に至るまで様々なご尽力をいただいた。三宅氏には，長らくお待たせしたことをお詫びするとともに，深く感謝の意を申し上げたい。また，本書の完成にあたっては，我々の所属大学の学生の皆さんに有形・無形のお手伝いをいただいた。この場を借りてお礼を述べたい。

2022 年 4 月

著者一同

目次

introduction

総論

各論

細目次

introduction

総論

各論

本書を読むにあたって

各講の構成

▶ 事例

各講で理解してほしい点や問題となる点を含む事例を掲げています。

X（Y・Zがいる場合はY・Zも）の罪責を検討してください（特別法違反については通常検討の必要はありませんが，問題となっている場合は事例の中で言及があります)。

また，http://www.yuhikaku.co.jp/books/detail/9784641139541 において，事例だけをまとめたものを公開していますので，こちらも活用してください。

▶ 解説

事例ごとに，答案を書く前提として必須の基本的知識，その事例の考え方，理解や解答において気をつけたい点などを，判例およびその標準的理解をベースに解説しています。

▶ 本講のポイント

各講の終わりに，その講でおさえておきたいポイントをまとめています。内容の確認や理解の定着につなげてください。

表記について

▶ 法令名

刑法は条文番号のみを記載しています。

そのほかの法律で略語を用いたのは以下のとおりです。

自動車運転死傷行為処罰法	自動車の運転により人を死傷させる行為等の処罰に関する法律
銃刀法	銃砲刀剣類所持等取締法
振り込め詐欺救済法	犯罪利用預金口座等に係る資金による被害回復分配金の支払等に関する法律

▶ 判例集など

以下の略語を用いて表記しています。

刑録	大審院刑事判決録
刑（民）集	大審院，最高裁判所刑（民）事判例集
集刑	最高裁判所裁判集刑事
高刑集	高等裁判所刑事判例集
東時	東京高等裁判所刑事判決時報
判タ	判例タイムズ
判時	判例時報
裁判所 Web	裁判所ウェブサイト（https://www.courts.go.jp）
LEX/DB	TKC ローライブラリー（https://www.tkc.jp/law/lawlibrary）
最判解昭和○年度	最高裁判所判例解説刑事篇昭和○年度

著者紹介

嶋矢貴之　しまや たかゆき

神戸大学大学院法学研究科教授

執筆担当講：14～17，23，27～30，42，43

小池信太郎　こいけ しんたろう

慶應義塾大学大学院法務研究科教授

執筆担当講：6～9，18，22，24，25，31，38

品田智史　しなだ さとし

大阪大学大学院高等司法研究科准教授

執筆担当講：0～5，19，32，33，35，40，41

遠藤聡太　えんどう そうた

早稲田大学大学院法務研究科准教授

執筆担当講：10～13，20，21，26，34，36，37，39

CHECK

COMPLETE CHECK
CRIMINAL LAW

introduction

第0講　刑法の事例問題への取り組み方

問題1

Xは，路上で，Aから「なにこっち見とるんや」などと因縁をつけられ，人通りのない路地裏に連れ込まれて，Aから殴る蹴るの暴行を受けた。Xは，自分の身を守るために，護身用に所持していたサバイバルナイフを取り出し，殺意をもってAの胸部に突き刺した。Aは出血性ショックによって死亡した。

上記事実におけるXの罪責を論ぜよ（特別法違反を除く）。

1　刑法の事例問題とは

本書が取り扱うのは，上記のような刑法の事例問題への対処方法である。ここでは，刑法の事例問題一般についての取り組み方，答案の記述方法を説明する。事例問題で問われているのは，事例記載の事実に対する法的評価の内容であり，また，それを導き出した過程を示すことが求められている。

刑法の場合，「○○の罪責を論ぜよ」という問いの形式が一般的であり，その答えとなるのは，「示された事実について，○○にどのような犯罪が成立するのか，それともしないのか」である。また，事例において，過剰防衛（36条2項），中止犯（43条ただし書）などの刑の減免事由がある場合，それらについても言及する必要がある。一方，犯罪が成立する場合に，懲役○年など，具体的にどのような刑が科されるか（量刑），および，減免事由がある場合について，実際に刑が減軽または免除されるのかの判断は，事例問題の記載だけでは通常不可能であり，そこまでは答えとして求められていない。

2　具体的な検討の流れ

罪責を論じる場合，事実（○○の行為）について，刑法のどの条文が適用されるかを記述していくことになるが，その順序は，刑法総論で学修した刑法の犯罪論体系に従う。すなわち，①構成要件，②違法，③責任の順序である。

①構成要件とは，刑罰法規から読み取られる禁止行為の類型である。そのため，まず，事例の中から，刑法各則の犯罪類型に該当しそうな行為を見つけ出すことが求められる。問題1では，Xが殺意をもってAの胸部にサバイバルナイフを突き刺したという行為，および，それによってAが死亡しているということについて，199条の殺人罪が適用されそうであるとあたりをつけて検討を始めていくことになる*。検討すべき行為に気づかなかったり，成否を判断すべき犯罪類型を取り違えたりすると，その時点で，事例問題の答えとしては不適切になってしまう。

* 検討対象が故意犯の場合，故意のない部分を直接取り上げることは無用な負担となる。その関係で，どの時点で行為者に故意が認められるのかにも気を配る必要がある（具体例は，例えば第2講において出てくる）。

次に，見つけた行為について，構成要件に該当するかを具体的に分析する。その際は，刑罰法規の文言を，構成要件要素に整理して検討する。例えば，199条の「人を殺した」という文言は，人という客体，殺そうとする行為（殺人の実行行為），人の死亡という結果，行為と結果との因果関係という客観的構成要件要素，そして，故意という主観的構成要件要素に整理される。Xは，Aという人に対し，サバイバルナイフで刺すという行為を行い，その結果として同人を死亡させており，その際には殺意があったので，殺人罪の構成要件に該当することになる。

構成要件に該当しても，検討はまだ終わっていない。②違法，③責任の検討を順に行う必要がある。もっとも，②③は例外的な事情と考えられているため，問題になりそうな場合に限って検討すればよい。問題1では，正当防衛（36条1項）の適用が問題となりうる。②③の各事情についても，それぞれ整理された要件に従って検討することになる。本事例では，結論的には，Xの行為は「やむを得ずにした行為」の要件を充たさないため正当防衛は成立しないが，任意的減免事由である過剰防衛には該当するであろう（→詳細は第7講）。

そのほかに，本問において適用を検討すべきものは存在しないので，結論を示すことになる。XのAに対する行為には，殺人罪が成立し，過剰防衛として刑の任意的減免がなされうる。上述したとおり結論はここまででよい。

問題２
Ｘは，Ｙと不倫しており，Ｙに妻Ａと離婚するよう何度も迫っていた。Ｙが，Ｘに「もうすぐＡのお腹の中の子（Ｂ）が生まれるが，その子が死んでくれれば離婚できる」と言ってサバイバルナイフを渡したところ，Ｘは，Ｂを殺すつもりで，Ａが出産中の病院の処置室に入って，Ａの体内から出ている途中のＢに切りつけ，Ｂを死亡させた。
上記事実におけるＸ・ＹのＢに対する罪責を論ぜよ（特別法違反を除く）。

1　複数人の罪責を論じる場合

問題２では，ＸとＹの２人の罪責が問われているが，問題１と検討方法は同じで，事実から犯罪行為を見つけ出すことから始める。本問では，「Ｂに対する罪責」となっているので被害者がＢに限定されているところ，ＸがＢに切りつけて死亡させたこと，そして，ＹがＸに上記行為を指示しナイフを渡すことで協力したことが見つけられるであろう*。このように複数人が関わっている場合に，どこ（誰）から検討を始めるかについて，一般論としては，犯罪の中心部に近いところ，正犯の構成要件該当行為を実行している人から始めたほうがよい。その確定なしに周辺の関与者の罪責を特定するのは難しいからである**。具体的に本問では，ＸによるＢの殺害行為を検討してから，それに協力したＹの罪責について検討することになる。

＊　なお，Ｘが病院やそこに至る道中でサバイバルナイフを携帯していることは，特別刑法である銃刀法違反などに該当しうる（問題１も同じ）。このように，ある者に複数の犯罪が成立する場合，最後に，それらの関係（罪数）について検討する必要がある（→第 18 講）。ただし，本問のように，特別法違反は問題文で検討を除外されていることが多い。

＊＊　あくまで一例であり，事例によっては人単位で分けないほうが検討しやすい場合もある（例えば，複数の犯行について，実行者が入れ替わる場合など）。

2　具体的な事例の検討――いわゆる「論点」に関する論述

ＸがＢを殺害した行為については殺人罪の構成要件該当性を検討することになる。なお，Ｘの上記行為にはＢに対する暴行罪（208 条）や傷害罪（204 条）も成立する可能性があるが，それらの罪が成立したとしても，殺人罪が成立すれば，同罪に吸収されてしまう関係にあり，検討の必要がなくなるので，殺人罪から検討すべきである。

本問では，出産途中であるBが殺人罪の客体である「人」といえれば，他の要件（実行行為，結果，因果関係，行為者の故意）は問題なく認められるであろう。もっとも，Bが「人」であるかは直ちに決められず，「人」という法の文言（殺人罪の成立要件）の解釈とその事実への適用が必要である。これが論点というもので，事例問題において，通常，出題者が最も検討してもらいたい部分である。具体的な検討内容は，論点に関する法的な分析，すなわち，法の文言の解釈（規範）を導き出すこと，および，その規範に事実をあてはめて結論を示すことである。この分析作業は，（本来の意味より狭義だが）「法的三段論法」と呼ばれることがある。*

＊　事実に法律を適用しようとするとき，論点は複数出てくることがある（むしろ，それが一般的である）。論点の重要性には差があるが，それは相対的なものであり，また，事実関係に応じて変化もするので見極めは簡単ではない。一応の目安として，論点の含まれる犯罪の事例における重要性，論点の判断が結論に与える影響の程度，論点の規範についての判例・学説による争いの有無・程度などが挙げられる。

本問で問題となっている論点は，おそらく刑法各論を勉強する際に最初に目にするもので，人間の出生プロセスのどの段階で199条の「人」と認めることができるのか，という「人の始期」の問題である*。人の始期について，刑法の判例（大判大正8・12・13刑録25-1367〔ただし傍論〕）・通説は，「胎児が母体から一部露出した時点が人の始期である」という基準を採る（一部露出説）**。そして，本問のBは，Xの攻撃の際，Aの体から出てくる途中であったため，この一部露出という基準に包摂されている（あてはまる）。したがって，この基準によれば，Bは199条の「人」であり，それを殺害したXの行為には殺人罪が成立する。そして，（ここでは詳細は省略するが）Yは，Xと共謀してBを殺害したとして，殺人罪の（共謀）共同正犯が成立することになる。

＊　この問題を問題1で検討する必要はない。問題1の被害者Aが「人」であることは，人の始期（や人の終期）の問題に立ち入るまでもなく明らかだからである。法の解釈上の問題は，具体的な事実と関連性を持つに至って，初めて論点として検討に値する。したがって，事実と解釈上の問題を結びつける記述（事実からの法的問題の抽出）は，論点の検討の前提として必須である。

＊＊　規範については，その具体的内容が重要であって，学説の名前だけを書いてもあまり意味はない。

3　答案の作成

以上の分析を前提に答案を作成することになる。ここでは，実際の解答例（Y については省略）を素材に，答案作成時に気をつけるべき点について簡単に述べる。

---

1. X が，B をナイフで切りつけ死亡させた点について，殺人罪（刑法 199 条）の成否を検討する。[*1]
2. 殺人罪が成立するためには，行為の客体が「人」である必要がある。本問の場合，X が攻撃したのは，出産途中の B であるが，そのような状態の B も「人」といえるか。人と胎児の限界を画する人の始期がいつなのかが問題となる。[*2]

出産途中に母体から一部でも出ていれば，それに対する直接の加害行為が可能となるため，保護の必要性が高まる。したがって，母体から胎児が一部露出した時点で人となると解される。[*3]　それゆえ，A の体内から出ている途中である B も 199 条の「人」に該当する。[*4]　X は，そのような B に対して，殺意をもって，サバイバルナイフで切りつけ，よって死亡させているので，殺人罪の構成要件に該当している。[*5] [*6]

＊1｜最初に，問題文から抽出した問題となる行為（犯罪事実）と，それに対して適用を検討しようとする犯罪類型を示す。

＊2｜論点における問題の所在に関する記述。問題文の具体的な事実を示し，それを法解釈上の問題と結びつける。

＊3｜規範とその論拠。論点の検討においていちばん重要なのは規範とあてはめだが，可能であれば，論拠についても示すことが望ましい。また，規範については，それを判断する具体的な考慮事情を示したほうがよい場合がある（例えば，規範の内容が抽象的すぎる場合など）。

＊4｜あてはめ。本問のこの論点のあてはめは明快に判断できるので簡単な記述だが，通常は簡単には済まない。そのような場面においては，問題文の事実をそのまま書くだけでは足りず，（複数の）事実を分析・評価し規範にあてはまるかを説得的に示す必要がある。

＊5｜「人」以外の殺人罪の構成要件については，規範定立→あてはめの順序をとらず，事実と構成要件要素を対応させる形でまとめて簡潔に書いた。重要性の低い箇所であれば，そのような記述になっても問題は少ない（さらに言えば，問題文から明らかであると判断して省略するという選択肢もありうる）。ほかに，各要件の定義だけは示しておくなどのバリエーションもある。

＊6｜故意についても問題文に殺意（殺人罪の構成要件的故意）の存在が明示されているので，他の要件とまとめてしまっている。問題文に故意の存在が明示されていな

ければ項をあらためて検討することが必要であろう（→具体的な故意の認定方法について第3講参照）。なお，客観的構成要件→主観的構成要件の順に検討するのが一般的な手法であるが，それは絶対のルールというわけではない。実際，この答案も客観→主観の順には必ずしもなっていないが，そのこと自体をもって問題視はされない。

3. 以上より，Xの行為には殺人罪が成立する。*7

＊7｜結論部分。本問では違法性阻却事由，責任阻却事由との関係で問題になる事情がないので，「違法性阻却事由，責任阻却事由はない」という記述は一切不要である。

以下の講で登場する事例問題の検討方法も，本講で述べたところと基本的に同じである。解説では，各事例問題を解くにあたって重要な点，気をつけるべき部分に可能な限り言及しているので，それらを使って答案を考えてみてほしい。

本講のポイント

- □1　刑法の事例問題において「罪責を論ぜよ」と問われている場合，犯罪の成否，および，減免事由の存否についての結論と，それに至った理由を示す必要がある。
- □2　検討の順序は，犯罪論体系（構成要件，違法，責任）に従い，複数の犯罪があるときは最後に罪数について検討する。まず，事例の事実から，犯罪類型に該当しそうな行為を見つけ出すことが求められる。
- □3　見つけ出した行為について，構成要件要素ごとに検討を加え，構成要件該当性を判断する。次に，違法性阻却事由，責任阻却事由などの適用が問題になりそうな場合は，それについて検討する。
- □4　複数人の罪責が問われている場合，通常は，犯罪を実行している者を最初に検討する。
- □5　検討内容を記述する場合，時間や分量のリソースとの関係で，詳細な記述が必要な部分とそうでない部分のメリハリをつける必要がある。

COMPLETE CHECK
CRIMINAL LAW

総 論

第1講 因果関係

事例1

Xは，深夜工事現場でAと口論になり，懲らしめる目的で，その場にあった角材でAの頭部を複数回殴って転倒させた後，そのまま立ち去った。数時間後，かねてからAに怨みを抱いているYが偶然その場を通りかかり，殺意なく，動かないAの頭部を角材で数回殴りつけた。AにはXによる暴行により脳内出血が発生しており，その後のYの暴行によって当該出血が拡大し，Aは死亡した。Yの攻撃がなくとも，脳内出血によりAは放置していれば死に至ったが，Yの攻撃はその死期を幾分か早めることとなった。

1 Xの罪責――事例問題の検討にあたって

第0講で述べたとおり，まず，問題文の事実の中から，Xの罪責を問うために，検討の対象とする犯行（ここでは，「XがAの頭部を角材で殴って，その結果としてAが死亡していること」）を特定し，続いて，その事実があてはまるかどうかを検討する構成要件を選ぶ。XがAを攻撃し，実際にAが死亡しているが，Xに殺意を認めることは難しく，殺人罪（199条）は成立しない。そのため，傷害致死罪（205条）の成否を検討することになる。

事例1では，Xの故意の暴行により脳内出血が発生しているので，205条の「傷害し」は問題なく認定できる。本事例において特に検討に値するのは，この傷害と死亡結果との因果関係であり，具体的には，脳内出血の発生後，その場を通りかかったYの故意の暴行という異常ともいえる事情が死亡結果との間に介在していることをどのように評価するかを示す必要がある。因果関係が認められれば，Xには傷害致死罪が成立する（→同罪については第20講も参照）*。

* 仮にXに殺意があった場合，Xの行為と死亡結果との間の因果関係という形で問題となるが，基本的に検討する内容は変わらない。

2　因果関係の判断基準──危険の現実化（直接実現型(1)）

因果関係の判断基準として，現在の判例は，行為の危険性が結果へと現実化（実現）したかという「危険の現実化」という基準を用いている*。もっとも，問題文の事実を挙げて，「危険が現実化した」という結論を示すだけでは，十分ではない。「危険の現実化」という基準を具体化し，それとの関係で，各事実がどのような意味を持つと考えたのかという評価を示すことが求められる。

*　因果関係は，発生した結果を行為に帰属させる役割を持つ要件であるため，実行行為の有する危険性が現実化したため結果が発生したと評価できれば，その実行行為に結果を帰属させることが正当化されると一応説明されている。

行為の危険が結果へと直接実現したといえれば，行為後の介在事情の異常性が高くとも，因果関係が認められる（直接実現型）*。事例1類似の事案について，最決平成2・11・20刑集44-8-837は，「犯人の暴行により被害者の死因となった傷害が形成された」ことを理由に因果関係を肯定した。事例1でも，Xの殴打はAに脳内出血を生じさせ，それが実際にAの死因であった一方，Yの行為は，Aの死因を変更したわけでもなく，死期を幾分か早める程度に脳内出血を拡大させたというわずかな影響しか及ぼしていない**。したがって，Xの行為の危険が結果へと直接実現したとして，因果関係は認められる。

*　危険の現実化の前提として行為と具体的結果との間に条件関係が認められていることが必要だが，特に問題がなければ検討は省略してよい。

**　放置していれば死ぬような傷害であったこと（行為の危険性）だけではなく，傷害が実際の死因であること（その危険の現実化）も示す必要がある。

なお，Yの行為は，Xの行為とAの死亡結果との因果関係を判断するにあたっては，影響力はわずかと評価されているが，このことは，Yの行為とAの死亡結果との因果関係を否定することを直ちに意味するものではない。Yの行為によって，Aの死期が有意に早められたのであれば，Yにも傷害致死罪の成立を認めることは可能である*。

*　ここで，死亡結果の二重評価であるという批判はあたらない。1人の行為者に死亡を要件とする犯罪が2つ成立しているわけではなく，共犯関係のない複数人の犯行に死亡結果がそれぞれ帰属しているからである（同時犯）。結果の二重評価が問題となるのは，行為後に行為者自身の行為が介在する場合である。

事例２

(1)　Xは，Aの自宅でAと口論になり，長時間にわたりビール瓶でAの頭部を殴打し，瓶が割れても殴打を続けた。その結果，割れた瓶の先端がAの首や身体に複数回刺さった。Xの行為によってAが受けた刺創は，それ自体として死亡の結果をもたらしうるものであった。Aは直ちに救急車で病院に運ばれ緊急手術を受けたため，いったん容体は安定したが，Aが医師による絶対安静の指示に従わず暴れるなどしたため，容体が悪化し死亡した。

(2)　(1)と同様の経緯で，Xが，長時間にわたりAを暴行していたところ，Aは，瓶が割れた時点で，隙をみて自宅から逃走したが，Xに対し極度の恐怖感を抱き，逃走を開始してから約10分後，Xによる追跡から逃れるため，自宅から約800ｍ離れた高速道路に進入し，自動車に衝突され死亡した。付近には身を隠せる安全な場所も存在していた。

1　直接実現型(2)――事例２(1)

事例２も事例１と同じくXに傷害致死罪の成否が問題となる。事例２(1)では，Xのビール瓶での刺傷行為の後で，医師の治療によってAの容体はいったん安定したものの，Aが医師の指示に従わないことが治療の効果を減殺するなどした結果，容体が悪化してAは死亡している。では，この場合どのようにして，Xの行為とAの死亡結果との間の因果関係が判断されるであろうか。

Xの行為の後，Aの容体はいったん安定しており，A自身が安静にしていれば死亡しなかったといえることからすれば，事例１と異なり，被害者A自身による行為の影響はわずかとまではいえないかもしれない。もっとも，類似の事案についての最決平成16・2・17刑集58-2-169は，行為による傷害が「それ自体死亡の結果をもたらし得る身体の損傷」であることから因果関係を認める。本事例においても，Aは，Xの行為によって死亡の結果をもたらしうる傷害を負っており，結局はその傷害によって死んでいることは間違いない。一方，Aの不適切な行為は，Xの行為によって生じた危険を減少させなかったという意味しか持っていない*。したがって，Xの行為の危険が結果へと直接実現したとして，Aの行為の異常性に関わらず，Xの行為とAの死亡結果との間の因果関係は認められる。

＊　介在事情が，行為の危険性を減少させなかったという不作為と評価される場合，当初の行為の危険性が死亡結果に影響を及ぼすものであれば，基本的に因

果関係は否定されない。

事例1と事例2(1)をまとめると，行為と介在事情の影響を比較して行為の影響力が結果発生にとって決定的であるといえれば，直接実現型として，介在事情の異常性を問わず因果関係は肯定されることになる。

2　間接実現型(1)(誘発型)——事例2(2)

事例2(2)では，Xの行為は(1)と同じであるが，それによってAが傷を負って死亡したのではなく，Xの追跡から逃れるためのAの行為がA死亡の直接の原因となっている。そのため，Xの行為の危険がAの死亡結果に直接実現したと評価することはできない。もっとも，介在事情が結果の直接の原因であったとしても，そのような介在事情の発生が行為の危険性に基づくものであれば，行為の危険性が介在事情を介して結果へと間接的に実現した場合（間接実現型）として危険の現実化による因果関係が認められている。

行為者の行為が被害者や第三者に物理的・心理的に影響を及ぼした結果として介在事情が発生するというのが間接実現型の例の1つである*。この場合は，行為による被害者・第三者への物理的・心理的影響と介在事情の関連性を見て判断することになる**。本事例において，身を隠せる安全な場所（他の合理的な逃走手段）があったことからすれば，高速道路への進入というAの採った行動は適切であったとはいいがたい。しかし，AはXによる長時間の暴行の結果極度の畏怖状態にあったことからすれば，Aが追跡を免れるためにこうした不適切で危険な手段を選択することも考えられないわけではない***。そうすると，Aの行動という介在事情は，Xの行為の危険性に基づいて発生したものといえる。したがって，Xの行為の危険性がAの行動を介して結果へと実現したとして，因果関係が認められる。

*　このような類型の場合，判例においては行為が介在事情を「誘発した」という表現が用いられることがある（最決平成4・12・17刑集46-9-683等)。

**　ここでは，行為が結果を直接引き起こす危険を持っているかどうかという点は，必ずしも重要ではなく，行為が介在事情にどのような影響を及ぼしたのかが判断の焦点である。

***　本事例のモデルである最決平成15・7・16刑集57-7-950は，介在事情である被害者の行動が「著しく不自然，不相当であったとはいえない」という評価でも因果関係を認めている。

事例３
(1)　Ｘは，Ａを拉致するため，Ａを拘束して自動車の後部トランクに押し込んだ。その後，Ｘは，車を道路（片側１車線のほぼ直線の見通しのよい道路）上に停車させた。数分後，Ｘ車の停車地点の後方からＹの車が走行してきたが，Ｙは，携帯電話の画面を見ていてＸ車に気づかず，時速60 km で同車の後部に衝突した。衝突の衝撃でトランク内のＡは死亡した。
(2)　Ｘは，Ｙを助手席に乗せて自動車を運転中，前方不注視により，自転車に乗っていたＡに自車を衝突させた。Ａは衝突によってＸ車に跳ね上げられたが，Ｘはそのことに気づかず運転を続けた。その後，Ｙが，Ａの存在に気づいてパニックになり，自動車の屋根からＡの身体を引きずりおろし，道路に転落させた。Ａは，頭部打撲に基づく脳くも膜下出血によって死亡したが，死因となった頭部の傷害は，Ｙの行為により生じたものであった。

1　間接実現型(2)（危険状況の設定）

事例３(1)では，Ｘに監禁致死罪（221条）の成否が問題となるが，Ｘのトランク監禁から直接生じる物理的影響力（例えば酸欠）によってＡが死亡したわけではない。また，Ｙの過失は運転中の携帯電話利用による前方不注視であり，Ｘが車を停車させた位置からしても，交通事故がＸの監禁行為から誘発されたとはいいがたい*。もっとも，最決平成18・3・27刑集60-3-382は，類似の事案で，死亡原因が直接的には第三者の甚だしい過失行為にあるとしながらも，「道路上で停車中の……自動車後部のトランク内に被害者を監禁した本件監禁行為」と死亡結果との間に因果関係を認めている。この判断は以下のように説明される。トランク監禁には，酸欠などの危険のほかに，車のトランクが（座席とは異なり）構造上衝突に対してぜい弱で，そこに人が入れられれば衝突から著しく無防備になるという危険も含まれる。そのため，道路上で停車中の車のトランクに被害者を監禁するという行為は，交通事故の発生が社会的に見てありうることからすれば，衝突事故を介した死亡という高い危険性を有している。そして，実際に衝突事故でＡが死亡しているのだから，Ｘのトランク監禁行為による危険が結果へと実現したと評価できる。このように，介在事情と行為との結びつきが弱い場合でも，行為によって，介在事情による結果実現の危険性がある状況が設定され，その危険が実現した場合には，因果関係が認められる。**

＊　これに対して，Xが，道路の真ん中など，道路交通上危険な場所に車を放置した結果，後続車両が衝突したなどの場合であれば，交通事故自体がXの行為により誘発されたとして，危険の現実化が認められる。

＊＊　Yには過失運転致死罪（自動車運転死傷行為処罰法5条本文）が成立する。

2　危険の現実化が否定される事例

事例3(2)では，Xに過失運転致死罪の成否が問題となるが，本事例のモデルである最決昭和42・10・24刑集21-8-1116[＊]は，被告人（本事例の場合X）の行為から結果の発生することが経験則上当然に予想しえられるものではないとして因果関係を否定している。この結論は，危険の現実化の基準からは，以下のように説明しうる。Xの車による衝突行為は危険かもしれないが，Aはその衝撃により死亡したわけではないので，直接実現型とは評価できない。また，Yは，パニックになっていることを考慮しても，車から人を引きずりおろす行為はきわめて異常なものといえる（加えて，Yの故意による結果惹起行為をありうる介在事情であるとして，Xの行為を危険状況の設定と評価することもできない）。したがって，間接実現型とも評価できず，Xの行為とAの死亡との間に因果関係を認めることはできない。[＊＊]

＊　本決定の事案は，Aの死因となった傷害がXとYのどちらの行為から生じたものか確定しがたいというもので，本事例と異なるが，「疑わしきは被告人の利益に」の原則からは，Xの罪責を判断する際には，Xに不利にならないよう，Xの行為ではなく，Yの行為から生じたものと認定されることになる。

＊＊　Yには殺人罪か傷害致死罪が成立する（責任能力は問題とならない）。

3　危険の現実化の考慮要素

危険の現実化の考慮要素として，①行為の危険性の大小，②介在事情の寄与度の大小，③介在事情の異常性の大小（経験則上予想できるか），が示されることがある。それらが分析の道具として有用であることは間違いないが，用法には注意が必要である。まず，①～③の大小を示しただけでは十分ではなく，その大小からどのような意味で危険の現実化が認められるかを示す必要がある。また，①については，危険の結果への実現を判断するために，行為のどの危険を取り上げるのかを吟味する必要がある。例えば，事例3(2)で，Xの衝突行為自体の持つ死亡結果発生の危険性を取り上げても適切な結論は導き出せない。

事例４

Ｘは，路上でＡと口論になり，かっとなってＡの顔や頭部を複数回殴打した。Ｘの攻撃は，それ自体としては致命傷となるものではなかったが，Ａには頭部に高度の病変があり，その病変がＸの暴行と相まって脳組織の崩壊を引き起こした結果，Ａは死亡した。ＸはＡの病変を知らず，一般人にも知ることは不可能であった。

1　被害者の病変（身体的素因）の考慮

事例４のＸの暴行は，それ単独では死亡結果をもたらす危険性はなく，Ａの病変と相まって初めてＡの死亡結果をもたらした。このような場合に，因果関係を認めることはできるであろうか。この問題は，危険の現実化という判断基準においては，行為の危険性を判断する際に，被害者の病変という事情を考慮に入れてよいかどうかという問題（判断基底の問題と呼ばれている）として整理できる。危険の実現はあくまで客観的に判断するということであれば，被害者の病変について，行為者や一般人の予見（可能性）を問題にすることなく，その事情を含めて行為の危険性を判断することになる。判例（最判昭和 25・3・31 刑集 4-3-469 等）も，このような類型で一貫して因果関係を認めている。

この考え方によると，事例４では，Ｘの行為の危険性はＡの病変の存在も含めて判断されるため，高度の病変を有するＡに対する暴行という行為の危険性がＡ死亡という結果へ実現したとして因果関係は認められる。Ｘは，Ａの病変を認識していないが，少なくとも暴行の故意があり，それによる傷害，そして死亡が発生しているため，Ｘには結論として傷害致死罪が成立する（死亡結果の予見可能性の有無に関わらず，判例は，結果的加重犯の成立を認める。→第３講参照）。

2　補論――相当因果関係説

かつての学説においては，相当因果関係説という見解が有力であった。この見解は，大まかに言えば，条件関係を前提に，行為から結果が生じることが相当（経験的に通常）であるといえる場合に因果関係を認める見解である。この見解においては，相当性を判断するための判断資料として，どのような事情を考慮するか否か（判断基底論）が重要であり，それについて激しい争いがあった。有力であったのは，折衷説と客観説で，前者は，行為時に一般人が認識できた事情および行為者が特に知っていた事情を考慮に入れて相当性を判断する見解である。後者は，行為時に存在していた事情をすべて考慮して相当性を判断する見解である。事例4について，客観説であれば，Aの病変を考慮に入れてよいので，Xの行為から結果が発生するのは相当であるのに対し，折衷説の場合，一般人が知ることができず行為者Xも知らないAの病変を考慮に入れることはできないため，Xの行為から結果が発生するのは相当といえないことになる*。

* 事例1～3のような行為後の介在事情の場合，相当因果関係説の上記規範がどのように適用されるかは必ずしも明確ではなく，そのこともあって，現在では危険の現実化という基準が一般的になっている。

本講のポイント

□1　因果関係は，結果犯の場合に，行為と結果との結びつきを示すものとして必要な構成要件要素である。因果関係が否定される場合，未遂処罰規定があれば未遂犯の成立が考えられる。

□2　因果関係の判断基準は，行為の危険が結果へと実現したか（危険の現実化）であるが，その基準の具体化が必要である。

□3　行為の危険が結果へと直接実現したといえれば，行為後の介在事情の異常性に関わらず，危険の現実化が認められる（直接実現型）。その判断のためには，行為と介在事情それぞれの結果への影響を分析する必要がある。

□4　行為の危険性が介在事情を介して結果へと間接的に実現した場合（間接実現型）にも危険の現実化は認められる。その例として，行為者の行為が物理的・心理的に影響を及ぼし介在事情を発生させたといえる場合がある。また，介在事情の一定の発生可能性を前提に，行為によって，介在事情により結果が実現する危険のある状況が設定されたといえる場合にも，危険の現実化は認められる。

□5　被害者の病変については，判例は，行為時に存在する客観的事情のすべてを考慮し，一般人が知りえたか，行為者が知っていたかは考慮しない。

第2講 不作為犯

事例 1
(1) Xは，子A（8歳）と2人で暮らしていたが，恋人ができてAのことをうとましく感じるようになった。XがAと海水浴に出かけた際，泳いでいたAは足がつって溺れてしまった。その様子を浜辺で見ていたXは，Aがこのまま死んでくれたほうがよいと考え，Aを助けにいかなかった。その結果，Aは溺死した。現場には，X以外にAを助けにいけそうな人はおらず，泳ぎの達者なXがAを助けにいっていれば，Aが助かることは確実であった。
(2) (1)と同様の経緯だが，Xは泳げなかった。
(3) (1)と同様の経緯だが，Xが泳いで助けにいってもAの救命は間に合うことが確実ではなかった。

1 不作為犯

構成要件要素である行為は，作為ではなく，期待された作為をしないという不作為によっても実現される（不作為犯）。不作為犯には，法律に不作為の処罰が明示されている真正不作為犯（130条後段，218条後段など）のほかに，不作為が明示的に示されていない不真正不作為犯が存在する。例えば，199条の殺人罪は「人を殺した」と規定されているが，人の死を回避する作為を行わないことによって人の死を引き起こした場合も処罰されうる。

刑罰法規が不作為の形で規定されていないということは，処罰されうる行為を作為に限定しているということまでは意味しない。そのため，罪刑法定主義の観点からも不真正不作為犯は許容されるというのが一般的である。もっとも，あらゆる不作為が処罰されるわけではなく，作為による構成要件実現と同視できる場合にのみ，不作為が処罰される。そこで処罰に値する不作為かどうかを判断する必要があるが，その判断の際に最も重要な役割を果たすのが，行為者に期待された作為を行う特別の法的な義務（作為義務）があることである。

2　不作為犯の構成要件（行為，結果，因果関係，故意）

ただし，作為義務（違反）は構成要件要素のうち行為の部分に対応するもので，それだけでは不作為犯の構成要件該当性を示したことにはならない。不作為犯の場合も，作為犯と同様，すべての構成要件要素の充足が必要である。殺人罪のような結果犯の場合，客観的には，行為（作為義務違反）のほかに，結果と因果関係についても記述が必要である。また，殺人罪は故意犯なので，故意に関する記述も欠かせない。

ここでは，不作為犯の全体の構造を確認する。事例 1 の場合，A の親で A を唯一助けにいくことのできた X には，泳いで A を救助するという作為義務が認められる（作為義務の判断の詳細については事例 2 を参照）。もっとも，法は不可能を強いることはできず，作為が実行可能で容易でなければ作為義務の履行を要求できない（作為可能性・容易性）。事例 1 (2)の X はその要件を欠くため不作為犯は認められない。他方，事例 1 (1)(3)の X は，泳ぎが達者であったということで，作為可能性・容易性を認めることができる。

以上で不作為の行為が認められるが，客観的構成要件該当性を認めるには，A の死亡結果との因果関係の存在も必要である。その際には，期待された作為がなされていれば結果を回避することが確実であるという意味の結果回避可能性が必要である（最決平成元・12・15 刑集 43–13–879* 参照）。事例 1 (3)では，X が作為義務を履行していても結果を回避できなかったので，結果回避可能性（条件関係）を欠く一方，事例 1 (1)にはそれが認められる。ただし，事例 1 (3)について未遂犯の余地は残る（→事例 2 参照）。

*　本決定には，「十中八九」救命が可能であったという表現があるが，文字どおり 8，9 割の救命可能性があれば結果回避可能性を認めるという趣旨とは解されていない。

最後に，以上の客観的構成要件要素についての故意の存否を判断することになる。X が溺れている A について死んでもよいと考えていたなどの事情からすれば，それを認めることも可能であろう（→故意については第 3 講参照）。以上より，事例 1 (1)の X には，A に対する不作為の殺人罪が認められる。

事例２
(1)　Ｘは，霊能力があると称して病人に効果のない処置を「治療」として施しては大金を稼いでいた。Ｘは，脳内出血で倒れて病院で痰の除去や点滴等の治療を受けているＡの子Ｙから霊能力によるＡの治療を依頼され承諾し，Ｙに対して，Ａをホテルの部屋に運び込むことを指示した。Ｙは，医者の制止を振りきりＡを退院させホテルに運び込んだ。Ａの容体を見たＸは，このまま治療を受けさせなければＡが死亡する可能性があることを認識しながら，自身の嘘が露呈することをおそれ，Ａに効果のない「治療」を施し続け，約１日後にＡは痰が喉に詰まって死亡した。Ａがホテルに運び込まれた後，12時間以内に病院で必要な治療を受けていれば，Ａは死ぬことはなかった。
(2)　(1)と同じ経緯だが，Ａがホテルに運び込まれた時点で，Ａの喉に痰が詰まっていたため，どのような医療措置を受けさせても救命も延命も確実であったといえなかった。

1　作為と不作為（検討対象となる行為の特定）

次に，作為義務の判断基準・方法について取り扱う。その前に，事実のどの部分が不作為の行為態様に該当するのかにつき，注意すべき点がある。

事例２では，Ｘは，Ｙに指示して，病院で治療中のＡを治療の受けられないホテルに運ばせている。これはＡの死亡結果を惹起した危険な行為（作為）といえるであろう。もっとも，Ｘは，この段階では，Ａが死亡することまでは認識しておらず，殺意がないためＡに対する保護責任者遺棄致死罪（219条）の成立が問題になるにすぎない（→第19講)。ＸがＡの死亡の認識を抱いたのは，ホテルに運び込まれたＡの容体を見た時点であり，それ以後の，病院に戻して必要な治療を受けさせることをしないという不作為が殺人罪として検討されることになる*。なお，Ｘが「治療」を行っていることを作為の殺人と構成することはできない。この治療がＡの死亡をもたらしているわけではないからである。問題とすべきは，死に至る経過を進んでいるＡを助けないという，なすべき行為を行っていない点である。

＊　本事例で殺人罪が成立する場合，その前の保護責任者遺棄（致死）罪が成立しても，一連の行為として重い殺人罪に吸収されるため，殺人罪を優先的に検討することになる。

2　作為義務の判断基準

不作為犯が成立するためには，期待された作為を行う法的義務（作為義務）が必要である（作為義務が認められる状況を保障人的地位と呼ぶ）。事例1で述べたとおり，作為義務を課す根拠が存在し，その作為の履行の可能性・容易性があれば，当該作為義務の違反が不作為犯の行為となる*。なお，不作為と作為が同価値であることが必要とされるが，この要素は独立の要件というよりも，上記のような要素を備えた作為義務違反であれば作為と同視できるというものであり，独立の意味を持たないという理解が現在では一般的であろう。判例も，作為義務と作為可能性・容易性を認めながら，作為と同価値ではないとして不作為犯の成立を否定したことはない。

＊　作為義務の内容は，例えば「被害者の命を救う」などといった抽象的なものでは足りず，事案に即して可能な限り具体化する必要がある。

作為義務の根拠について，事例2のモデルである最決平成17・7・4刑集59-6-403は，「自己の責めに帰すべき事由により患者の生命に具体的な危険を生じさせた」ことと，「親族から，重篤な患者に対する手当てを全面的にゆだねられた立場にあった」ことを挙げ，被告人に「直ちに患者の生命を維持するために必要な医療措置を受けさせる義務」（作為義務）があったことを認め，不作為による殺人罪が成立するとした*。前者は，自己の責めに帰すべき行為により法益侵害に至る危険を創出したこと（先行行為），後者が，被害者の保護の引受けと，それに基づく保護（支配）を意味しているものと評価できる。

＊　親族には殺意はないが，保護責任者遺棄の故意はあるので，両名は保護責任者遺棄致死罪の限度で共同正犯となる（→第15講参照）。

もっとも，これらの事情は当該事案に応じて挙げられたものであって，作為義務の根拠として常に必要なものというわけではない。他の判例を見渡してみても，作為義務についての一般的な規範が示されたことはない。そのため，判例は，義務を基礎づけうる事情を総合的に考慮することで作為義務の有無を判断しているものと評価されている。*

＊　作為義務の必要性と作為の可能性・容易性を規範として示すだけでは抽象的すぎるので，具体的な作為義務の判断基準（考慮事情とそれらの相互関係）を示すことが望ましい。判例のような総合考慮を行う場合も同様である。なお，作為の容易性は程度の問題なので，作為義務の履行が強く要請される場合には，その履行が困難であっても義務が課される場合がありうる。

3　作為義務の具体的な考慮事情とそれらの関係

裁判例で取り上げられた考慮事情としては，前述の先行行為や，保護の引受け，（排他的）支配のほかに，例えば，不作為の殺人罪であれば親族関係や，不作為の放火罪であれば物件の管理者の地位など，被害客体を保護すべきことを要請する法令・契約等がある。

これに対して，学説は，判例が用いた諸事情を取捨選択し，整序しようとする。その中でも有力なのは，排他的支配（法益の存続や法益侵害の不発生が不作為者に依存し〔支配され〕ていること）と，その状態に至った事実的・規範的原因がある場合に作為義務を判断する見解である。事実的・規範的原因として考えられているのは親族関係や法令・契約，先行行為などといった上述の考慮事情であり，そのような事情なく，いわば偶然に排他的支配の状態に至った場合には作為義務は認められないという見解が多数である。例えば，子どもが溺れている際に縁もゆかりもない人が通りかかり，その場にはその人しかいなかったとしても，その人に刑法上の作為義務を課すべきではないという評価がこれを基礎づける。なお，排他的支配の存在が作為義務を認める際に常に必要なのかについては異論もある。行為者以外に結果回避措置を採りうる者がおよそ誰もいないということまで必要と考えるのであれば，事例２のような場合には，ホテルの部屋に人が出入りすることもありうるので，作為義務が否定されることにもなりかねない。少なくとも，判例は，支配が排他的とまでいえない場合でも別の要素を考慮して作為義務を認めている。

判例のように義務を基礎づけうる諸事情の総合判断を行おうとする場合，事例１，２のように，義務を基礎づけうる複数の事情があり，かつ，各事情が根拠として強力であれば，作為義務を認めることに問題は少ない。すなわち，事例１では，救助対象者と行為者との間に幼い子とその親という生命の保護が高度に期待される関係があるほか，実際に子の救命が親に依存しているという事実的状態が存在していた。また，事例２では，医療措置を受けられる病院からホテルへの移動を指示したという故意あるいは重大な過失により生命を危険に晒す先行行為を行ったことと，Xが自らの意思でAのことを引き受けたという事情がある。一方，作為義務の有無が問題となる限界事例について判例は取り扱ったことはなく，例えば，先行行為だけを根拠に作為義務を認めた例はない（→第19講も参照）*。

＊　行為者の主観面を総合考慮の一要素に入れるという考えはあるものの，それ単独で作為義務を肯定することは難しい。また，不作為の放火の事案において，大審院は「既発の火力を利用する意思」が成立要件であるかのような判示をしたが（大判大正7・12・18 刑録 24-1558），現在は，不作為犯について，主観的に特別の要件は必須ではなく，故意のみで十分であるとされている（最判昭和33・9・9 刑集 12-13-2882 参照）。

4　結果回避可能性と不作為の未遂犯

事例2(2)では，Xが期待された作為をしても結果を回避することが確実ではないため，因果関係が欠けることになり，不作為の殺人既遂は成立しない。もっとも，未遂犯が成立する余地がある。結果回避が確実とまではいえないが，期待された作為により結果を回避できる一定の見込みがあれば，結果発生の現実的危険性があるとして，未遂犯が成立する。これに対して，一定の見込みすらない場合，例えば，結果の回避が明らかに不可能な場合，未遂犯の成立は否定される。

本講のポイント

□1　不作為犯の検討の際には，作為義務（違反）の存否（不作為犯の行為）だけではなく，結果，因果関係，故意などといった他の構成要件要素の認定も必要である。

□2　不作為犯の行為を特定する際には，故意の存在が重要な手がかりとなる。

□3　作為義務と作為の可能性・容易性があれば，その義務の違反が不作為犯の行為として認められる。重要なのは具体的な作為義務の判断基準で，判例は義務を基礎づける諸事情（法令，契約，先行行為，引受け，〔排他的〕支配）の総合考慮によって作為義務を判断している。

□4　作為がなされても結果を回避することが確実とはいえない場合，結果回避可能性を欠くため因果関係が否定される。もっとも，未遂犯の成立余地はある。

第3講 故意

事例 1

海で泳いでいたAは足がつって溺れてしまった。その様子を見ていたAの父親Xは，このままではAが死亡すると考えたが，Aを助けにいかず，Aは溺死した。泳ぎの達者なXが泳いで助けにいっていれば，Aの救命は確実であった。

(1) Xは，今から泳いで助けにいっても到底間に合わないと考えていた。

(2) Xは，助けにいけば間に合うが，親でも子どもを助ける義務はないと考えていた。

1 「故意」とは何か

38条1項本文によれば，原則として，「罪を犯す意思」が犯罪の成立要件として必要である。これを故意という。「意思」という表現から明らかなように，故意とは犯罪の主観的要件であり，その内容としては，犯罪事実（罪）の認識が挙げられる。これは，①構成要件該当事実を認識していることと，②違法性阻却事由を基礎づける事実を認識していないことに区別される。

①②がそれぞれ体系的にどこに位置づけられるのかについては，様々な立場があるが，有力なのは，①は構成要件要素，②は責任要素とするという理解である*。前者が構成要件的故意（あるいは単なる「故意」）と呼ばれるもので，本講の検討対象である。②については第8講で取り扱う**／***。

* 犯罪論体系の問題は，検討の順序にも関わる（→第0講参照）。

** ②は責任段階の故意として責任故意と呼ばれるが，故意とは別の責任要素であるという理解もある。

*** ほかに，③違法性の意識，あるいは，その可能性も責任故意の要素とされることがあるが，故意とは別の責任要素であるという理解も有力である。違法性の意識の要否，内容については，第11講を参照。

2　構成要件的故意の対象――事例1(1)

構成要件的故意があるというためには，原則として，犯行時に，客観的構成要件を基礎づける事実のすべて（行為，結果，客体，因果関係など）について認識していることが必要である。なお，行為時点では未来の出来事である結果やそれに至る因果経過を「認識」しているという表現は適切ではないという理由で，認識と区別して「予見」*という表現が用いられることがある。

* 過失犯（→第5講）の要件である「予見可能性」（予見はしていないが予見はできた）とは明確に区別しなければならない。

事例1の場合，「Xが，子Aを救命しないという不作為の結果，Aが死亡した」という事実は，客観的には不真正不作為犯としての殺人罪（199条）の構成要件を充足している（→詳しくは第2講参照）。しかし，(1)では，Xは，「今から自分が泳いで助けにいっても到底間に合わない」と考えている。この場合，Xには，不真正不作為犯の構成要件要素である結果回避可能性（作為をしていれば結果の発生が回避できたこと）の認識がない（Xの認識する事実に不真正不作為犯の成立要件をあてはめてみれば，結果回避可能性を充たさない）。したがって，Xは客観的構成要件の認識・予見を一部欠くため，故意は否定され，殺人罪の成立は認められない。

3　故意の対象かどうか微妙な事例――事例1(2)

では(2)はどうだろうか。Xは，自分の子Aが溺れており，自分が助けにいけばAを救命できるということを正しく認識している。この認識をもとにすれば不作為犯は認められるのであって，Xは不作為犯を基礎づける事実は認識している。しかしながら，Xは，親が子どもを助けにいく義務はないと考えており，いわば事実から作為義務の存否を誤って判断している。

この点につき，説明の仕方は様々であるが，作為義務を基礎づける事実は構成要件的故意の対象である一方，作為義務の存否は違法性の意識の問題であるという理解が多数である。それに従えば，(2)では，義務の存否を誤って判断しているだけなので，構成要件的故意自体は認められるということになる。そして，通常，義務の存否に関する錯誤は犯罪の成立を否定しない（→第11講参照）。したがって，Xには殺人罪が成立する。

事例2

(1)　Xは，会社の上司Aから理不尽な罵倒を毎日受け続けていた。会社の飲み会の席で，AがXの容姿を嘲笑するような発言をしたため，Xは激昂し，テーブルの上に置いてあった肉用ナイフ（刃渡り12 cmほどの鋭利な刃物）を持つと，Aの腹部を2度強く刺した。Xは，Aが倒れて悲鳴をあげているのを聞くと，自分のやったことが怖くなり，自分の携帯電話で救急車を呼んだ。Aは病院に搬送され，一命はとりとめた。Xは，警察での取調べにおいて「殺すつもりはなかった」と述べている。

(2)　Xは，路上でAに因縁をつけられて，近くの人気のない工事現場に連れていかれた。Aが殴りかかってきたので，Xは咄嗟に地面に落ちていた鉄パイプを拾いAに向けて振り回すと，それがAの頭部に当たりAは死亡した。Xは，警察での取調べにおいて「殺すつもりはなかった」と述べている。

1　故意の種類——確定的故意と未必の故意

次に，どのような心理状態であれば，構成要件的故意があるといってよいかが問題となる。この点について，①犯罪事実の発生を意図している場合と，②犯罪事実の発生を確定的なものと予見している場合に故意が認められることに争いはない*。問題は，③犯罪事実発生の意図も，確定的な予見もない場合である。この場合に，どのような心理状態であれば故意が認められるか。これが，故意の限界である未必の故意の問題である**。

*　①②は異なる心理状態だが，併せて確定的故意と呼ばれることがある。

**　そのほかに，概括的故意と呼ばれる故意の種類がある。概括的故意とは，例えば，家族構成を知らない者の家に毒入り食品を送る場合のように，一定の範囲の客体に結果が発生することの認識・予見があるが，その個数や客体が不確定な場合である。この場合，その一定の範囲内の客体に結果が生じれば，客体の個数だけ故意犯が成立する（大判大正6・11・9刑録23-1261）。

2　未必の故意の内容

未必の故意の判断方法については，意思的要素（どう思っていたか）と認識的要素（知っていたか）のどちらに着目するのかという点で基本的な対立がある。認容説は，意思的要素によって判断しようとするもので，構成要件実現の可能性を認識しそれを認容したとき，すなわち，結果が発生してもかまわないという心理状態であるときに，未必の故意が認められるとする。それに対して，認識説は，認識的要素によって判断するもので，構成要件実現の蓋然性（高度の可能性）を認識した場合に未必の故意が認められるとする。*

＊　盗品等関与罪の事案において，「盗品であるかもしれないと思いながらあえて買い受ける意思」がある場合に故意を認めた最判昭和23・3・16刑集2-3-227から，判例は認容説に親和的とされるが，認識説の論者は，「あえて」の表現は対象物を買い受ける意思以上のものを意味しないとして，同説が判例に反するわけではないと主張しており，決め手にはなっていない。

もっとも，いずれの立場でも，行為者が構成要件実現の高度の可能性を認識・予見した上で行為していれば故意を認めるという結論に変わりはない。認識説からはいうまでもなく，認容説からも，高度の可能性を認識していながら行為に出る場合には少なくとも消極的な認容が認められるとされるからである。また，犯罪実現の意図がなく構成要件実現の可能性がきわめて低いことを認識・予見している場合，どの見解からも故意は否定される。*

＊　結論が異なるのは，構成要件実現の高度とまではいえない可能性を認識した上で犯行を認容している場合ということになる。もっとも，そのような限界事例が問題となることは滅多にない。

3　故意（殺意）の認定

行為者の犯行時の心理状態が明らかであればそれに基づいて故意の有無を判断すればよいが，内心の状態である以上，明らかではない場合もある。それは，事例2(1)(2)のXのように凶器をその場で調達している突発的な犯行に多い（実際，事例にXの犯行時の心理状態を直接示す記述はない）。Xは取調べで「殺すつもりはなかった」と述べているが，この弁解だけでXに殺人罪の故意（殺意）はなかったと信じる人はほぼいないであろう。このような場合に，故意をどのように認定するのかが問題となる。

2で述べたように，行為者が犯行時に構成要件実現の高度の可能性を認識していたといえれば，どの見解からも未必の故意が認められる*。行為者が犯行時にそのような心理状態にあったかどうかは，犯行時やその前後の様々な事実から当該心理状態を推測するという方法によって判断される。具体的には，①犯行前の事情（犯行に至る経緯，動機の有無・内容など），②犯行時の事情（凶器の種類・用法，犯行による傷の部位・程度など），③犯行後の事情（犯行後の言動など）が挙げられる。以上の事実の持つ意味（殺意を認めるのに積極方向に働くのかそれとも消極方向に働くのか，および，その働きの強さはどの程度か）を明らかにし，故意の有無について判断を下すことになる。その際，故意が犯行時に存在していなければならないことからすれば，②が最も重要であり，例えば①の動機は，それが継続していることを前提に，②で殺意を推認させる事情が存在する場合に，その推認を補強するものとして機能することになる。また，③も犯行後の事情である以上，犯行時の心理状態を直接示すものとはならない。

＊　殺意の有無が問題となることが多い裁判員裁判では，さらに平易な言葉で説明されており，「人が死ぬ危険性の高い行為をそのような行為であるとわかって行った」と認められれば殺意と評価できる心理状態があるとされている。

4　殺意が認められる事例——事例2(1)

事例2(1)において，Xが使用した凶器は刺突すれば人に致命傷を負わせるのに十分なものである。Xはその凶器を実際に刺突の態様で用いて，腹部を2回刺している。腹部への刺創は死亡結果を発生させる可能性が高く＊，2度刺していることからすれば，Xが刺創によってAが死亡する高度の可能性を認識していたことを推測させる。また，XはAから罵倒を毎日受け続け，犯行直前に嘲笑されていたという事実は，その深刻さは明らかではないものの，Xが憤激して突発的に殺意を抱いたことの説明になりうる。他方，Xは犯行後に救急車を呼んでいるということは，その時点ではAが死亡することを望んでいなかったとはいえるものの，犯行時XにAを殺害するつもりがなかったことを直ちに意味しない。以上の事情から，結論として，Xには殺意が認められるであろう＊＊。Xには殺人未遂罪（203条，199条）が成立する。

＊　四肢を除く部分は身体の枢要部であり，怪我をすれば死亡結果をもたらす可能性が高い。そのため，同部位への攻撃には殺意が認められやすい。

＊＊　検討において問題文の事実を用いる場合，自身の採る結論に有利に働く事実だけではなく，不利に働く事実も挙げることが求められている。

5　殺意が認められない事例——事例2(2)

事例2(2)の場合，Aが死んでいる以上，Xの行為は客観的には死亡結果を発生させる危険があったとはいえる。しかし，鉄パイプのような形状の鈍器は頭部に当たらない限り死亡結果をもたらす可能性は高いとはいえず，また，X

の行為はAからの攻撃に対して咄嗟に一度行われたもので，Aの頭部を狙ったものではない。さらに，犯行に至る経緯も，Aから因縁をつけられ工事現場に連れていかれて殴りかかられたという，受動的で偶発的なものである。以上の事情からすれば，Xに殺意を認めることは困難であり，殺人罪の成立は否定されるであろう。

Xに殺人罪の成立を否定しても，事例の検討は終わりではない。そのほかにXに成立する犯罪があるか考えなければならない。一般的には，故意が否定されれば過失犯の成立を検討することになる。しかし，殺意の有無が争われている事例の場合，傷害致死罪（205条）が成立しうる。別の言い方をすれば，殺人罪と傷害致死罪（そして，殺人未遂罪と傷害罪）は，殺意の有無で区別される。事例2(2)においても，Xは，鉄パイプをAに向かって振り回すという有形力の行使（「暴行」）を行っており，その結果として，Aに傷害が発生し，最終的に死亡している。そのため，傷害致死罪の客観的構成要件該当性が認められる。結果的加重犯については，基本犯部分の構成要件該当事実の認識さえあればよく，加重結果とそれに至る因果経過の認識は不要である*。Xは，少なくとも暴行を基礎づける事実の認識があることから，傷害致死罪の主観的構成要件も充足される（→第20講参照）。次に違法性の段階で，正当防衛の成否を検討することになるであろう。

*　結果的加重犯については，加重結果について過失（予見可能性）が必要であるとの理解が通説だが，判例（最判昭和32・2・26刑集11-2-906）は，過失を不要とする。もっとも，事例2(2)のXには予見可能性が認められるため，この論点はあまり重要ではない。

本講のポイント

□1　構成要件的故意の対象は客観的な構成要件に該当する事実である。そのため，まずは検討対象とする犯罪の客観的構成要件要素が何か，そして，それが充足されているのかを見極めることが重要である。

□2　構成要件実現の高度の可能性を認識した上で行為したといえれば，未必の故意についてのどの立場からも構成要件的故意は認められる。客観的事実からそれを推認しようとする場合，事実を評価する（事実の意味を明らかにする）ことが必要である。

第4講 錯誤

事例1

Xは，婚約者AがBと浮気したため，Bを殺害することを計画し，次の行為に及んだ（各事例は独立したものとする）。

(1) Xは，道路を歩くCをBと間違えて銃撃し殺害した。

(2) Xは，公園でAがBと抱き合っているときに，Bの頭部を狙って銃撃した。発射された弾はBには命中せず，Bと密着していたAの腹部をかすめ，背後の茂みで眠っていたホームレスDに命中し，Dは瀕死の重傷を負った。

1 具体的事実の錯誤

行為者の認識していた犯罪事実と，実際に生じた犯罪事実が食い違うこと（事実の錯誤）も稀ではない。この場合，発生事実と異なる事実を認識していても，発生事実についての構成要件的故意が認められるのかが問題となる*。

* 行為者の認識した事実が構成要件に該当する場合の問題であり，認識事実が構成要件に該当していない場合，端的に故意がないことを指摘すれば足りる。

事実の錯誤のうち，食い違う認識事実と発生事実が，それぞれ同じ構成要件に該当している場合を具体的事実の錯誤という。具体的事実の錯誤には，客体の錯誤，方法の錯誤，因果関係の錯誤がある。客体の錯誤は，行為者が認識した客体に被害が生じたが，その客体の属性が行為者の認識と違っていた場合（いわば，人違いの場合）であり，方法の錯誤は，行為者が認識した客体とは別の客体に被害が生じた場合である。事例1は，行為者が認識（意図）した事実が殺人で，発生事実が殺人（未遂）という具体的事実の錯誤の事例であり，(1)が客体の錯誤の事例，(2)が方法の錯誤の事例である*。因果関係の錯誤については，事例4で取り扱う。

* 事例1(2)のXについては，Bに対する殺意だけではなく，Aに対する未必

の殺意も認定可能である（→第3講参照）。故意が認められるのであれば，錯誤の問題に立ち入る必要はない。

2　法定的符合説（抽象的法定符合説）と具体的符合説（具体的法定符合説）

具体的事実の錯誤は，認識事実と発生事実がどの程度一致（符合）していれば，発生した犯罪事実について故意犯を認めることができるのかという問題である。最判昭和53・7・28刑集32–5–1068は，「犯罪の故意があるとするには，……犯人が認識した罪となるべき事実と現実に発生した事実とが必ずしも具体的に一致することを要するものではなく，両者が法定の範囲内において一致することをもつて足りるものと解すべき」として，認識した事実と発生した事実とが，法定，すなわち，構成要件の範囲内で一致していれば，故意犯を認める立場（法定的符合説）を採用する。この立場は，発生事実と同じ構成要件に該当する事実を認識していれば，構成要件の実現を思いとどまること（反対動機の形成）が可能であったとして，内容に食い違いがあっても，故意犯としての処罰には十分であることを論拠とする。この見解に従えば，客体の錯誤も方法の錯誤も，発生事実と認識事実がそれぞれ同じ構成要件を充たす限りで故意が否定されることはない。(1)では，Cに対する殺人罪（199条）が成立する。

また，認識どおりの事実と認識していない事実が同時に発生した場合，発生した事実それぞれについて故意犯が認められる（数故意犯説）。したがって，事例1(2)では，A・B・Dに対する殺人未遂罪（203条，199条）が成立し，それらは観念的競合になる。*

*　これに対して，認識していた故意の個数しか故意犯が成立しないという見解もある（一故意犯説）。それによれば，事例1(2)では，認識していたA・Bに対する殺人未遂罪と，Dに対する過失傷害罪（209条）が認められる。

他方，構成要件の符合を前提としながらも，認識事実と発生事実とで被害者（被害法益の主体）が異なる場合は符合を認めないという見解（具体的符合説）も有力に主張されている。この見解に従えば，(1)の客体の錯誤の事例については，行為者の認識した対象に結果が生じている以上，その素性は重要ではなくCに対する殺人罪が認められるのに対し，(2)の方法の錯誤の事例については，認識した対象と別の対象に結果が生じている以上，Dに対する故意は認められず，A・Bに対する殺人未遂罪と，Dに対する過失傷害罪が成立する。

事例2

Xは，狩猟中の事故に偽装してAを殺害することを計画した。Xが，山中に潜んで待っていると，Aが通りかかったので，Aを狙って銃を撃った。しかし，弾は外れて，茂みに隠れていたAの飼い犬Bに命中し，Bは死亡した。

1　抽象的事実の錯誤

事例2では，XはAの殺人を意図（認識）していたが，実際に生じたのはAの飼い犬Bの死亡であり，Aに対する器物損壊罪（261条）に該当する事実が生じている。このように，異なる構成要件間で錯誤が生じる場合を，抽象的事実の錯誤という。抽象的事実の錯誤については，38条2項において定めがあるものの，そこでは，行為者が，重い罪に当たるべき行為をしたのに，その罪に当たる事実を知らなければ，その重い罪によっては処断できないと定められているだけであり，解釈による具体化を必要とする*。法定的符合説の理解からは，故意犯を認めるには発生事実と同じ構成要件該当事実の認識を必要とする以上，構成要件が異なる場合は故意犯が認められないのが原則である**。

*　「処断」とは，刑を科すことを意味し，犯罪の成立とは区別される。したがって，重い罪は成立するが，軽い罪の刑を科すといった処理も考えられる。また，本事例のように軽い罪に当たる行為をした場合の処理も不明である。

**　抽象的事実の錯誤にも方法の錯誤と客体の錯誤の区別は考えられ，本事例は方法の錯誤に当たるが，法定的符合説の場合，両者の区別は重要ではない。

2　構成要件の符合

もっとも，判例・通説は，実際に生じた構成要件と，行為者の認識した構成要件とが，重なり合っている場合には，その限度で故意犯の成立を認めることができるとする*。強盗罪と窃盗罪（最判昭和25・7・11刑集4-7-1261〔共犯の錯誤の事例。→第15講参照〕）のように，一方の構成要件に他方の構成要件が包摂されている場合，軽い犯罪の限度で重なり合いを認めることに問題はない。

*　重なり合いの判断は，具体的な事実関係から離れて，構成要件どうしの比較によって行われる。

そのような関係がない場合でも，判例は，構成要件に実質的な重なり合いがあれば，その限度で故意犯の成立を認めている。実質的重なり合いの判断は，保護法益，罪質，客体，客体以外の構成要件要素，法定刑の同一性や類似性などの諸事情を考慮して行われるとされる*。他方，学説では，保護法益と行為態様の比較が重要な基準とされることが多い。もっとも，強盗罪の暴行と脅迫のように1つの構成要件内で性質の異なる行為態様が択一的に規定されている場合がある以上，行為態様の類似性は必須とは限らない。したがって，保護法益の共通性を出発点に，行為態様その他の要素の類似性から両構成要件の重なり合いを個別に判断することになる**。

* 判例では，強盗罪と恐喝罪，窃盗罪と占有離脱物横領罪，公文書偽造罪と虚偽公文書作成罪などのほか，後述のとおり，薬物犯罪について重なり合いが認められている。

** このような基準からは，保護法益が共通で侵害手段が異なるだけの場合，広く符合が認められることになる。具体的には，強制性交罪と準強制性交罪の間や，窃盗罪，詐欺罪および電子計算機使用詐欺罪の間で広く符合が認められる。

3　重なり合いが認められない場合——事例2

事例2の場合，殺人罪と器物損壊罪の重なり合いが問題となるところ，殺人行為を人体の不可逆な損壊と捉えれば，器物損壊と侵害態様は類似すると考えられるかもしれない。もっとも，殺人罪の保護法益である生命と器物損壊罪の保護法益である財産（所有権）に共通性を認めることはできない。したがって，両者に実質的な重なり合いは認められず，発生した器物損壊についての故意犯をXに認めることはできない。

実際に生じた事実に対する故意犯が認められなくとも，過失犯（→第5講）は成立しうる。もっとも，器物損壊に過失犯処罰規定はないため，その余地はない。ただし，Aに対する殺人未遂罪は成立する*。

* 行為者の認識した事実に対応する未遂罪の成否は，構成要件の重なり合いの有無と無関係に問題となる（その際には，場合によっては不能犯〔→第13講〕の検討も必要である）。そのため，重い犯罪の実現を認識したが，実質的に重なり合う軽い犯罪が実現した場合，認識した事実に対応する重い犯罪の未遂が成立し，客観的に成立する軽い犯罪は，それに吸収されることがある。

事例３

Ｘは A から薬物の売買を持ちかけられ購入したが，次のように，意図したものと違った。

(1)　Ｘは覚醒剤の購入を意図していたが，実際はコカインであった。

(2)　Ｘは覚醒剤の購入を意図していたが，実際はヘロインであった。

(3)　Ｘはコカインの購入を意図していたが，実際は覚醒剤であった。

参考条文

麻薬及び向精神薬取締法 64 条の２第１項　ジアセチルモルヒネ〔ヘロインのこと〕等を，みだりに，製剤し，小分けし，譲り渡し，譲り受け，交付し，又は所持した者は，10 年以下の懲役に処する。

同法 66 条１項　ジアセチルモルヒネ等以外の麻薬〔コカインが含まれる〕を，みだりに，製剤し，小分けし，譲り渡し，譲り受け，又は所持した者……は，７年以下の懲役に処する。

覚醒剤取締法 41 条の２第１項　覚醒剤を，みだりに，所持し，譲り渡し，又は譲り受けた者……は，10 年以下の懲役に処する。

1　薬物犯罪と故意――事例 3(1)

事例３では，違法薬物の譲受けの場面で錯誤が生じている。ただし，薬物犯罪の場合には，「身体に有害で違法な薬物類であるとの認識」があれば，特定の薬物を排除する認識がない限り，各薬物犯罪の択一的な故意が認められる（最決平成 2・2・9 判タ 722-234 参照)。そのため，事例 3(1)～(3)においては，仮にＸが購入対象の薬物以外の薬物を認識から排除しているなどの事情がないと評価されるのであれば各薬物譲受け罪の故意は否定されない。実現事実についての認識が否定されて，初めて抽象的事実の錯誤の問題が登場する。

2　構成要件の重なり合いの判断

薬物犯罪の場合，規定されている法律は別々であるが，違法薬物の濫用を防止し，薬物の蔓延を防ぐという保護法益は共通する。また，行為態様も，違法薬物の所持，譲渡，譲受け等同じ態様の行為を犯罪としているため，覚醒剤の譲受け，ヘロインの譲受け，大麻の譲受けについて実質的な重なり合いは認められる。判例（最決昭和 54・3・27 刑集 33-2-140，最決昭和 61・6・9 刑集 40-4-269）も同様である。

3　重なり合いが認められる場合の処理

(1)　実現した犯罪が認識した犯罪よりも軽い場合――事例3(1)

事例3(1)の場合，コカインの譲受けは覚醒剤の譲受けよりも軽いため，軽いコカイン譲受けの限度で実質的重なり合いが認められる。よって，Xには，実現したコカイン譲受け罪についての故意が認められ同罪が成立する。

(2)　実現した犯罪と認識した犯罪の重さが同じ場合――事例3(2)

事例3(2)のように，法定刑が同じ場合，認識した犯罪と実現した犯罪のどちらが成立するかが問題になるが，錯誤の問題は，実現した犯罪について故意を認めてよいかどうかが出発点であった以上，実現したヘロイン譲受け罪についての故意が認められ，同罪が成立するというのが素直な帰結である。前掲最決昭和54・3・27も同様の帰結をとる（「生じた結果である○○罪についての故意を阻却するものではない」という表現を用いる)。

(3)　実現した犯罪が認識した犯罪よりも重い場合――事例3(3)

問題は，事例3(3)である。この場合，結論的には，認識した軽い犯罪が成立することになるが，(1)(2)と異なり，「客観的に実現した犯罪に対応する故意を認めてよいか」という形ではなく，「故意のある軽い犯罪に対応する構成要件該当事実が認められるか」という形で問題になっている。強盗罪と窃盗罪のように包摂関係のある場合には，軽い構成要件該当事実は当然認められるが，本事例のように客体が明らかに異なる薬物の場合，軽い構成要件該当事実は客観的には存在しているわけではない*。もっとも，判例（前掲最決昭和61・6・9等）は，「両罪の構成要件が実質的に重なり合う限度で軽い○○罪の故意が成立し同罪が成立する」という表現を用いており，重なり合いが認められることで軽い罪の故意に対応した構成要件該当事実が認められると考えているようである。これにより，Xにはコカイン譲受け罪が成立することになる。

*　学説上は，この場合，38条2項の創設的な効果によって軽い構成要件の成立を擬制するという見解や，重い犯罪と軽い犯罪に共通する構成要件を想定するという見解が示されている。

事例4

Xは，Aを殺害して死体を海に沈めてしまうことを計画した。Xは，Aの部屋でAの首をネクタイで絞めて失神させたが，Aが死亡したと思い込み，Aの身体をAの車のトランクに入れて近くの港から海に転落させた。気絶していたAは，海水がトランクに入ったことで溺死した。

1　因果関係の錯誤

因果関係の錯誤とは，認識どおりの客体に侵害結果が生じたが，侵害に至る因果の流れについて誤信していた場合である。例えば，溺死させるために橋から突き落としたところ，水中に落ちる前に橋げたに頭をぶつけて死亡した事例（橋げた事例）が考えられる。*

＊　方法の錯誤の場合，認識していない被害者に結果が発生している以上，常に因果関係の錯誤を内包するが，法定的符合説を前提とすれば，因果関係の錯誤の問題について別途独立して検討する必要はない。

因果関係の錯誤の場合，前述の「構成要件の符合」という考え方で問題は解決する。具体的には，客観的に刑法上の因果関係（→第1講参照）が認められ，行為者が刑法上の因果関係が肯定される事実を認識していれば（詳細な経過を認識している必要はない），両者に食い違いがあっても構成要件の範囲内で符合したとして，故意既遂犯を認めることができる。したがって，この考え方からは，因果関係の錯誤により故意が阻却される事例は現実的にはありえない*。

＊　このことから，因果関係の認識は不要であるという主張もある。

2　遅すぎた構成要件の実現

むしろ，因果関係の錯誤が生じる事例の場合，客観的な因果関係や行為の特定など，他の部分が問題となることが多い。事例4がまさにそのような事例である（その他の事例として，早すぎた構成要件の実現〔→第12講〕，実行行為の途中における責任能力の低下〔→第10講〕などがある）。本事例では，Xは，Aの首を絞めた行為（第1行為）により死亡結果を発生させると考えていたが，実際には，海中に転落させた行為（第2行為）によってAは死亡しているので，Xの認識事実と発生事実の間に食い違いが生じている。

（1）　行為の特定

本事例について，第1行為と第2行為を一連一体の殺人の実行行為として，そこから結果が生じた以上，因果関係に問題はなく，殺人罪が成立するという考え方がある。もっとも，殺意のない第2行為と第1行為とを一体の行為と評価することはできないとして支持は少ない。現在は，2つの行為を分け，殺意のある第1行為と死亡結果との間に行為者自身の第2行為が介在すると考える検討方法が一般的である。

（2）　客観的な因果関係――自己の行為の介在

本事例の場合，死亡結果の直接の原因となったのは第2行為であるが*，殺人行為後の死体遺棄は，行為者の心理状態からすれば，著しく不自然・不相当ではなく，第1行為が第2行為を誘発したといえる。したがって，第1行為の危険性が第2行為を介して死亡結果として実現したとして，客観的な因果関係が認められる。また，行為者の認識した因果経過（絞殺）も当然に刑法上の因果関係が認められる以上，両者は構成要件の範囲内で符合しており，故意も認められる。結論として第1行為に殺人罪が認められる**。

*　大判大正12・4・30刑集2-378は，第1行為が死亡結果に物理的に寄与しており，本事例とは事案が若干異なる。

**　第2行為は，死体遺棄と殺人の抽象的事実の錯誤の事例で，両者は保護法益を異にするので重なり合いは認められず，結論として，過失致死罪（210条）が成立する。もっとも，過失致死罪も成立させると死亡結果の二重評価になるため，過失致死罪は殺人罪に吸収される。

本講のポイント

□1　発生事実と認識事実に食い違いがある場合に事実の錯誤が問題になる。法定的符合説によれば，構成要件が重なり合っている限り故意は認められる。

□2　異なる構成要件の錯誤の場合，保護法益を主として，構成要件要素の類似性から，実質的に重なり合いが認められるかどうかを判断する。重なり合いが認められればその限度で軽い犯罪が成立する。重なり合う2つの犯罪に軽重がなければ，実現した犯罪についての故意犯が認められる。

□3　法定的符合説による場合，因果関係の錯誤が故意を阻却することはない。むしろ，客観的な因果関係の有無が問題になることが多い。

第5講 過失犯

事例 1

(1) トラック運転手Xは，テレビ通話をしながらトラックを運転していたため前方の確認がおろそかになり，前方の交差点の信号が赤色であることに気づかず交差点に進入し，交差道路を通過しようとしていたAの車の側面に時速60kmでトラックを衝突させ，その結果，Aを死亡させた。

(2) (1)と異なり，Xが交差点に進入したのが居眠りをしていたためであった場合はどうか。

1 過失犯の検討方法

過失犯が正面から問われた場合，最初に「過失」の内容と判断構造を示す必要がある。旧過失論は，過失を結果発生が予見可能であったのに予見しなかったこと（予見義務違反）と捉え，言うなれば故意に代わる主観的要素（責任要素）と位置づける。一方，新過失論は，予見義務違反に加え，結果回避のために要求される行為を行わなかったこと（結果回避義務違反）も過失の要素とする。この2つの義務違反は，構成要件要素として位置づけられる。裁判実務は，一般的には新過失論に親和的であると解されている。*

* 近時は，旧過失論からも，構成要件段階で客観的な限定をしようとする見解が登場しており，新・旧過失論の違いは相対化している（予見義務違反の体系的位置づけや，必要な予見可能性の程度は異なる）。なお，一般人の能力を基準とする構成要件的過失と，行為者の能力を基準とする責任過失に分けるという見解もあるが，実務上はそのように区別されていない。構成要件段階で行為者の属性に基づいて判断されるのが一般的である。

新過失論を採る場合，2つの義務違反が（故意犯のように）客観的構成要件（＝結果回避義務違反）と主観的構成要件（＝予見義務違反）として別々に検討されるわけではなく，予見義務の実質である予見可能性は，通常，結果回避義務を課す前提として位置づけられている。その意味で，新過失論においては，

「予見可能性を前提とした結果回避義務の違反」(＝注意義務違反）が過失の実行行為であり，結果，実行行為と結果との間の因果関係が認められれば，過失犯の構成要件該当性は認められる。別途主観的要件を検討する必要はない*。

＊　過失犯は故意犯処罰原則の例外であるが，過失犯が正面から問われている事例では，故意犯が不成立であることをわざわざ検討する必要はない。

2　過失犯の構成要件

事例1(1)を素材に，過失犯の検討方法のモデルを具体的に示すと，以下のようになる（各要件の詳細は後述)。本事例では，過失運転致死罪（自動車運転死傷行為処罰法5条本文）の成否が問題となる。まず，前方を見ずに相当の速度で運転していれば，赤信号を見落とし交差点内で衝突事故を起こして人の死傷結果が生じることは容易に予見できる（予見可能性)*。次に，Xには，前方を注視して信号等の指示に従い車を進行させるという義務があったのに，それに反して車を衝突させている（結果回避義務違反)。これが過失である（この過失が同法5条の「自動車の運転上」必要な注意を怠ったといえるのは明らかであろう)。そして，その結果としてAが死亡しているので（結果と因果関係)，Xには過失運転致死罪が成立する。

＊　予見義務違反とは，予見可能だったのに予見しなかったことに尽きる。例えば，前方注視が予見義務で，赤信号で止まることが結果回避義務であるというように，2つの義務が別々に行為者に課されているわけではない。

3　義務の履行可能性と過失の特定

結果回避義務を履行することが不可能な場合，過失は認められない*。したがって，事例1(2)では，眠っていたXに，(1)と同じ義務を課すことはできない。しかし，Xは直ちに不可罰となるわけではなく，遡ってXに義務違反が存在する可能性を考慮しなければならない。具体的には，Xが運転中に眠気を感じたのであれば停車すべきであったということや，過労などが原因であればそもそも運転をすべきでなかったということがありうる。そうした注意義務違反と，結果との因果関係が認められれば，過失運転致死罪が成立する。

＊　不真正不作為犯の作為可能性に相応するが（→第2講参照)，過失犯の文脈では「結果回避可能性」の一部に位置づけられることがある。

事例２
(1)　Xがトラックを運転中，黄色点滅信号で見通しのきかない交差点に時速30 kmで進入しようとしたところ，赤色点滅信号の交差道路をAの車が時速70 kmで走行してきた。Xは急制動したが避けられず，A車と衝突し，Aが死亡したほか，Xの知らないうちにX車の荷台に乗り込み隠れていたBも死亡した。Xが徐行していたとしても衝突によるA・Bの死亡を避けることが確実であったとはいえなかった。
(2)　(1)と異なり，Xが徐行していれば，衝突によるA・Bの死亡を確実に避けることができた場合はどうか。

1　結果回避義務の判断と結果回避可能性

結果回避義務を履行していれば結果を確実に回避できたといえなければ，過失犯は成立しない（最判平成15・1・24判タ1110-134)。この意味での「結果回避可能性」が必要であるという点には一致があるが，その体系的位置づけは明確ではない。不作為犯の場合と同様に因果関係（条件関係）の問題とする理解もあれば，結果回避義務違反の前提であるとする理解もある。判例もこの点について明言していない。いずれにせよ，結果回避可能性の存否を判断する前に，結果回避義務を確定しなければならない。その際は，法令，契約，慣習，条理などの様々な規範を参考に刑法上の結果回避義務を判断することになる。

交通事故の場合，行政取締法規である道路交通法上の義務に基づいて結果回避義務が特定されることが多い。事例2(1)のように黄色点滅信号と赤色点滅信号の交差点（交通整理のされていない交差点）で左右の見通しがきかない場合，道交法上徐行義務が課されている（同法42条1号)。逆に言えば，徐行を超えた停車などの措置は運転者に過大な要求となる*。徐行義務までしかXに課すことができないのであれば，結果回避可能性を欠き，Xに過失犯は成立しない。

＊　前掲最判平成15・1・24は，類似の事例で，徐行義務より基準として緩やかな時速10 km台での走行を結果回避措置と想定している。おそらく，現実の道路交通の実態を踏まえたものと解される。

2　信頼の原則――交通法規違反がある場合

事例2(2)では，Xの徐行義務に結果回避可能性があった。もっとも，被害者Aの赤色点滅信号（一時停止義務がある）を無視した高速での交差点進入も明らかに事故の一因であり，いわゆる信頼の原則の適用が問題となる。同原則は，被害者または第三者が不適切な行動に出ないことを信頼するに足る事情がある場合，その信頼を前提に行動すればよく，その信頼が裏切られたことにより結果が発生しても結果回避義務が否定されるというものである。判例によれば，行為者自身が交通法規に違反していても，その適用が否定されるわけではなく（最判昭和42・10・13刑集21-8-1097），本事例類似の事案でも注意義務が否定されている（最判昭和48・5・22刑集27-5-1077）。もっとも，前掲最判昭和42・10・13は，被告人の交通法規違反自体には事故発生の危険がなかったといえる事案であったのに対し，前掲最判昭和48・5・22の事案はそのように解することは難しく，その結論には批判も多い。前掲最判平成15・1・24も，注意義務違反自体は肯定しており，信頼の原則の適用について，より厳格な態度を示しているように見える。なお，信頼の原則が問題となるような事例では，予見可能性が否定される場合もありうる。もっとも，事例2(2)の場合，徐行しないで本件交差点に進入すれば交差点で人の死傷を伴う衝突があることを予見することは容易であり，予見可能性は否定しがたい（この点については事例3も参照）。以上によれば，Aに対する過失犯は成立する。

3　予見可能性の対象

Xには自車の荷台に隠れていたBの存在を認識することは通常不可能であり，それでもB死亡の予見可能性が認められるかが問題となる*。最決平成元・3・14刑集43-3-262は，同じ問題について「右のような無謀ともいうべき自動車運転をすれば人の死傷を伴ういかなる事故を惹起するかもしれないことは，当然認識しえた」として予見可能性を認める。この判例は，この問題を故意犯の錯誤論（法定的符合説。→第4講）とパラレルに捉え，「およそ人に侵害が生じる」ことの予見可能性があれば足りるとしたものと解されている**。

*　Bは不適切な行動をしていないが，信頼の原則は，被害者以外の第三者の不適切な行動の場合も適用されるので（ここでは被害者がB，第三者がA），Aに対する罪についてと同様に，同原則の適否も問題となる。

**　他方，予見可能性は結果回避義務を導く前提であり，行為の危険性に応じて予見可能性の対象は抽象化されるという理解に基づき，この判例は行為者が無謀な運転をしていたからこそ予見可能性を認めたとする理解もある。

事例３

(1)　看護師Ｘは，Ａの手術の際，電気メスのケーブルを誤接続してしまい，執刀医Ｙも，接続の点検をしないまま，執刀を行った。併用していた心電計回路の欠陥も相まって，誤接続を原因とした異常な電気回路が形成され，Ａに重度の熱傷を負わせた。Ｘ・Ｙを含む当時の一般的な医療従事者は，電流の状態に異常を生じさせる理化学的原因について認識しえなかった。

(2)　(1)と同じ経緯であるが，Ｘが新人で，電気メスの接続作業が今回初めてであるという場合はどうか。

(3)　(1)と同じ経緯であるが，熱傷が生じたのではなく，Ｙが，手術直前まで飲酒していたため，執刀中に誤ってＡを傷つけてしまった場合はどうか。

1　因果関係の予見可能性

事例３では業務上過失傷害罪（211条前段）の成否が問題となる。同条の「業務」は日常用語より広く，社会生活上の地位に基づき反復継続して行われる，他人の生命・身体に危険な行為をいう（最判昭和33・4・18刑集12-6-1090等）。

本事例では，実際にＡに傷害が生じた機序が，行為者には認識しえなかったという事情があるため，因果関係の予見可能性の要否・内容が問題となる。

事例３(1)のモデルである札幌高判昭和51・3・18高刑集29-1-78は，結果発生の漠然とした危惧感で足りるとする危惧感説を否定し，構成要件的結果とそれに至る因果関係の基本的部分の予見可能性が必要であるとした。もっとも，それを超えて因果経過の詳細な予見可能性までは不要であるとした。そして本件では，ケーブルの誤接続をして電気メスを作動させれば，患者の身体に流入する電流の状態に異常を生じ，その作用により傷害を被らせるおそれがあることが「因果関係の基本的部分」に当たるとして，理化学的原因が予見不可能であっても，予見可能性を認めた。この「因果関係の基本的部分」は，その後の下級審裁判例でも頻繁に用いられている。

最高裁も，実際の因果経過が行為当時は未知の機序によるものでも予見可能性を認めているが（最決平成12・12・20刑集54-9-1095等），「因果関係の基本的部分」という表現を用いていない。学説では，前述のとおり，判例は，故意犯の錯誤論とパラレルに考え，現実の因果経過を予見できなくても，行為者に何らかの因果関係の予見可能性があれば足りると解しているとの説明もある*。

＊　現実の因果経過の科学的知識がなくても，それをある程度抽象化した因果経過が予測可能であり，その危険の実現の防止が結果回避義務の内容となっていればよいとの理解もある。

2　信頼の原則――仕事を分担する場合

因果関係の予見可能性が認められたとしても，Ｙの罪責にはなお検討事項がある。ケーブル接続はＸの仕事であって，Ｙは，Ｘがそれを適切に行っていると信頼してよいのではないかという問題である。このように，複数人が仕事を分担している場合にも信頼の原則が適用される余地がある。実際，前掲札幌高判昭和51・3・18は，当該具体的事案の下で，信頼の原則を理由に，Ｙに相当する人物の注意義務（接続を点検する義務）の違反を否定している。もっとも，現在の判例の理解からは，組織として明確な役割分担が定められていない場合（最決平成19・3・26刑集61-2-131），信頼の原則の適用が否定される余地がある。また，事例3(2)のように，信頼の前提を欠くような事情（分担された役割の遂行を疑わせる事情）がある場合，信頼の原則の適用は否定される。＊

＊　これらの場合，適切な組織体制を構築しなかった者も過失犯に問われうる。

3　過失の競合

Ｙに信頼の原則の適用が否定される場合，両名とも過失犯が成立しうる。ここで，共同義務の共同違反があれば，ＸとＹは過失の共同正犯（→第17講）ということになるが，医師と看護師とでは職責や地位が異なるとして共同正犯が否定される可能性もある。実務上は，共同正犯となる場合は限定的で，結果に対する複数の過失単独正犯が認められることが多い（過失の競合）。この場合，各過失がその成否に相互に影響を及ぼす。本事例の場合，Ｙの過失には上述した信頼の原則の問題が生じ，Ｘの過失には，時系列的に後のＹの過失の存在によって，予見可能性や因果関係の問題が生じる。もっとも，複数段階の点検の場合，後の者も前の者のミスを見落とすことが想定されうるので（先の過失が後の過失を誘発したとも評価できる），過失犯の成立は通常否定されない。

一方，事例3(3)のように，結果へと直接実現したのはＹの過失の危険であり，それがＸの過失とは無関係である場合，Ｘの過失の危険が結果に実現したとはいえず，因果関係が否定される（最決平成24・2・8刑集66-4-200参照）。

事例４

ホテルＡを運営するＢ社の代表取締役Ｘは，Ａの設備の経年劣化に伴いスプリンクラー等の耐用年数が超過しているにもかかわらず，買換えの出費がかかることを嫌いそのまま放置していた。また，Ｘは，Ｂの支配人であるＹを消防法上の防火管理者に選任していたが，Ｙは，消防計画の作成や従業員の消火・避難誘導訓練を行っておらず，Ｘもそれを認識していた。某日，宿泊客の寝たばこが原因でＡで火災が発生したが，スプリンクラーが作動せず，適切な消火や避難誘導もなされなかったので，多数の宿泊客が死傷した。

1　管理・監督過失

事例４では，火元は宿泊客の寝たばこだが，火災を拡大させて死傷者を発生させたことについてＸとＹの罪責（業務上過失致死傷罪）が問われる。ここで問題となるのが管理・監督過失である。管理過失とは，結果発生を防止するための人的・物的体制の整備に関する過失で，監督過失とは，結果発生防止のために直接対応に当たる者の指導監督に関する過失である。前者は結果発生にとって直接的で，後者は間接的であると一応区別できるが，同時に課されていることも多い。本事例でも，Ｙには，消火作業等に当たる従業員らの監督過失と消防計画作成に関する管理過失，Ｘには，Ｙの監督過失と消火設備等の設置に関する管理過失がある。

管理・監督過失は過失の一類型であり，その成立要件は通常の過失と同じである。防火管理に関する管理・監督過失の場合，出火原因の予見可能性は危惧感に近い漠然としたものともいえるので，予見可能性が問題視される。しかし，判例（最決平成５・11・25 刑集 47-9-242）は，いったん火災が起こったら防火体制の不備などから本格的な火災に発展し，宿泊客らに死傷の危険の及ぶおそれがあることを容易に予見できるとして，予見可能性を肯定している。これを支持する立場からは，火災の発生可能性自体は低いものの既知の危険であり，発生すれば質量ともに重大な結果となりうること等から，この程度でも予見可能性が認められると説明される。

2　不作為の過失

管理・監督過失は，義務者に一定の措置を要求するものであり，その意味で，結果回避義務違反は，ほぼ常に不作為の形態になる。不作為犯の成立のためには法的作為義務が常に必要だが（→第2講），過失犯の場合，法的作為義務と結果回避義務との関係が問題となる。学説上は両者を分ける見解もあるが，実務上，そのように明確な区別はされておらず，作為義務に関する判断は結果回避義務を認めるにあたって同時に考慮されていると考えてよい。本事例のようなホテル火災の場合，判例は，消防法に依拠して経営者等の注意義務を確定しており，それは法令や危険源の支配を理由とする作為義務の根拠にもなっている。具体的には，事業主Xは管理権原者として，Yは事業主から実質的に権限を与えられた防火管理者*として，管理・監督についての注意義務を負う。

* 形式的な地位だけでは注意義務は負わない（最判平成3・11・14刑集45-8-221）。

なお，特に監督過失の場合，被監督者との過失の競合の一事例であり，因果関係や予見可能性，信頼の原則などの問題が生じる。もっとも，被監督者の適切な行動を信頼してよいという場合，その限度で監督の義務を負っていないということを意味するので，結局は監督義務の存否が決定的である。そして，被監督者を信頼できないという理由で監督義務を課す場合に，被監督者の過失を根拠として予見可能性や因果関係が否定されることは通常ないと考えてよい。

以上によれば，X・Yにはそれぞれ業務上過失致死傷罪が成立する。

本講のポイント

- □1 過失犯の場合，過失の意味と判断構造（例えば新過失論であれば，予見可能性を前提とした結果回避義務の違反）を明らかにした上で，それに沿って検討する。
- □2 ある過失が否定されても，時系列を遡り別の過失が認められる余地がある。
- □3 現実の被害客体や因果経過について予見が不可能であったとしても，予見可能性が認められる場合がある。
- □4 結果回避可能性がなければ過失犯は成立しない。結果回避可能性の判断のためには，まず，結果回避義務を確定することが必要である。
- □5 信頼の原則の適用により，注意義務が否定される場合がある。
- □6 過失の共同正犯が成立しなくても，過失の競合として過失の単独正犯の同時犯が成立しうる。その場合，各過失の存在が他の過失の成立に影響を及ぼす。

第6講 被害者の同意

事例1

Xは，愛人Aに別れを切り出したところ，Aから心中の申出を受けた。Xは，申出に応じて心中する気はなかったが，Aが自己を熱愛し追死してくれると信じていることに乗じて，追死するように装い，毒薬をAに渡した。Aはその毒薬を服用して死亡した。

1 被害者の同意と犯罪の成否

個人的法益に対する罪の被害者（法益の主体である人）が法益の処分に有効に同意していると，犯罪の成否に影響しうる。

①住居侵入罪（130条前段）や強制わいせつ罪（176条前段）など，個人的法益に対する罪の多くは，被害者の意思に反することが構成要件の内容となっている。住人の同意を得て立ち入ったり，相手の同意を得てわいせつな行為をしても，構成要件該当性は認められない（ただし，13歳未満の者に対するわいせつ罪〔176条後段〕等は，同意の有無を問わずに成立する）。

②殺人罪（199条）も被害者の意思に反することが前提となるが，同意に基づく生命侵害については，同意殺人罪・自殺関与罪（202条）という，より軽い別の犯罪が定められている。有効な同意がある分，法益の要保護性は減弱するものの，生命のかけがえのなさに鑑み，後見的な見地から，本人の当座の意思に反してでも刑法上の保護を与える趣旨である。

③傷害罪（204条）については，被害者の同意を得て行う場合にも，「傷害」すなわち生理的機能の障害を生じさせたものとして，構成要件該当性は肯定し，犯罪の成否は違法性阻却の問題として検討するのが通説的な立場である（→50頁）。

2　錯誤に基づく同意――事例1

他人に働きかけて自殺させる場合，自殺の意思が有効といえれば自殺関与罪の問題となるが（→上記②），無効とされると，働きかけた者は被害者の行為を利用した通常の殺人罪の間接正犯（→第14講）となりうる。その典型は，幼児や重度の精神障害者のように，死ぬことの意味を理解しないため同意能力を欠く者を仕向ける場合である。

事例1の偽装心中のように，死ぬことの意味は理解している被害者が「本当のことを知ったら死ななかった」場合にも自殺意思が無効となるかは，争われている。類似事案の判例（最判昭和33・11・21刑集12-15-3519）は，被害者が「欺罔の結果被告人の追死を予期して死を決意した」のは「真意に添わない重大な瑕疵ある意思」であり，被告人自らは「追死の意思がないに拘らず被害者を欺罔し被告人の追死を誤信させて自殺させた」行為は通常の殺人罪に当たるとする。意思決定に重大な影響を及ぼす錯誤に基づく同意は，被害者の自由な意思に基づかないものとして無効とする立場と解される。これによると，本事例のXには殺人罪の間接正犯が成立する*。

＊　厳密には，①被害者の自殺意思が無効でも，②行為者の関与の度合いによっては，間接正犯性が否定され，殺人罪は不成立とみる余地もあり（その場合，自殺関与罪の成立を認めるべきことになろう），限界は明らかではない。事例検討上は，錯誤の利用だけでなく，欺罔の執拗さや心理的な圧迫も認められる事案であれば，それらの点をも②の観点から取り上げておくべきであろう（福岡高宮崎支判平成元・3・24高刑集42-2-103参照）。

以上に対し，学説上は，同意を無効とする錯誤は，当該構成要件が保護する法益に関係するものに限るという立場（法益関係的錯誤説）もある。これによれば，Aは，自分が生命を失うことは理解しており，Xの追死意思について錯誤があるにすぎないから，生命処分は有効で，Xの行為は自殺関与罪にとどまる。この立場は，そうした限定をしないと，殺人罪の規定により実質的に生命以外の利益（心中を遂げたいという願望）を保護することになってしまうと主張する。しかし，判例を擁護する立場は，あくまで生命法益の要保護性を，被害者の「真意」を考慮して評価しているにすぎず，そうした考慮を否定すれば，法益保護が不当に弱められると反論している。

事例2

(1) ホストクラブのホストであるXは，つけ払いのたまった女性客Aに暴行，脅迫を加えて風俗店で働かせるなどしていたが，少しずつの返済に飽き足らなくなり，自己と偽装結婚させたAを車の海中転落事故に見せかけて自殺させ，保険金を入手しようと企てた。そこで，自己を極度に畏怖して服従していたAに対し，暴行，脅迫を交えつつ，車ごと海中に転落して自殺することを執拗に要求し，猶予を哀願するAに翌日の実行を確約させるなどし，Aをして，命令に応じて自殺するほかないとの心境に陥らせた上で，本件当日，漁港の岸壁から車ごと海中に転落するように命じた。Aは，言われたとおりに車を運転して海に飛び込み，溺死した。

(2) (1)と同様の経緯で自殺を命じられたAは，命令に応じて車ごと海に飛び込むほかないとの心境になったが，死ぬ覚悟はできず，自殺を装い身を隠すことを思いつき，窓を開けるなど脱出準備をした上で車を運転して海に飛び込んだ後，泳いで脱出し，死亡を免れた。

1 強制に基づく同意——事例2(1)

強制により被害者の意思を抑圧して同意を得た場合にも，その同意は被害者の自由な意思に基づかないものとして無効となる。強いて自殺させれば，自殺関与罪ではなく，強制的に自殺させる行為に実行行為（間接正犯）性が認められて，通常の殺人罪が成立する。

どの程度意思を抑圧すればそうした効果が生じるかについては，被害者をして，他の行為を選択できない精神状態に陥らせたかが基準とされる。その評価は，行為者と被害者の関係や強制のための行為の執拗さなどを踏まえて行う。事例2(1)のXは，自己を極度に畏怖していたAに暴行，脅迫を交えて執拗に要求し，自殺するほかないとの心境に陥らせているから，Aの自殺意思は無効であり，Xには通常の殺人罪が成立する（後述の最決平成16・1・20刑集58-1-1の故意に関する判断を参照）。

2 被強制者に一定の主体的意思が残る場合——事例2(2)

事例2(2)のAは，Xの命令に従って自殺する意思を抱くことなく，脱出準備をし，自殺するふりをして海に飛び込んでいる。そこで，①Aは完全にはXの意のままにはならず，いわば面従腹背の形で生き延びようとする主体的な意思決定をしている以上，Xの指示・命令は，間接正犯性を基礎づける強制として足りないのではないか，②Aの脱出意思とその準備が，実行行為性を認めるのに必要な死亡の現実的危険性を失わせるのではないか，③Aに自殺意思を抱かせているとの誤信により，Xの殺人の故意が否定される（自殺関与罪の故意しかなく，抽象的事実の錯誤〔→第4講〕の問題を生じる）のではないかが問題となる。

類似する事案に関する判例（前掲最決平成16・1・20）は，強制に至った具体的経緯や，現場の海の具体的状況からすれば脱出意図があっても失敗するなどして死亡する危険性がきわめて高かったという事実を認定した上で，「被告人の命令に応じて車ごと海中に飛び込む以外の行為を選択することができない精神状態に陥らせていた」「被害者をして，自らを死亡させる現実的危険性の高い行為に及ばせたものであるから，被害者に命令して車ごと海に転落させた被告人の行為は，殺人罪の実行行為に当たる」とした。また，被害者に自殺する気持ちがなかった点は「被告人の予期したところに反していたが，被害者に対し死亡の現実的危険性の高い行為を強いたこと自体については……何ら認識に欠けるところはなかった」以上は，殺人罪の故意は否定されないとし，殺人未遂罪（203条，199条）の成立を認めた。

この判示は，①被害者に主体的な意思が残っていても，行為者が命じた行為以外の行為を選択できない精神状態に陥らせれば，強制として十分であり，②車ごと海に飛び込む行為は，脱出意図があっても危険であるとすると，本件では，死亡の現実的危険性の高い行為を強制した殺人罪の（間接正犯としての）実行行為性が認められること，また，③前記誤信にもかかわらず，殺人罪の客観的構成要件該当性を基礎づける上記①②に対応する事情（「死亡の現実的危険性の高い行為」を「強いた」こと）の認識はある以上，構成要件該当事実の認識としての故意は否定されないこと*を確認したものといえる。これによれば，事例2(2)のXには，殺人未遂罪が成立する。

* つまり，自殺意思を誤信しているといっても，自らの強制による無効な自殺意思を誤信しているにすぎない以上，自殺関与罪ではなく殺人罪の事実認識であったということである。

事例3

Xは，A運転の車が赤信号で停止した際，その後ろの車に自車を追突させて玉突き事故を起こし，Aに軽傷を負わせた。この行為は，過失による交通事故を偽装して保険会社から保険金を詐取するというXとAの計画に基づき行われたもので，Aは上記傷害を負うことに同意していた。

1 同意傷害の位置づけと違法性阻却の前提

事例3においてXはAの同意を得て傷害を負わせているが，同意傷害については，傷害罪の構成要件該当性を認め，犯罪の成否は違法性阻却の問題として検討するのが通説である（→46頁）。その際，法益処分について有効な同意があることは違法性阻却の当然の前提となる。錯誤（→47頁），強制（→48頁）等により無効な同意を得ての傷害や，具体的な同意の範囲を超えた傷害については，違法性は阻却されない*。

＊ したがって，事例3を修正し，Aに同意の範囲を超える重傷を負わせたのだとしたら，Xの行為の違法性が阻却される余地はない。その場合，Xが意図的にそうした重傷を負わせたならば，問題なく傷害罪が成立する。これに対し，軽傷にとどめる意図で，予期に反して重傷を負わせてしまったならば，誤想防衛（→第8講）と同じように，違法性阻却事由に当たる事実の誤信として責任故意が阻却されないかが問題となる。違法性阻却事由に当たる事実を誤信していたといえるかは，Xが認識していた「保険金目的で偽装事故を起こし，同意の範囲内の軽傷を負わせる」という事実が，違法性が阻却されるものかの評価に依存する。後述する判例に従い，そうした事情では軽傷でも違法性は阻却されないとの解釈をとるならば，Xの誤信は違法性阻却事由に当たる事実の誤信とは認められず，責任故意は阻却されずに傷害罪が成立する。

2 社会的相当性による判断

上記の前提をクリアした上での違法性阻却の範囲について，少なくとも，生命の危険を伴う傷害や取返しのつかない重大な傷害（四肢切断など）は違法とすべきことについては（一部少数説を除き）コンセンサスがある。これは，同意殺人罪等が存在するように（→46頁），後見的な見地から，被害者の当座の意思に反しても法益を保護すべき場合はあるとの考慮に基づく。

理論上の対立が激しいのが，事例3のように，違法な動機・目的で，重大とはいえない傷害を負わせる場合である。判例（最決昭和55・11・13刑集34-

6-396）は，傷害罪の成否は，「承諾が存在するという事実だけでなく，右承諾を得た動機，目的，身体傷害の手段，方法，損傷の部位，程度など諸般の事情を照らし合せて決すべき」ところ，「保険金を騙取する目的をもつて，被害者の承諾を得て……自動車を衝突させて傷害を負わせたばあいには，右承諾は，保険金を騙取するという違法な目的」で得られたもので，違法性を阻却しないとしている。同意の存在を踏まえつつも，諸般の事情を総合的に考慮して，社会的に相当なものとして是認される行為かを判断するものと理解される。これによれば，本事例のXにはAに対する傷害罪が成立する。

これに対し，学説上は，保険金詐欺の目的を重視して同意傷害を違法とすれば，人身を保護するための傷害罪の規定を，実質的には保険会社に対する詐欺の予備的行為を処罰するために用いることになる（いわば目的外使用である）との批判が強く，本事例では違法性阻却を肯定すべきとの立場が有力である*。

＊　学説の批判を受け止めつつ判例を説明するならば，公道で玉突き事故を起こすという傷害の手段・方法が有する高度の危険という（判例上は強調されていない）観点こそが結論を支えているとの見方もありえなくはない。そうした見方からは，この判例の趣旨が及ぶ範囲については，慎重な検討を要することになる。

本講のポイント

□1　被害者の有効な同意により，①構成要件該当性が否定される類型（住居侵入など），②軽い別の構成要件に該当する類型（殺人→同意殺人・自殺関与），③構成要件該当性は否定されず，違法性阻却が検討される類型（傷害）などがある。

□2　同意能力を欠く者の同意のほか，欺罔による錯誤に基づくために「重大な瑕疵」がある同意や自殺意思は無効であり，いわゆる偽装心中の事例では，自殺関与罪ではなく，通常の殺人罪の間接正犯が成立しうる。

□3　被害者を強制し，他の行為を選択しえない精神状態に陥らせて，自殺または（被害者に死ぬ気はなくとも）死亡の危険性のある行為に及ばせれば，自殺関与罪等ではなく，通常の殺人（未遂）罪（の間接正犯）となる。

□4　同意傷害の違法性阻却の可否は，動機・目的，傷害の手段・方法，損傷の部位・程度など諸般の事情に照らして判断する。判例は，保険金詐欺目的で追突事故を起こし軽傷を負わせた事例について，違法性阻却を否定している。

第7講 正当防衛

事例1

Xは，通行人Aと路上で肩が触れたことがきっかけで，口論になった際，Aから手拳で顔面を殴打された。その後，次の事実が生じた（各事例は独立したものとする）。

(1) AはXを殴った後，走って逃げ去ろうとしたが，Xはこれを追いかけて，50m先の路上で追いつき，Aの顔面を手拳で殴打し，軽傷を負わせた。

(2) Xは，とっさにAの顔面を手拳で殴打し返し，軽傷を負わせた。

(3) Xは，Aの言動に憤激し，顔面を手拳で殴打し，軽傷を負わせた。

(4) Xは，逃げようとしたが，体格で自己を圧倒し，腕っぷしでもかないそうもないAにさらに迫られたため，その日バーベキューで使うために所持していた包丁を取り出して両手で構え，Aに対し，「それ以上近づくな。切られたいのか」と語気鋭く申し向けた。

(5) Xは，Aの顔面を手拳で殴打したところ，Aはよろよろと後退し，バランスを崩して倒れ，たまたま停められていた車のバンパーに頭を強打し，全治2か月の重傷を負った。

1 正当防衛の成立要件

Xの事例1(1)(2)(3)(5)の行為は傷害罪（204条）の構成要件に該当し，事例1(4)の行為は脅迫罪（222条1項）の構成要件に該当するが，それぞれ正当防衛として違法性が阻却されないかが問題となる。

正当防衛の成立要件は，①「急迫不正の侵害」に対し，②「自己又は他人の権利を防衛するため」，③「やむを得ずにした」行為であることである（36条1項）*。

* 正当防衛の成立には，①②③すべての充足を要する。①②を充足し，③のみ充足しない場合，正当防衛とはならず，犯罪の成立が認められるが，「防衛の程度を超えた行為」として，刑が任意的に減軽または免除される（36条2項。

これを過剰防衛という）。事例問題では，行為が正当防衛に当たり犯罪不成立となるか，正当防衛には当たらず犯罪は成立するが過剰防衛として刑の任意的減免となるか，それにすら当たらない（「単なる犯罪行為」「単なる違法行為」）かを答える必要がある。

2 「急迫不正の侵害」

「急迫」不正の侵害を認めるには，違法な法益侵害が，現に存在するか，または間近に押し迫っていることを要する（最判昭和 46・11・16 刑集 25-8-996）。これにより，将来の（開始前の）侵害に対する先制攻撃や過去の（終了した）侵害に対する報復攻撃が排除される。

事例 1 (1)では，X を殴った A は走って逃げ去ろうとしており，X がこれ以上 A に殴られるおそれはなくなっているという意味で，侵害は終了している。これをわざわざ追いかけて殴り返す行為は正当防衛（・過剰防衛）たりえないから，X には単なる犯罪行為としての傷害罪が成立する。

これに対し，事例 1 (2)～(5)では，X の行為の時点で，A がさらに X を殴打するおそれがあり，侵害は終了していないから，「急迫不正の侵害」の要件は充足される。

3 「防衛するため」――防衛の意思

「防衛するため……にした行為」としての性格を認めるには，行為が客観的に防衛に向けられたものであることに加えて，防衛の意思に担われていることを要するというのが，判例・多数説の立場である。

防衛の意思が認められるためには，最低限，急迫不正の侵害に当たる事実を行為者が認識している必要がある。侵害の事実を認識せず，単に相手を攻撃したところ，その相手がまさにその瞬間，行為者に侵害を加えようとしていたため，客観的には防衛の効果が生じたという場合（これを「偶然防衛」という）には，防衛の意思が否定され，正当防衛は成立しない。

問題は，侵害の事実の認識に加えて，どのような心理状態があれば，防衛の意思が肯定または否定されるかである。

まず，事例 1 (2)の X は，「とっさに」殴打し返しており，身を守る目的をはっきりと自覚していない可能性があるが，そうした場合にも防衛の意思は否定されない。防衛行為は緊急状況で反射的・本能的に行われるのがむしろ通常であり，そうした場合を除外するのは不合理だからである。

また，事例 1(3)の X は，「憤激」して反撃行為に出ているが，憤激または逆上したという事情があっても，防衛の意思が直ちに否定されることはなく，防衛の意思と攻撃的意思は併存しうると解されている（前掲最判昭和 46・11・16，最判昭和 50・11・28 刑集 29–10–983，最判昭和 60・9・12 刑集 39–6–275）。いわれのない侵害を加えてきた相手に対して怒りを覚えるのは当然であり，そのような自然な心情に基づく行為を正当防衛から除外するのはやはり不合理だからである。

ただし，攻撃的意思を伴った防衛行為というにとどまらず，「防衛に名を借りて侵害者に対し積極的に攻撃を加える行為」や「専ら攻撃の意思」による行為については，防衛の意思が否定されると解されている（前掲最判昭和 46・11・16，前掲最判昭和 50・11・28，前掲最判昭和 60・9・12 参照）。具体的には，軽微な侵害に対し，防衛に必要な程度を著しく超えて，一方的ないし執拗な反撃を意図的に加える場合のように，行為者が侵害の事実を認識はしているが，その侵害から身を守ることへの関心はなく，相手を徹底的に痛めつけることにのみ関心を向けていると評価されるとき（「口実防衛」などとも呼ばれる）には，防衛の意思を欠き，正当防衛（・過剰防衛）の成立が否定される*／**。

*　そのような場合，いずれにせよ防衛行為の相当性（→ 4）を欠き，正当防衛は成立しないが，防衛の意思を認めないことにより，防衛行為としての基本的性格を否認し，過剰防衛の成立をも否定できることに意味がある。

**　なお，後述（→56 頁）のように，事前に侵害を予期した上で，積極的加害意思をもって臨んだ場合，急迫性の要件が否定される。それに対し，現に侵害に直面した段階で，「専ら攻撃の意思」で反撃した場合，防衛の意思が否定される。急迫性を否定する積極的加害意思は，侵害に臨む前の意思を，防衛の意思を否定する「専ら攻撃の意思」は，現に反撃行為をする際の意思を，それぞれ問題にするという意味で，いわば基準時が異なる。

このような理解を受けて，防衛の意思は，「侵害に対応する意思」「侵害を意識しつつ，これを避けようとする単純な心理状態」「侵害を排除して権利を防衛することを少なくとも反撃理由の 1 つとする意思」などと定義される。いずれによっても，防衛の意思が実際に否定されるのは，前述したような例外的な場合にとどまる。事例 1(2)～(5)のように特段の事情の記載がなければ，防衛の意思は肯定して，次の要件の検討に進むことになる。

4 「やむを得ずにした」――防衛行為の相当性

「やむを得ずにした」とは，反撃行為が，「権利を防衛する手段として必要最小限度のものであること，すなわち……侵害に対する防衛手段として相当性を有する」ことをいう（最判昭和44・12・4刑集23-12-1573）。

防衛行為の相当性は，①侵害にさらされている法益の種類，侵害の態様や強度等，②反撃行為の向けられた法益の種類，反撃の態様や強度等，③より危険性の低い反撃手段を採ることの容易性などを考慮して判断される。その判断に際しては，いわゆる武器対等の原則が一応の指針となり，侵害と同程度の反撃については，相当性が肯定されることが多い。事例1(2)(3)のように，素手で殴られたのに対し，素手で応戦し，軽傷を負わせたという場合，防衛行為の相当性が肯定されやすいといえる。

ただ，武器対等の原則は，一応の指針であり，絶対的な基準ではないことに加えて，「素手対素手」「素手対凶器」といった形式的な対比ではなく，凶器の使い方なども含めた実質的な対比をしなければならないことに注意したい。例えば，事例1(4)のXは，素手による侵害に対し，包丁を持ち出しているが，体格・体力で自己を圧倒する相手を威嚇するために用いているにとどまる。そのように，「危害を避けるための防御的な行動に終始していた」（最判平成元・11・13刑集43-10-823）場合には，相当性は基本的に肯定される。

また，判例の立場によれば，あくまで手段としての相当性が問題であり，相当な「反撃行為により生じた結果がたまたま侵害されようとした法益より大であつても……正当防衛行為でなくなるものではない」（前掲最判昭和44・12・4）。これによれば，素手で殴打し返す反撃行為が相当と評価されれば，事例1(5)のように運悪く重傷に至ったとしても，そのこと自体から過剰防衛とされることはない。ただし，例えば，防衛行為者が，相手が背後の硬い壁に頭部を打ちつけることが容易に想定される状況でその顔面を強打して現に重傷を負わせるなど，反撃手段の危険性の大きさを裏づける形で重大な結果が生じた場合は，話は別である。そうした場合に，相手との力関係等から，より危険性の低い手段を採りえたのであれば，相当性が否定され，過剰防衛となることもありうる。

事例２

Xは，某日夕方，知人Aから，マンション６階の自宅の玄関扉を消火器で何度もたたかれ，その頃から翌朝未明まで，十数回にわたり電話で因縁をつけられていた。午前４時頃，電話で挑発され，マンション前の路上に呼び出されたXは，呼出しに応じれば凶器などによる暴行を受けることを予期し，呼出しに応じる必要はなく，警察への通報も容易であったが，包丁を携帯してマンション前の路上に赴いた。するとAはハンマーを持って駆け寄ってきた。Xは，包丁を示すなどの威嚇的行動をとることなく，ハンマーで殴りかかってきたAの攻撃をかわしつつ，殺意をもって，包丁でAの胸を刺して殺害した。

1　問題の所在――侵害の予期と急迫性

事例２のXの行為は殺人罪（199条）の構成要件に該当する。もっとも，Aがハンマーで殴りかかってきている以上，違法な法益侵害が現に存在し，「急迫」不正の侵害があるようにも見える。そうすると，正当防衛または過剰防衛*が成立する余地があるが，本事例では，XがAの侵害を予期して現場に臨んだという経緯がある。そこで，予期された侵害も「急迫」といえるかが問題となる。

＊　致命的な反撃手段については，その相当性は厳格に審査され，相手による侵害も致命的なものであるような場合でないと肯定されにくいのが裁判例の傾向である。本事例で仮に急迫性が肯定されても，認定されるのは過剰防衛ということになろう。

2　平成29年判例――「行為全般の状況」による判断

最近の重要判例（最決平成29・4・26刑集71-4-275）は，「急迫不正の侵害という緊急状況の下で公的機関による法的保護を求めることが期待できないときに……私人による対抗行為を例外的に許容した」36条の趣旨からは，侵害の予期が直ちに急迫性を失わせることはないが，侵害を予期してこれに臨んだ場合の急迫性の有無は，「対抗行為に先行する事情を含めた行為全般の状況に照らして検討すべき」であるとする。具体的には，「事案に応じ，①行為者と相手方との従前の関係，②予期された侵害の内容，③侵害の予期の程度，④侵害回避の容易性，⑤侵害場所に出向く必要性，⑥侵害場所にとどまる相当性，⑦対抗行為の準備の状況（特に，凶器の準備の有無や準備した凶器の性状等），⑧実際の侵害行為の内容と予期された侵害との異同，⑨行為者が侵害に臨んだ状況及びその際の意思内容等を考慮」し，「行為者がその機会を利用し積極的に相手方に対して加害行為をする意思で侵害に臨んだとき……など，前記のような刑法36条の趣旨に照らし許容されるものとはいえない場合には，侵害の急迫性の要件を充たさない」という（丸数字は筆者）。そして，事例2同様の事案につき，侵害を十分予期し（②③⑧），呼出しに応じる必要がなく（⑤），自宅にとどまり警察の援助を受けることも容易だったのに（④），包丁を持って臨み（⑦），威嚇的行動もなく刺した（⑨）ことなどに言及し，急迫性を否定している。

この判例は，侵害を予期した場合の急迫性の有無は，先行する経緯から対抗行為までを含む「行為全般の状況」を考慮し，対抗行為が36条の趣旨に照らして許容されるかという見地から判断すべきことを示している*。

* 伝統的な判例（最決昭和52・7・21刑集31-4-747）は，急迫性は，侵害の予期＋積極的加害意思により否定されるとしてきた。これに対し，平成29年判例は，「など」という表現で，積極的加害意思がある場合は，急迫性が否定される場合の1つにすぎないという位置づけを明らかにした。

その含意について，判例は詳しく説明していないが，（ⅰ）十分に予期した侵害を，（ⅱ）（必要に応じて警察の保護を求めるなどして）格別の不利益を伴わずに事前に回避でき，また回避すべきであったかという観点や，（ⅲ）（凶器の準備や侵害に臨んだ際の事情も含め）不正な私的闘争を受けて立ったといえるかという観点を踏まえ，対抗行為に緊急行為としての性質を認めうるかを評価することが考えられる。

判例はそうした理解の下で急迫性を否定する1つの事例判断を示したといえるが，この事案とは異なり，侵害の予期が十分でなかった（抽象的可能性を認識していたにすぎなかった，せいぜい素手の喧嘩だと思っていたら切りかかられた），話合いなど相手と会う合理的理由があった，警察に通報する余裕がなかった，凶器を持たずに臨み，あるいは，まずは威嚇的行動にとどめ，その後も防御的行動に終始するなど，できる限り穏便な解決に努めたといった事情があれば，急迫性を肯定する方向に作用することになろう。

事例3

Xは，Aが自転車にまたがったままごみ捨て場にごみを捨てているのを見て，声をかけ，口論となった際，いきなりAの顔を手拳で1回殴打し（第1暴行），直後に走り去った。Aは，自転車でXを追いかけ，約90m離れた地点で追いつくと，自転車に乗ったまま，プロレスのラリアットのように，Xの背中上部を強打した。これに対し，Xは，護身用に携帯していた特殊警棒でAの顔面等を数回殴りつけ（第2暴行），加療3週間の傷害を負わせた。

1　問題の所在――自招侵害

Xは第1暴行により少なくとも暴行罪（208条）の罪責を負うが，第2暴行につき傷害罪が成立するかは，同暴行がAによる違法な報復攻撃（→53頁）に対する反撃として正当防衛に当たらないかにかかっている。そうしたところ，Xが第1暴行によりAの侵害を自ら招いたとの評価により，第2暴行時に正当防衛が制限されないか（自招侵害）が問題となる。

2　平成20年判例――「反撃行為に出ることが正当とされる状況」の否定

この問題に関する重要判例（最決平成20・5・20刑集62-6-1786）は，事例3同様の事案について，「Aの攻撃は，被告人の暴行に触発された，その直後における近接した場所での一連，一体の事態」であり，被告人は「不正の行為により自ら侵害を招いた」といえるから，「Aの攻撃が被告人の前記暴行の程度を大きく超えるものでない」などの事実関係の下では，被告人が「何らかの反撃行為に出ることが正当とされる状況……とはいえない」と判示した。これによれば，本事例でも正当防衛（・過剰防衛）は否定され，Xには傷害罪が成立する（暴行罪はこれに吸収されよう）。

これは事例判例ではあるが，行為者が①不正な暴行により，②直後における一連一体の事態としての相手方の侵害を招き，③その侵害が行為者の当初の暴行の程度を大きく超えない場合には，「何らかの反撃行為に出ることが正当とされる状況」（正当防衛状況）とはいえず，正当防衛（・過剰防衛）が否定されるという限りでは，一般的な通用性を有すると考えられている。これに対し，自招行為が不正とはいえない場合（①欠如），事態がいったんは収束してから相手が蒸し返してきた場合（②欠如），素手の暴行に対し，相手がナイフで切りかかってきたというような場合（③欠如）は，判例の射程外ということになる。

このように自招侵害の一定の場合に正当防衛状況を否定することの理由については，不正な自招行為と相手の侵害行為に密接な関係がある場合には，36条が前提とする「正対不正」の関係を欠くとか，自ら不正な相互闘争行為を開始した場合，その相互闘争の範囲内での応酬については，正当防衛の本質である緊急行為性を欠くといった説明がなされている*。

＊　平成20年判例は，正当防衛の不成立が36条のどの要件の欠如によるのかを明示していない。その背景には，急迫性を否定するには侵害の予期が前提となる（と解される）ところ，自招侵害の場合，自分が先に手を出したという客観的事情から，侵害予期の有無を問わずに36条適用が否定されるべきとの考慮がある。先行事情を考慮の上で規範的見地から防衛資格を否認する枠組みとして，侵害予期＋行為全般の状況により急迫性を否定する平成29年判例（→56頁）と，（予期を問わずに）侵害の自招により正当防衛状況を否定する平成20年判例があることになるので，これらを事案に応じて使い分け，あるいは事案によっては両方の趣旨を踏まえて検討できるようにしておく必要がある。

本講のポイント

□1　正当防衛の要件としての急迫不正の侵害を認めるには，違法な侵害が現在しているか，間近に押し迫っていることを要する。

□2　侵害を予期した場合の急迫性の有無は，対抗行為に先行する事情を含めた行為全般の状況に照らして，36条の趣旨から判断する。

□3　不正な暴行によりその直後の一連一体の事態としての侵害を招き，その侵害が当初の暴行の程度を大きく超えない場合には，「何らかの反撃行為に出ることが正当とされる状況」を欠き，正当防衛（・過剰防衛）は否定される。

□4　防衛の意思は，「専ら攻撃の意思」と評価される場合に限り，否定される。

□5　防衛行為の相当性は，反撃手段として相当かで判断する。侵害の内容，反撃行為の内容，他に採りうる手段などが考慮要素となる。たまたま重大な結果を生じたこと自体は，相当性を否定する理由にならない。

第8講 過剰防衛・誤想防衛・誤想過剰防衛

事例1

Xは，アパート2階の外廊下で，いきなりAから鉄パイプで殴打されたため，Aの顔面を殴る暴行（第1暴行）を加え，軽傷を負わせた。その後，次の経緯で第2暴行に及んだ（各事例は独立したものとする）。

(1)　Aは，バランスを崩し，手すりに上半身を乗り出したが，なお鉄パイプを握りしめ，態勢を立て直せる状況にあった。焦ったXは，Aの足を持ち上げ，4m下の地面に転落させ，全身骨折の重傷を負わせた。

(2)　足を滑らせたAは，仰向けに倒れ，気絶したように動かなくなった。Xは，この状況を十分に認識したが，「俺に勝てると思っているのか」などと言って，Aの腹部を激しく足蹴にしたり，繰り返し踏みつけたりする暴行を加え，Aに内臓破裂の重傷を負わせた。

1　防衛行為の一体的把握

事例1では，第1暴行それ自体は正当防衛といいうるものであるが，それにより形勢が逆転したのに，Xは第2暴行に及んでいる。こうした場合，前後の行為を「一連一体のもの」「同一の防衛の意思に基づく1個の行為」（最決平成21・2・24刑集63-2-1）と捉えるか，それとも分断して捉えるかが事例解決のポイントとなる。その判断は，両暴行の時間的・場所的連続性を前提に，①侵害の継続性，②（第2暴行時の）防衛の意思の有無，③暴行態様の変化などの事情に着目して行う（最決平成20・6・25刑集62-6-1859参照）。①②③の関係については理解が分かれるが，反撃行為が侵害の終了前後にまたがっても（①）分断的評価になるのはむしろ例外的であることに鑑みると，決定的な基準を防衛意思の連続性（②）に求め，それを客観的な行為態様（③）を踏まえて評価することが，判例の傾向とは整合的といえる。

2　侵害の継続性，防衛行為の相当性——事例 1(1)

①侵害の継続性は，侵害者の主観的意欲および再度の攻撃に及ぶことが可能な客観的状況に照らして判断する。事例 1(1)では，鉄パイプをなお握りしめていたAは加害の意欲がうかがわれ，態勢を立て直せる状況にあったというのであるから，侵害はなお継続している（最判平成 9・6・16 刑集 51-5-435 参照)。②防衛意思については，当初の防衛行為の際と連続性のある心理状態かが問われるが，X は焦って反撃を続けており，肯定される。そして③第 2 暴行の態様は危険性は高いものの一回的であり防衛的な心理状態の反映といいうることをも踏まえ，第 1，第 2 暴行は一連一体の防衛行為として評価される。

その上で，正当防衛の成否に関し，A を転落させた第 2 暴行まで含めた相当性が問題であるところ，類似事案の判例（前掲最判平成 9・6・16）は，手すりに乗り出したAの「攻撃力はかなり減弱していた」のに，X の行為は「一歩間違えば……死亡の結果すら発生しかねない危険なものであった」ことから，一連の暴行は相当性を欠くとして，過剰防衛とした*。

＊　この場合，その時点で正当防衛であったはずの第 1 暴行を含む全体が違法な過剰防衛となる。判例（前掲最決平成 21・2・24）は，事例 1(1)と異なり，傷害結果が正当防衛的な第 1 暴行により生じたという事情の下でも，全体に過剰防衛としての傷害罪の成立を認め，その事情は有利な情状として考慮すれば足りるとする。

3　防衛行為の一体性と量的過剰防衛の限界——事例 1(2)

事例 1(2)では，A は気絶したように動かなくなっているから，①侵害は終了している。それにもかかわらず，なお前後の暴行が一連一体のものといえれば，「侵害に対して反撃を継続するうちに，その反撃が量的に過剰になった」（いわゆる量的過剰防衛）として，全体的考察により，1 個の過剰防衛として 36 条 2 項を適用できると解されている。しかし，本事例では，② X は上記状況を十分に認識しつつ，発言や暴行態様に表れているように専ら攻撃の意思となって，③無抵抗の相手に対する一方的かつ執拗な態様の暴行に転じているから，分断的評価が妥当である。そうすると，第 1 暴行は正当防衛で不可罰だが，第 2 暴行については，単なる犯罪行為としての傷害罪（204 条）が成立することとなる（類似事案に関する前掲最決平成 20・6・25 参照)。

事例2

空手の有段者Xは，A男が路上に座り込んだB女を介抱していたのを見て，AがBに乱暴しているものと誤信し，割って入ったところ，Aが身構えたため，殴りかかってくるものと誤信し，次の行為に及んだ（各事例は独立したものとする）。

(1) Aに足払いをかけて転倒させ，軽傷を負わせた。

(2) 空手技である回し蹴りを全力で行い，Aの頭部を強打した。Aは転倒し，頭蓋骨骨折の傷害を負って死亡した。

1 正当防衛の不成立

事例2の各行為は，傷害罪または傷害致死罪（205条）の構成要件に該当する。そして急迫不正の侵害は存在しないから，正当防衛として違法性が阻却されることはない。

2 誤想防衛——事例2(1)

その上で問題となるのは，侵害を誤信して対抗行為に出たことの罪責への影響である。

まず検討すべきは，故意犯の成否である。故意（「罪を犯す意思」〔38条1項〕）とは犯罪事実の認識をいう（→第3講）ところ，構成要件該当事実の認識（構成要件的故意。結果的加重犯としての傷害罪や傷害致死罪では，暴行の故意で足りる）があっても，同時に，正当防衛に当たる事実を誤信しているときは，犯罪事実を認識しているとはいえないから，故意犯の責任は問いえない。そうした場合（「誤想防衛」という）には，責任段階での故意（責任故意）が阻却され，故意犯は成立しないというのが，通説的な理解である*。

* この理解は，正当防衛だけでなく，緊急避難，被害者の同意などあらゆる違法性阻却事由に妥当する。違法性阻却事由に当たる事実を誤信していた場合（違法性阻却事由の錯誤）には，責任故意が阻却され，故意犯は成立しない。

この理解からは，行為者の誤信した事実が，仮に現実に存在したとしたら正当防衛に当たるものかが問われる（主観に描かれた事実を対象に正当防衛の要件を検討する）ところ，本事例では，各対抗行為が誤信した侵害に対する防衛手段として相当かの検討を要する。

事例 2(1)の X は，殴りかかられると誤信した上で，A に足払いをかけて転倒させている。この程度であれば，侵害の強度に対応した反撃行為として，相当性が認められよう。そうすると，X の認識していた事実は，正当防衛に当たることになるから，誤想防衛として責任故意が阻却され，（暴行・）傷害罪は成立しない。X には，侵害の事実を誤信したことに注意義務違反（過失）が認められる限りで，（重）過失傷害罪（209 条，211 条）が成立する余地があるにとどまる。

3　誤想過剰防衛――事例 2(2)

これに対し，事例 2(2)の X は，（素手の）殴打という侵害を誤信した上で，頭部に致命的打撃を与えうる空手技でいきなり反撃している。空手の有段者ならば，組み伏せるなどのより危険性の低い手段を採ることも容易と思われることをも踏まえると，相当とはいいがたい。そうすると，X の認識していた事実は，正当防衛ではなく，過剰防衛すなわち違法行為に当たることになるから，犯罪事実の認識としての故意は阻却されない（誤想防衛に当たらない）。よって，故意犯（の結果的加重犯）としての傷害致死罪が成立する。

その上で検討を要するのが，この場合のように，侵害を誤信した上で過剰な防衛行為に及んだ場合（「誤想過剰防衛」という）に，存在した侵害に対する過剰防衛行為と同様に，36 条 2 項による刑の任意的減免の効果が生じるかである。これを肯定するのが判例の立場である（最決昭和 62・3・26 刑集 41-2-182 等)。同規定の趣旨に関し，a)恐怖や興奮といった心理的動揺から過剰に及ぶことに無理からぬ面があることに着目する責任減少説，b)過剰とはいえ正当な利益を保全したことに着目する違法減少説などがある。このうち，a 説からは，侵害が存在せずとも，それを認識して過剰行為に及んだのであれば，規定の趣旨は妥当することを理由に，また，近時は b 説からも，客観的に実現した違法行為について責任を問えるのは，それが主観的に認識されていた限度においてであることを理由に，判例の立場が支持されている*。

*　ただし，誤想過剰防衛の事例で侵害の誤信につき過失があるときは，同じ過失の上で相当な防衛行為にとどまった場合（誤想防衛）に過失犯が成立し，36 条 2 項の適用はないこととの均衡上，過失犯の刑よりも軽く処断すること（したがって，刑の免除）は不適切であるという理解が有力である。

事例3

Xは，実兄Aと一緒にいたところ，Bらから襲撃され，自らは自動車内に逃げ込んだが，なおAはBらから木刀で殴られるなどの激しい暴行を受けていた。そこでXは，Bらの近くに自動車を低速で進行させ，Bらを飛びのかせて追い払おうとしたが，意図に反し，車体がBの手に接触して軽傷を負わせたほか，Aを轢過し，Aを死亡させるに至った。

1　Bに対する罪責——正当防衛

XがBの近くに車を進行させた行為は，身体への接触を意図したものではないが，暴行概念に関する判例・通説の立場（→第20講）からは，Bに対する故意の暴行に当たる。この行為によりBが負傷しているため，暴行の結果的加重犯としての傷害罪の構成要件該当性が認められる。

もっとも，Xは，BらによるAに対する急迫不正の侵害に対し，Aを防衛するために上記行為をしている。そして，あくまで車体の威力を示してBを追い払おうとしたのであり，結果的にも手に接触して軽傷を負わせているにすぎないことに鑑みれば，防衛行為の相当性も肯定する余地がある（類似事案に関する大阪高判平成14・9・4判タ1114-293参照)。相当性を認めれば，Xは，Bに対する行為については正当防衛が成立し，罪責を負わない。

2　Aに対する罪責——防衛行為と第三者

問題は，Aに対する罪責である。まず，構成要件該当性の問題として，Xは車でAを轢過する暴行によりAを死亡させており，傷害致死罪に当たる。ここでXは，Bへの暴行の事実しか認識していなかったのに，Aへの暴行（・傷害致死）を実現しているとすると，いわゆる方法の錯誤があることになるが，判例の立場である法定的符合説（抽象的法定符合説。→第4講）からは，Aに対する暴行の故意（に基づく傷害致死罪の構成要件該当性）を認める妨げにはならない。

そこで次に，違法性阻却事由を検討するに，第1に，Aの轢過は，急迫不正の侵害者に対する行為とはいえないため，正当防衛は否定される。第2に，緊急避難（37条1項本文）は，第三者に危難を転嫁し，または本人に軽傷を与えることで，本人に重大な結果が生じるのを防いだような場合であれば，他に採りうる手段がなかったこと（補充性）を要件として，成立する余地がある。しかし，本事例では，Aの身体の安全を守るため，轢き殺してしまっており，害の均衡を逸脱して過剰避難（同項ただし書）に当たるか，そもそも客観的に避難行為としての性質を欠き，過剰避難にすら当たらないともいいうる。

そうすると，Xの行為はAに対して違法であることは否定しがたい。しかし，Xの事実認識はあくまで「Bらを飛びのかせ，Bらの侵害からAを守る」というもので，Bとの関係で防衛行為の相当性を肯定する（→1）ならば，36条のすべての要件を充たし，正当防衛に当たるものといえる。とすれば，誤想防衛の一種（違法性阻却事由の錯誤〔→62頁〕）として，責任故意が阻却され，過失犯（〔重〕過失致死罪〔210条，211条〕）が成立する余地があるにすぎないことになる（類似事案に関する前掲大阪高判平成14・9・4参照）*。

* 存在する急迫不正の侵害に対し，相当な防衛行為をしている以上，「誤想防衛」とはいえないのではないかとの批判もある。しかし，本質的なのは，Xの事実認識が正当防衛に当たるために故意責任を問えないということに尽き，呼び方は重要でないとの理解が有力となっている。

本講のポイント

□1　防衛行為の一体性は，侵害の継続性，防衛意思の連続性，行為態様などから判断する。一体的な防衛行為である限り，侵害終了後まで継続したとしても，全体的考察により過剰防衛となりうる（量的過剰防衛）。分断的に評価すべきときは，第1暴行は（要件を充たせば）正当防衛，第2暴行は単なる犯罪行為といった処理になる。

□2　侵害の継続性は，侵害者の加害の意欲と加害を再開できる客観的状況から判断する。

□3　侵害を誤信し，相当な防衛行為で対抗した場合など，行為者の事実認識が正当防衛に当たるものであったときは，故意犯は成立しない（誤想防衛）。

□4　誤信した侵害に対して（故意で）過剰な防衛行為に及んだ場合（誤想過剰防衛）には，故意犯が成立するが，36条2項による刑の減免の余地がある。

□5　正当防衛行為の結果が予期せぬ第三者に生じた場合，その第三者に対しては違法行為と評価される場合であっても，誤想防衛の一種として故意犯の成立が否定されうる。

第9講 緊急避難

事例1

Xは，カルト教団の施設から友人Aを連れ出すため，交渉に赴いたが，教団幹部らに身体を拘束され，施設の一室に監禁された。その後，次の事実が生じた（各事例は独立したものとする）。

(1) Xは，隙を見て逃走したところ，気づいた信者らに追跡され，捕まりそうになった。逃げ切ることはできず，多勢に無勢で立ち向かうこともできず，そのままでは再び監禁されてしまうため，助かる唯一の手段として，近くの民家に，住人に無断で逃げ込み，110番通報を求めた。

(2) Xは，教祖から「お前は解放してやるが条件がある。Aを殺せ。できないならお前の処置も考えなければいけない」と言われた。Xは，命令を拒んでもすぐに殺害される状況ではなかったが，監禁状態から解放されるには他に手段がなかったため，渡されたロープでAの首を絞めて殺害した。

(3) 監視は緩やかで，夜間であれば裏口等からの逃走も可能であった。しかし，Xは，確実を期すべく，廊下にあった一斗缶に入っていた灯油を撒き，ライターで火をつけ，火災を生じさせ，大混乱の隙に逃走した。この火災により建物は半焼し，多数の信者らが焼け出された。

1 緊急避難の成立要件――事例1(1)

事例1(1)でXが民家に住人に無断で立ち入った行為は，住居侵入罪（130条前段）の構成要件に該当するが，緊急避難として犯罪の成立が否定されないかが問題となる。

緊急避難の成立要件は，①自己または他人の法益に対する「現在の危難」を②「避けるため」，③「やむを得ずにした」行為であって，④「これによって生じた害が避けようとした害の程度を超えなかった」ことである（37条1項本文）。

①「現在の」危難といえるには，法益侵害の危険が現在し，または間近に押

し迫っていることを要する。その限りで正当防衛（36条1項）の「急迫」とほぼ同義とするのが伝統的な理解である。一方，「危難」は，「不正の」侵害によることを要しないことは，正当防衛と異なる。自然現象によるものでも差し支えない。

本事例のXは，信者らに捕まりそうになっており，身体の自由に対する「現在の危難」がある（不正の侵害にも当たるが，現在の危難としての評価とは両立する）。

②「避けるため」の行為（避難行為）は，危難の回避に役立ちうる行為であって，避難の意思を伴うものをいう。避難行為は，危難源となっている物や人に向けられる場合（防御的緊急避難）もありうるが，典型的なのは，無関係の第三者の法益を侵害する場合（攻撃的緊急避難）である。

本事例のXが民家に逃げ込んだ行為は，住人の法益を侵害することで自己の法益に対する危難を免れる避難行為の典型的場合である。

③「やむを得ずにした」といえるには，当該避難行為をする以外には方法がなく（補充性），その行動が条理上肯定しうることを要するとされている。正当防衛の「やむを得ずにした」と文言は同じだが，内容は異なる。「正対不正」が前提となる正当防衛では，防衛者の侵害者に対する優越性が認められる（「正は不正に屈しない」）ため，退避（逃避）により侵害から免れうるとしても，侵害者への対抗が基本的に許されるという意味で，補充性は不要である。それに対し，「正対正」が前提となる緊急避難では，退避（逃避）により誰にも迷惑をかけずに危難を免れうるならば，そちらを優先しなければならない。また，危難が不正の侵害である場合には，侵害者に対する正当防衛による対抗が，第三者への危難の転嫁に優先されなければならないと解されている。

本事例のXは，逃げ切ることはできず，また多勢に無勢で正当防衛もできず，信者らの追跡を逃れるには民家に逃げ込むこと以外の手段がなかった（補充性が認められる）から，「やむを得ずにした」の要件も充足する。

④避難行為「によって生じた害が避けようとした害の程度を超えなかった」こと（害の均衡，法益権衡）が要件となるのも，緊急避難が「正対正」の関係にあることによる。「正対不正」の関係にある正当防衛では，保全利益と侵害利益の厳格な均衡は問われないことと対照をなす。

本事例では，避難行為「によって生じた害」は住居権の一時的侵害にすぎず，教団に身体を拘束されるという「避けようとした害」の程度を超えていない。以上から，本事例では，緊急避難が成立し，X に犯罪は成立しない*。

＊ 犯罪不成立の理由は，違法性阻却に求めるのが通説である。ある法益を保全するための唯一の手段として同等以下の他の法益を犠牲にする行為は，社会全体の法益状態をマイナスにしないため，法秩序により許容されているという理解になる。違法性阻却説によれば，危難を転嫁された第三者は，正当防衛による対抗はできない（防御的緊急避難による対抗は可能とするのが一般的理解であるが，補充性や害の均衡の要件が求められる）。

もっとも，条文上の要件に該当する緊急避難が常に違法性阻却されると解してよいかについて，議論は絶えない。特に，生命保全のためとはいえ，他者の生命を犠牲にする緊急避難行為まで適法行為と捉えることについては，これを拒絶する立場も有力である。その立場からは，生命対生命の緊急避難は，責任が阻却されるにすぎないという理解となる（違法性阻却と責任阻却の二分説）。

2 過剰避難の認定，強要による緊急避難——事例 1(2)

事例 1(2)の X の行為は，殺人罪（199 条）の構成要件に該当するが，緊急避難の成否が問題となる。

まず，①「現在の危難」は，X が監禁状態に置かれているため，身体の自由に対するものとして認められる。「お前の処置も考えなければいけない」という教祖の発言もあるが，命令を拒んでもすぐに殺害される状況ではなかった以上，生命に対する危難はまだ「現在」していなかったといいうる。

次に，教祖の要求に従う A 殺害行為が②避難行為に当たり，監禁状態を脱するには他に手段はなかった（補充性が認められる）ため，③「やむを得ずにした」といえることにも問題はない。

もっとも，④害の均衡については，避難行為により「生じた害」は生命侵害であり，これは「避けようとした害」である身体拘束状態の継続を上回る。したがって，緊急避難は成立しない。この場合，「その程度を超えた行為」（37 条 1 項ただし書）として，過剰避難が成立する（その効果は，過剰防衛と同様に，刑の任意的な減軽または免除である）。

以上が類似事案に関する裁判例（東京地判平成 8・6・26 判タ 921–93）に沿った説明であるが，学説上は，本事例のように他者から犯罪行為を強いられた「強要による緊急避難」の場合，行為者は「不法に加担」している以上，緊急避難としての正当化の余地はそもそもないとする立場もある。しかし，そうした場合を特別視する理由はないというのが現在の一般的理解である（頭部に拳銃を突きつけられて覚醒剤自己使用を強要された事案で緊急避難の成立を認めた東京高判平成24・12・18判タ1408-284も参照）。

3　補充性の逸脱と過剰避難——事例1(3)

事例1(3)のXの行為は，現住建造物等放火罪（108条。→第38講）の構成要件に該当する。その上で，緊急避難の検討をするに，監禁状態にあるため①「現在の危難」があり，これを②「避けるため」に放火したものといえる。しかし，監視は緩く，夜間に裏口等から逃走することも可能であったのだから，③補充性が認められない。また，建物を半焼させ，（監禁に関与していない者を含む）不特定多数の生命，身体，財産の安全を犠牲にすることで，緩やかな監視による監禁を免れる行為は，④害の均衡を失する。そのため，緊急避難は成立しない。

本事例で問題となるのは，過剰避難の成否である。補充性が認められるが，害の均衡を失する場合に過剰避難であることに争いはない。それに対し，本事例のような補充性の逸脱の場合にも過剰避難として37条1項ただし書を適用しうるかは議論があり，判例の態度は必ずしもはっきりしない。本事例の類似事案に関する裁判例（大阪高判平成10・6・24高刑集51-2-116）は消極説に立ち，過剰避難の成立を否定した*。

＊　学説上は，過剰避難の減免根拠を期待可能性の乏しさ（責任減少）に求める立場からは，補充性逸脱の場合にも過剰避難の規定を適用すべき旨が主張されることが多い。過剰とはいえ法益保全に役立つ行為であること（違法減少）を考慮する立場においては，次のような理解が有力化している。すなわち，㋐法益侵害行為に出ることなく危難を避けることができたのに法益侵害行為をした場合には，過剰避難は否定されるが，㋑法益侵害行為自体は不可避だが，より小さな侵害でも足りた（現に行った避難行為を基準にすれば，補充性が否定される）場合には，なお適用を認めるという理解である。これによれば，㋐に属する本事例では，過剰避難は否定される。

事例 2

Xは，夜間自動車を運転中，狭い車道の対向車線を低速で進行していた車両とすれ違おうとした際に，同車両の背後の見通しが悪いのに，減速して注意を払うなどせず，漫然進行した。すると，車両の背後から歩行者Aが現れたので，衝突を避ける唯一の手段として，急ハンドルにより進路を変更したところ，別の歩行者Bに衝突し，Bを死亡させた。

1　自招危難に関する大審院判例

事例2では，急ハンドルの際に，付近の歩行者等に注意しながら進行すべき注意義務の違反が認められれば，急ハンドルを切った行為について，Bに対する過失運転致死罪（自動車運転死傷行為処罰法5条本文）の構成要件該当性が肯定される。その上で，歩行者Aとの衝突を避けるための緊急避難の成否が検討されるが，問題となるのが，歩行者A（および自己）の生命・身体に対する現在の危難は，X自身の行為により招かれていることである（自招危難の問題）。

類似する事案に関する大審院判例（大判大正13・12・12刑集3-867）は，緊急避難の規定は，危難が「行為者が其の有責行為に因り自ら招きたるものにして社会の通念に照し已むを得ざるものとして其の避難行為を是認する能はざる場合」には適用できないと判示して，緊急避難の成立を否定した。

本判決は，自招危難については，諸事情を踏まえ，避難行為が社会通念上やむを得ないものとして是認することができないかにより，緊急避難の成否を判断する立場を示したといえる。要件上は，「やむを得ずにした」のうち，「条理上肯定しうる」（→67頁）かの判断として位置づけることが考えられよう（ただし，本判決は，事案の評価としては，Bとの衝突について過失が認められる以上，「他に避くべき方法あるに拘らず……衝突した」のであり，「已むを得ずして衝突したるものに非ざる」としており，補充性を否定する趣旨とも解される。そうすると自招危難に関する判示は傍論となる）。

2　学説

もっとも，「社会通念上是認されるか」ではあまりに漠然としており，学説は，いかなる実質的考慮により犯罪の成否を判断すべきかを議論している。通説と呼べる見解はないが，以下の点は，有力な学説におおむね共有されている。

第1に，行為者自身の法益に対する危難を招いた場合については，自招行為の内容（故意，過失の別や程度を含む），招かれた危難の内容，両者の関係などに照らし，行為者の要保護性を評価し，避難行為の許容性を検討すべきことである。例えば，失火により火災を生じさせ，逃げ場を失った者が隣家に逃げ込むような場合には，緊急避難成立の余地を認めるのが多数説といえる。

第2に，第三者の法益に対する危難を招いた場合には，当該第三者の要保護性は低下しないので，その危難を避けるための緊急避難は，基本的に制限されないとの立場が多い。

もっとも，両場合に共通し，第3に，最終的な結果を，危難を招いた当初の行為に帰責できるときは，犯罪の成立を否定する理由はない（原因において違法な行為の理論）。これによると，事例2では，以下のようになる。まず，漫然進行した当初の行為は過失行為に当たる。そして，結果を直接惹起した急ハンドル行為がそれ自体緊急避難に当たるとしても，当初の過失行為とBの死亡結果との因果関係が認められ，Bの死亡結果を当初の過失行為に帰責できるために，過失運転致死罪が成立する。この論理により，上記大審院判例の結論は支持できることになる。

本講のポイント

□1　緊急避難は，「正対正」の関係が前提となるため，補充性と害の均衡が要求される点が，「正対不正」を前提とする正当防衛と異なる。

□2　強要による緊急避難も否定しないのが一般的理解である。

□3　過剰避難の典型は，害の均衡を失する場合である。補充性逸脱の場合にも過剰避難が成立するかは，争われている。

□4　自招危難については，諸事情を踏まえて，「社会通念上やむを得ないものとして是認することができない」場合に緊急避難を否定するのが判例の立場といいうるが，実質的な考慮の内容については，理解は定まっていない。

□5　ただ，自招行為に最終結果を帰責できるときは，直接の結果惹起行為が緊急避難に当たるとしても，犯罪の成立を肯定できる（原因において違法な行為の理論）。

第10講 責任能力・原因において自由な行為

事例 1

(1) 酒に酔うと見境なく暴力を振るう傾向にあったXは，酒の勢いを借りてAを殺害しようと考え，大量に酒を飲み重度の酩酊状態に陥った後，Aを包丁で刺殺した。刺突行為の時点で，Xは心神喪失の状態にあった。

(2) (1)の刺突行為の時点で，Xが心神耗弱の状態にあった場合はどうか。

(3) Xは，多量に飲酒すると他人に暴力を振るう傾向にあり，酒量を制限していたが，友人Aの結婚式で不覚にも飲みすぎて重度の酩酊状態に陥り，心神喪失の状態で，①Aを殴打して傷害を負わせ，これを制止した友人Bに激昂し，②殺意をもってテーブルナイフをBに突き刺して死亡させた。

(4) Xは，自動車を運転してバーに行き，飲酒後に酔って再び自動車を運転することを認識しつつ，数時間にわたり20本近くビールを飲んで酩酊し，心神耗弱の状態で，道路交通法が禁止する酒酔い運転を行った。

1 責任能力の意義

39条は責任能力について心神喪失者の不処罰（1項）と心神耗弱者の刑の必要的減軽（2項）を定める。判例によれば，心神喪失とは，ⓐ精神の障害*により，ⓑ事物の理非善悪を弁識する能力（弁識能力）またはその弁識に従って行動を制御する能力（制御能力）を欠く状態をいい，心神耗弱とは，これらの能力が著しく減退した状態をいう（大判昭和6・12・3刑集10-682参照）。責任能力は，ⓐ生物学的要素とⓑ心理学的要素の両面から判断される（混合的方法）。

* 精神の障害には，統合失調症等の精神病のほか，飲酒や薬物等の作用に起因する一時的な精神状態の異常も（その程度が深刻なものであれば）含まれる。

2 原因において自由な行為の法理と2つのモデル

責任能力は，実行行為の時点で存在しなければならない。これを行為と責任の同時存在の原則という。この原則は，実行行為を思いとどまることのできる状態にあったこと（他行為可能性）を責任非難の根拠とする考え方からの帰結と解されている。事例 1(1)(2)について，包丁での刺突行為を実行行為と捉え，行為と責任の同時存在の原則をそのままあてはめれば，X は，(1)の場合には 39 条 1 項により不可罰となり，(2)の場合には同条 2 項により刑が減軽されることになる。しかし，これらの結論は一般的な当罰感情に照らして納得しがたいであろう。「原因において自由な行為」の法理は，このような問題意識から，結果を直接引き起こした行為（結果行為）の時点で心神喪失・耗弱の状態にあっても，そのような状態を招く原因となった行為（原因行為）の時点で完全な責任能力が認められる（その意味で「自由」であった）場合には，39 条の適用を否定して，行為者に完全な責任を問う余地を認めようとする法理である。この法理の理論構成については，㋐原因行為を構成要件該当行為（実行行為）と捉え，行為と責任の同時存在の原則を堅持する考え方（構成要件モデル）と，㋑同原則の例外を認め，結果行為を実行行為と捉えた上で，それに対する責任を原因行為時まで遡って問う考え方（責任モデル）の 2 つがある。

3 構成要件モデル――事例 1(1)

事例 1(1)は，㋐構成要件モデルによる解決が可能な場合の典型例とされる。代表的な見解は，原因行為を実行行為と評価する理論構成として，間接正犯の理論（→第 14 講）を援用する。この見解によれば，刺突行為時点での X は心神喪失状態ゆえに自律的な意思決定が困難な「道具」であり，酩酊による粗暴癖のある X が A 殺害の勢いをつける目的で大量に飲酒をする原因行為は，構成要件実現の道具として自らを利用する行為として，殺人の実行行為性を帯びると評価される*。そして，X の粗暴な傾向も踏まえれば，原因行為から結果行為に至る経過に異常な点はなく，因果関係も認められよう。

* この見解に対しては，飲酒行為時点で殺人未遂罪が成立することになり，未遂の成立時期が早すぎるとの批判もあるが，実行の着手に結果発生の時間的切迫性等を要求して未遂犯の成立を否定する見解が有力である（→第 12 講）。

問題は殺人の故意である。原因行為の時点で故意が認められるためには，犯罪結果を実現する意思に加え，実行行為性（間接正犯性）を基礎づける事実の認識として，自らが道具となる認識が必要になる（いわゆる「二重の故意」）。後者の認識として特に重要になるのは心神喪失状態に陥る認識であり，事案に応じた慎重な検討を要するが，心神喪失それ自体は法的評価であり，故意に求められる意味の認識（→第 11 講）としては「酒に酔うと見境なく暴力を振るう」程度の素人的認識で十分であると考えるならば，X に殺人の故意が認められる*。よって，X には殺人罪（199 条）が成立し，39 条 1 項は適用されない。

＊　もっとも，（特に責任モデルの論者からは）その程度の認識で心神喪失に陥る認識を肯定してよいのか疑問も向けられている。

4　責任モデル――事例 1（2）

これに対し，心神耗弱の状態にとどまる事例 1（2）では，刺突行為時点の X を完全な道具と評価できないため，間接正犯の構成により原因行為を実行行為と評価するのが難しくなる。もちろん，事例 1（1）と異なり，刺突行為を実行行為と捉えても X には殺人罪が成立するが，そのままでは 39 条 2 項により刑が減軽される。この結論は，心神喪失に陥った（1）の場合に 39 条の適用が否定されるのと比べて不均衡である。そこで有力となるのが，㋑責任モデルである。代表的な見解は，責任非難が行為者の最終的な意思決定に向けられるものである点を重視し，完全な責任能力が認められる原因行為の段階での意思決定がそのまま結果行為として現実化したといえる限り，完全な責任非難が可能であるとする。この見解によれば，A を殺害する X の意思は，原因行為である飲酒の時点から結果行為である刺突行為の時点まで連続しており，実行行為である刺突行為は，原因行為段階での意思決定が現実化したものと評価できる。したがって，X に 39 条 2 項は適用されず，刺殺行為について殺人罪としての完全な責任が認められることになる。*

＊　もっとも近時は，限定責任能力に陥った自分を支配・利用したといえる限り，原因行為の実行行為性（正犯性）を肯定できる等の理解から，㋐構成要件モデルの枠内で同様の結論を導く見解も有力に主張されている。

5　原因行為の時点で故意が欠ける場合――事例 1（3）

事例 1（3）の X に，原因行為たる飲酒の時点で殺人や暴行の故意を認めるのは困難である*。したがって，㋐構成要件モデルによる場合，①②の結果につき，故意犯の成立を認めることはできず，過失犯（→第 5 講）が成立するにとどまる。すなわち，飲酒酩酊による粗暴癖の自覚がある X には，飲酒を抑止または制限するなどして酩酊により他人を害する危険を未然に防止すべき注意義務が認められ，①②の結果は当該義務の違反によって生じたものと評価できるから，Xには（重）過失致傷罪（①）（209条，211条）と同致死罪（②）（210条，211条）が成立する（最大判昭和26・1・17刑集5-1-20)。

＊　行為者の素質や動機など個別の事情次第ではあるが，飲酒酩酊による粗暴癖を自覚しつつ飲酒するだけで直ちに暴行の故意を肯定するのは困難である。

これに対し，㋑責任モデルによれば，実行行為は結果行為である故意の暴行と殺害行為であり，①につき傷害罪（204条），②につき殺人罪の構成要件該当性が認められる。問題は，原因行為の時点で故意が欠ける場合にも結果行為に対して完全な故意責任を問いうるかである。学説では，原因行為の時点で故意の結果行為が回避可能な心理状態にあれば足りるとして故意犯（①傷害罪，②殺人罪）の成立を認める見解も有力であるが，論者の多くは，意思の連続性を重視し，原因行為時点における意思決定の内容として故意を要求する。後者の理解に従えば，Xには，㋐構成要件モデルと同様，①過失致傷罪および②同致死罪が成立するにとどまる。*

＊　なお，結果行為時点でXが心神耗弱状態にとどまる場合には，いずれのモデルによる場合でも，結果行為につき傷害罪および殺人罪が成立する。この場合，39条2項が適用されて刑が減軽されるが，それでも刑の上限は（重）過失致死傷罪の法定刑のそれを下回らないから，別途過失犯の成否を検討する実益に乏しい。

6　酒酔い運転──事例1(4)

事例1(4)と類似の事案につき，判例（最決昭和43・2・27刑集22-2-67）は，「酒酔い運転の行為当時に飲酒酩酊により心神耗弱の状態にあつたとしても，飲酒の際酒酔い運転の意思が認められる場合には，刑法39条2項を適用して刑の減軽をすべきではない」と判示している。限定責任能力の事案で，二重の故意も問題とせずに39条2項の適用を否定しており，㋑責任モデルに親和的と評価できる*。

＊　これに対し，(ⅰ)飲酒後に運転するという結果行為がすでに犯行計画に組み込まれていることから，心神耗弱下の故意行為が介在しても，原因行為の正犯性は失われないこと，(ⅱ)長時間にわたり大量に飲酒していることなどから，自身が心神耗弱状態に陥ることにつき未必的な認識を認めうること等を理由として，㋐構成要件モデルから判例の結論を説明する見解も有力である。

事例2

Xは，自宅で酒を飲み始めたところ妻Aと口論となり，Aの顔面を手拳で1回殴打し，その後も数時間にわたり，腹立ちまぎれに酒を飲んでは酩酊の度を強めつつ，断続的に同人の顔面を殴打し続けていたが，逃げるAを追いかける際自ら転倒し頭部を強打するに至って激昂した結果，心神耗弱の状態に陥り，Aを転倒させ，その背部等を何度も激しく踏みつける暴行に及んだ。Aはこれらの暴行により複数の傷害を負ったが，踏みつけ行為によって生じた胸骨および肋骨骨折による胸腔内出血が致命傷となって死亡した。

1　実行行為の途中における責任能力の低下

殺人や傷害の実行行為を開始したが，その途中で心神喪失・耗弱の状態に陥り，その状態で致命傷を与えて被害者を死亡させた場合，死亡結果の惹起について39条を適用すべきかが争われている。学説では，責任能力低下前の実行行為と死亡結果の因果関係を問えば足りるとして，39条の適用を問題にしない見解も主張されているが，致命傷を与えた行為を単なる因果経過と捉えて問責対象から除外するのは，実体に即した罪責評価とはいいがたいであろう。現在有力なのは，責任能力低下前後の行為に実行行為としての一体性が認められる限りで，事象全体につき完全な責任を認める見解である。行為の一体性が認められる場合，致命傷の惹起は，実行行為の開始時点の意思決定が現実化したものと評価でき，完全な問責が可能になるというのが理由である[*]。実行行為の一体性は，各行為の時間的・場所的接着性，客観的態様や意思の連続性等を踏まえて判断される。[**]

*　実行行為の一体性は，㋐構成要件モデルでは因果関係（危険実現）と正犯性を，㋑責任モデルでは事象全体の非難可能性を基礎づける事情とされる。

**　㋐構成要件モデルでは，責任能力低下状態で実行に及ぶ認識（二重の故意）の要否も争われており，正犯性の根拠として行為の一体性のほか責任能力の低下を重視する必要説に対し，この点を重視しない不要説も有力である。

2　実行行為の一体性の評価

裁判例には，事例2と類似の事案につき，各暴行を「同一の機会に同一の意思の発動にでたもので……継続的あるいは断続的に行われたもの」と評価して，傷害致死罪の成立を認めた上で39条2項の適用を否定したものがある

(長崎地判平成4・1・14判タ795-266)。当初の暴行から致命傷を与えた踏みつけ行為に至るまでに何度も小休止がある上，心神耗弱状態に陥る前後で，顔面の殴打から背部等の踏みつけへと行為の態様や強度が変化している点は，実行行為の一体性を否定する方向に働く事情であるが，険悪な状況の下でAに対する加害動機が継続している点を特に重視すれば実行行為の一体性を肯定することはなお可能であろう。*

＊　39条不適用の根拠事情として，責任能力低下の自招性が指摘されることもあるが（前掲長崎地判平成4・1・14等），その意義には（要否含め）争いがある。

なお，事例2のように背部等を何度も激しく踏みつける行為は，その部位や行為態様等から，事案によっては，未必の殺意によるものと評価する余地がある（→第3講）。もっとも，完全責任能力下での意思決定が結果へと実現したことが39条の適用を否定する根拠である以上，ここで故意犯として完全な責任を問いうる罪名は，実行行為の開始時点における故意の内容に制約される。したがって，行為開始時点で殺意のないXに殺人罪についての完全な責任を問うことはできない。

本講のポイント

□1　判例によれば，心神喪失とは，ⓐ精神の障害により，ⓑ事物の理非善悪を弁識する能力（弁識能力）またはその弁識に従って行動を制御する能力（制御能力）を欠く状態をいい，心神耗弱とは，これらの能力が著しく減退した状態をいう。

□2　原因において自由な行為の法理とは，結果行為の時点で心神喪失・耗弱の状態にあっても，当該状態の原因行為の時点で完全な責任能力が認められる場合には，39条の適用を否定して，行為者に完全な責任を問う余地を認める法理であり，その理論構成として㋐構成要件モデルと㋑責任モデルがある。

□3　㋐構成要件モデルでは，自己の結果行為を道具として利用したことと自らを道具として利用する点についての認識が，㋑責任モデルでは，原因行為の時点での意思決定が結果行為へと現実化していることが，特に重要となる。

□4　実行行為の途中で責任能力が低下し，限定責任能力下で致命傷を与える行為がなされた場合，責任能力低下前後の行為に実行行為としての一体性があれば，事象全体について（行為開始時の故意の限度で）完全な責任が認められる。

第11講 違法性の意識

事例1

(1) Xは，有毒飲食物等取締令（当時）において有毒飲料として飲食提供目的での所持・譲渡等を禁止されていたメタノール15ℓをAから譲り受け，飲用に供する目的でこれを所持し，一部をBらに譲渡した。XはAから「このアルコールにはメチルアルコールが入っているから飲んではいけない」と言われたが，メチルアルコールとメタノールが同じものであるとは知らなかった。

(2) 石油連盟の会長Xと同受給委員会委員長のYは，共謀により，石油連盟の業務に関し，石油精製会社の原油処理量の調整（生産調整カルテル）を行い，原油取引に関する取引分野における競争を実質的に制限したとして，独占禁止法上の不当な取引制限の罪で起訴された。本件カルテルは，通産省（当時）の行政指導を受けて長年にわたり実施されてきた生産調整の慣行に従い行われたものであり，Xらは生産調整が正当な職務であると信じていた。

1 違法性の意識と責任評価の関係

行為が違法であることの認識，すなわち違法性の意識が責任評価にいかなる影響を与えるかについては，38条3項の解釈とも関連して，見解が分かれている。38条3項は「法律を知らなかった」場合について，①故意が否定されないこと（本文），②情状により刑が減軽されうること（ただし書）の2つを定めるところ，通説は，「法律を知らなかった」場合を，違法性の意識が欠ける場合（違法性の錯誤に陥った場合）と解した上で，①違法性の意識が欠けても故意は否定されないが，②違法性の意識を欠くことにつき相当の理由が認められる場合（違法性の意識の可能性すら欠ける場合）には，責任（故意）が阻却されると解している*。適法と軽信しただけで責任が軽くなるのは明らかに不当である一方で，違法性の意識の可能性すら欠ける場合には，反対動機を形成する契機がなく，行為者を非難しえないというのが主たる理由である。

＊　違法性の意識の可能性が欠ける場合の法的効果については，故意が阻却されると解する制限故意説と，故意および過失の前提となる責任が阻却されると解する制限責任説があるが，故意犯の責任は問いえないという実質的な結論に違いはない。

2　判例の傾向

これに対し判例は，伝統的には，違法性の意識が欠ける場合（違法性の錯誤に陥った場合）について理由を問わず故意を認め，違法性の意識の可能性すら不要と解する態度を採るものと評価されてきた。例えば，事例 1(1)と類似の事案につき，最高裁（最大判昭和 23・7・14 刑集 2-8-889）は，メチルアルコールが法律上所持等を禁止されているメタノールと同じものであることを知らなくても「それは単なる法律の不知に過ぎない」とした上で，「犯罪構成に必要な事実の認識に何等欠くるところがない」ことを理由に故意を認めている。

もっとも，事例 1(1)における X は，毒性を示唆する A の発言を聞いていることから，通説によっても違法性の意識の可能性を認めて故意を肯定する余地がある。また，下級審裁判例では，例えば，事例 1(2)と類似の事案について X らが生産調整の違法性を認識しなかったことに相当の理由を認めて故意を阻却した裁判例（東京高判昭和 55・9・26 高刑集 33-5-359）のように，違法性の意識の可能性の有無を正面から問題とするものが少なくない。その後の最高裁も，通説の立場を一般論として排斥しない態度を示唆しており（後掲最決昭和 62・7・16 等参照），判例変更の可能性が指摘されている（後掲最判平成 8・11・18 の河合補足意見参照）。

3　違法性の意識の内容

一方，犯罪事実の認識に加えて，違法性の意識が認められれば，その可能性の有無を問うまでもなく故意が認められる＊。違法性の意識は，行為の時点において行為が違法であるとの認識があれば認められ，具体的な規定や法定刑の重さまで認識している必要はないと解されている（最判昭和 32・10・18 刑集 11-10-2663）。

＊　違法性の意識が認められる場合，38 条 3 項ただし書による刑の減軽の余地もなくなる。

事例2

(1) A県教職員組合の中央執行委員長だったXは，傘下の公立小中学校教職員にストライキを行わせるため，実施を促す指令の趣旨を組合員に伝達するなどした。地方公務員法で禁止される争議行為のあおり行為の意義につき，行為当時の判例は，あおりの対象から違法性の低い争議行為と争議行為に通常随伴する行為を除外する見解（二重の絞り理論）を採っていたが，すでに国家公務員に関して同理論を否定する判例が登場しており，地方公務員についても判例変更の可能性が指摘されていた。

(2) 飲食店の経営者Xは，紙幣に似たサービス券を作成するにあたり，警察署に赴いて知り合いの巡査Aに相談したところ，通貨及証券模造取締法の条文を示され，券を大きくするなどして紛らわしくない外観にするよう助言を受けた。しかし，Aの口調が断言的でなかったことから，真剣には受け止めず，助言内容を反映しないサービス券Pを作成し，宣伝目的でこれを警察署に持参したところ，格別の注意を受けなかったほか，Aが同券の配布を手伝ってくれたため安心し，さらに同様のサービス券Qを作成した。

(3) 映画制作者Xは，男女の性交および性戯の姿態を連想させる場面や女性の身体の裸像が撮影されていた映画を制作して上映した。Xは当該映画が映倫管理委員会（現・映画倫理機構〔映倫〕）の審査を通過していたことから「わいせつな……図画」（175条）に該当しないと考えていた。

1 違法性の意識を欠いたことについての「相当の理由」の判断方法

違法性の意識を欠いたことについての相当の理由（違法性の意識の可能性がなかったこと）の有無は，行為者の一般的な知識や能力のほか，判断の根拠となった情報の性格等も踏まえつつ，行為時点の具体的状況において，行為の違法性を疑うべき契機があったか否かにより判断される*。

＊ 違法性の意識の可能性は責任要素であるから，あくまで行為時点における行為者の知識・能力を前提とした事実的な可能性が前提となるが，「相当の理由」の最終的な判断においては，責任非難の当否という規範的観点も加味されよう。

2 第三者の意見等を信頼した場合

特に議論があるのは，第三者の意見等を信頼して違法性の錯誤に陥った場合である。このうち，判例や所管官庁の公式見解，刑罰法規の解釈運用の職責ある公務員の公の言明など，公的主体の判断に従った場合には原則として「相当の理由」が認められると解されている。公的な判断を疑って違法性の意識に至るのは一般に困難であること，誤った判断を示した国家の側に行為者を非難する資格はないこと等が理由として指摘されている。もっとも，実際の判断は微妙なものとなりやすく，行為者の依拠した情報が公的な判断といえるのか，当該判断を疑うべき特段の事情がないか等についての慎重な検討が求められる。

事例2(1)のXの行為は，行為当時の判例（最大判昭和44・4・2刑集23-5-305〔都教組事件〕）が示した二重の絞り理論に従えば無罪となりうる行為であった。しかし，同理論はすでに最大判昭和48・4・25刑集27-4-547（全農林警職法事件）によって明確に否定されており，Xの依拠する前記判例もいずれ変更されることが予想される状況にあったことに加え，Xは労組の中央執行委員長としてそのことを十分に知りうる立場にあったことから，なお行為の違法性を疑うべき契機があり，「相当の理由」がないと評価できよう（最判平成8・11・18刑集50-10-745の河合補足意見参照）。

事例2(2)のXの行為のうちP券の作成については，警察官から適切な助言が示されており，その際の口調のみを理由に，行為の違法性を疑うべき契機を否定することはできないであろう。これに対しQ券の作成については，助言を反映していないP券を目にしたAが，注意をせず，配布に協力する積極的態度すら示している点の評価が問題となる。これをP券の作成を黙認するものと捉えて「相当の理由」を認める見解も有力だが，Aの上記態度を適法性に関する警察官の公的判断の表明とみることが困難であるとすれば，なお当初の助言に従って違法性の意識に至る可能性があったと評価できよう（最決昭和62・7・16刑集41-5-237）。

一方，公的判断と異なり，私人の判断を信頼しても，それだけでは「相当の理由」の根拠として不十分であるが，当該私人の役割の公共性等に照らし，行為の違法性を疑うべき契機が例外的に否定される場合はありうる*。事例2(3)の映倫は，映画表現に係る高い専門的知識と判断能力を背景に，自律審査機関として表現の自由を確保する公共的役割を担っており，その判断に従ったXには「相当の理由」を肯定できよう（東京高判昭和44・9・17高刑集22-4-595）。

＊　例えば，弁護士の意見を信頼した場合について争いがある（大判昭和9・9・28刑集13-1230等参照）。

事例3

(1)　Xは，禁猟獣である「むささび」を「もま」だと思って捕獲したが，「もま」は「むささび」の俗称であって両者が同じ動物であることを知らなかった。

(2)　Yは，禁猟獣である「たぬき」を「むじな」だと思って捕獲したが，「むじな」は「たぬき」の俗称であって両者が同じ動物であることを知らなかった。

(3)　Xは，実父名義の特殊公衆浴場の営業許可を引き継ごうとしたが，名義変更も新たに許可を得ることも法的に困難であることが判明した。そこで，県議会議員Aを通じて県衛生部に陳情し，同部の担当者らから教示を受けつつ営業許可の申請者の名義を変更する届を提出したところ，Aを通じてそれが県知事に受理された旨の連絡を受けたため，浴場の営業を続けた。

1　事実の錯誤と違法性の錯誤の区別

①事実の錯誤（→第4講）が直ちに故意を阻却するのに対して，②違法性の錯誤は，伝統的な判例の立場によれば責任の存否に影響せず，近時の下級審裁判例および通説の立場においても，錯誤に陥ったことにつき相当の理由がない限り責任（故意）を阻却しない。両錯誤は，定義上は，犯罪事実の認識を欠くか（①），認識はあるもののその法的許容性の評価を誤ったにすぎないか（②）によって区別されるが，「わいせつな文書」（175条）や財産犯における「他人」性のように，犯罪事実には，単なる外形的事実にとどまらず一定の評価を要するものが含まれており，事実か評価かを基準に区別することにも限界がある。

そこで現在有力なのが，刑法が着目する属性の認識の有無によって両錯誤を区別する見解である。故意犯としての重い責任非難を認めるためには，犯罪の本質的特徴の認識が不可欠であるところ，刑法が規制を及ぼす上で特に重視していると解される事実の属性（意味）がそのような本質的特徴を構成すると考えるわけである。例えば，わいせつ文書頒布罪（175条1項）は，文書が有する複数の属性のうち，社会的にみて「いやらしい」という属性に着目してその頒布を規制していると解されるところ（→第40講），日本語が読めない等の理由から文書の内容を全く理解できない者は，当該属性の認識を欠くため，事実の錯誤としてわいせつ文書頒布罪の故意が阻却される。

2　判例の評価

判例は，事例3(1)のXに「むささび」捕獲の故意を認める一方で（大判大正13・4・25刑集3-364），(2)のYには「たぬき」捕獲の故意を否定している（大判大正14・6・9刑集4-378）。両判例の結論が分かれた理由については，「たぬき」と「むじな」を別の動物と考えるのが日本の習俗上も一般的であったという判例の指摘を重視した上で，両動物を区別する認識が明確であったYには「たぬき」の事実認識が欠けるのに対し，そのような区別の認識が希薄なXには「むささび」の事実認識があるとする説明が有力である。他方，X・Yともに狩猟法が禁止する動物の属性の認識に欠けるところはないとしていずれも違法性の錯誤の問題と位置づけた上で，Yには，たぬきとむじなを区別する前記習俗上の考え方等から，違法性の意識を欠いたことにつき「相当の理由」が認められるために責任（故意）が否定されると説明することもできよう。

また判例は，事例3(3)と類似の事案についても，故意を否定している（最判平成元・7・18刑集43-7-752）。Xは，正規の営業許可が得られないことを認識しつつも，県議らの力添えと県知事の届出受理により非正規ではあれ特別に営業が許されたと考えているところ，無許可営業罪が着目する属性として，（正規・非正規を問わず）行政の許しを得ていない点を重視すれば，Xは同罪の意味の認識を欠くとして，事実の錯誤により故意が阻却されることになろう。これに対し，同罪の属性としてあくまで正規の許可を得ていない点を重視するならば，Xに事実の錯誤はなく，責任（故意）の存否は，Aらの態度が違法性の錯誤に係る「相当の理由」となりうるかの評価の問題（→事例2）に帰着する。

本講のポイント

□1　違法性の意識（行為が違法であることの認識）の有無は責任の存否に影響しないが，通説および近時の裁判例は，違法性の意識が欠けることにつき相当の理由が認められる場合に責任（故意）が阻却されると解している。

□2　違法性の意識を欠くことについての相当の理由の有無は，行為者の一般的な知識や能力，判断の根拠となった情報の性格等を踏まえつつ，行為の違法性を疑うべき契機があったか否かによって判断される。

□3　事実の錯誤と違法性の錯誤は，刑法が着目する属性（意味）の認識の有無によって区別される。

第12講 未遂犯総説・実行の着手

事例1

Xは，深夜の散歩中に，家電販売業を営むAの住居兼店舗の勝手口が開いているのに気づき，侵入して売上金を窃取することを思いついたが，次の段階で帰宅したAに発見され，目的を達成できなかった（各事例は独立したものとする）。窃盗未遂罪は成立するか。

(1) 住居兼店舗の勝手口に近づいた段階。

(2) 侵入後，暗い店内の奥隅にレジを発見し，これに近づこうとした段階。

(3) レジを開けて現金が入っていないか内部を物色し始めた段階。

1 未遂犯の処罰根拠と実行の着手

未遂犯は「犯罪の実行に着手してこれを遂げなかった」場合* に成立し（43条本文），処罰を認める個別の規定が存在する限りで罰せられる（44条）。

> ＊ 「これを遂げなかった」場合には，結果が実際には発生しなかった場合のほか，実行行為と結果の因果関係が否定される場合（→第1講）も含まれる。

いかなる段階に至れば「犯罪の実行に着手し〔た〕」といえるか。実行の着手の判断基準について，かつては行為者の危険性を未遂犯処罰の根拠と考える立場から，行為者の犯意が外部的に明らかになった段階で実行の着手を認める主観説も主張されていたが，現在は，未遂犯の処罰根拠を既遂に至る客観的な危険性に求め，その有無を実行の着手の判断において重視する客観説が一般的である。

2 実行の着手の判断基準

客観説は，a)構成要件該当行為の開始を基準とする形式的客観説と，b)結果惹起の現実的（具体的）危険の発生を基準とする実質的客観説に大別される。

このうちa説は，無限定な未遂処罰の回避と処罰範囲の明確化に資する。しかし，例えば窃盗罪（235 条）では，財物につき「窃取」すなわち意思に反して占有を移転する行為（→第 26 講）そのものを開始しなければ，実行の着手は否定されることになり，未遂犯の成立時期が遅くなりすぎる等の批判が向けられる。他方，b 説は，事案に応じて柔軟に処罰根拠の有無を検討しうる点で優れており，財物を物色する事例 1(3)の段階（最判昭和 23・4・17 刑集 2-4-399 参照）のほか，物色に至らない事例 1(2)の段階でも実行の着手を認める判例の傾向（最決昭和 40・3・9 刑集 19-2-69 参照）を説明しうる。しかし，結果惹起の危険性は程度概念であり，限界の不明確さもあって，処罰時期の前倒しに対する歯止めが十分でない等の問題が指摘されている。

そこで近時は，両説の趣旨を踏まえ，①直接の結果惹起行為（構成要件該当行為）と密接性があり，かつ，②結果惹起に至る危険性が認められる行為を開始した段階で実行の着手を認める見解が有力となっており，判例も同様の立場を採っていると理解しうる（最決平成 16・3・22 刑集 58-3-187）。この見解によれば，事例 1(1)の X による A 宅への接近行為は，窃取に至るまでに，侵入→レジの発見→接近→物色行為を要する点で，窃取行為との密接性が高いとはいえず（①），また，現金の保管場所を発見できない可能性が残るなどの点で，現金の占有侵害に至る危険性も十分ではないことから（②），実行の着手が否定されると説明されよう。これに対し，事例 1(2)では，住居侵入の事実に加え*，現金保管の可能性があるレジを発見してこれに近づいている点が重要であり，②現金の占有侵害に至る危険性に加え，①窃取行為との高い密接性が認められることから，実行の着手が肯定される。**

* 従来の裁判例は，蔵や倉庫など財物の保管に特化した建造物に侵入を試みる場合を除くと，住居等の侵入段階で窃盗罪の実行の着手を認めることには一般に消極的である点に注意を要する（東京高判昭和 24・12・10 高刑集 2-3-292 等参照）。

** 最決令和 4・2・14 裁判所 web（令和 2(あ)1087）は，預金口座の保護手続を騙ってキャッシュカードを偽物とすり替えて盗み取るいわゆるカードすり替え型窃盗の事案につき，被害者宅付近の路上に赴いた時点で「実行の着手が既にあった」と認めたが，本件接近行為は，詳細な犯行計画の下，すり替えの隙を作出するための嘘が述べられた上でのものであり，被害者宅への接近一般に着手を認めるものではなかろう。

事例２

(1)　Xは，Aにクロロホルムを吸引させて（第１行為）意識を失わせた上で，２km先の港まで自動車で運び，失神したAを自動車ごと海中に転落させて（第２行為）溺死させる計画に基づき，深夜，自動車に誘い込んだAの鼻口部にクロロホルムを染み込ませたタオルを押し当てたところ，これを吸引したAは昏倒した。

（ア）　搬送途中で交通事故に遭い，Xは第２行為を断念した。クロロホルムは少量にとどまり，第１行為自体に死亡の危険性はなく，Aは死亡しなかった。

（イ）　Aはクロロホルムの多量吸引に基づく呼吸停止により死亡したが，Xは第１行為でAが死亡する危険性を認識しておらず，そのまま第２行為に及んだ。

(2)　Xは，詐欺被害の回復に協力するという名目で被害者に預金口座から現金を払い戻させた上で，警察官になりすまし現金の交付を受けるという計画の下，前日に詐欺被害に遭ったAに電話をかけて，「口座の残金はすぐに下ろしたほうがいい」「前日の被害金を取り返すので協力してほしい」「間もなく警察が訪問する」などと嘘を述べたが，その直後にXの詐欺グループの拠点が警察の摘発を受けたため，目的を遂げなかった。

1　実行の着手の判断における考慮要素――事例２(1)(ア)

行為者が予定していた直接の結果惹起行為（構成要件該当行為）よりも早い段階における実行の着手の有無はどのように判断されるべきか。先述のとおり，判例は，①結果惹起行為への密接性と②結果惹起に至る危険性から実行の着手を判断するものと理解しうるところ，前掲最決平成16・3・22は，①②の具体的な判断において，行為者の犯行計画を前提に*，ⓐ第１行為（準備的行為）が第２行為（計画上の結果惹起行為）を確実かつ容易に行うために必要不可欠なものであったこと（必要不可欠性），ⓑ第１行為に成功した場合，それ以降の計画を遂行する上で障害となる特段の事情が存在しないこと（障害の不存在性），ⓒ第１行為と第２行為が時間的・場所的に近接していること（時間的・場所的近接性）の３つが重要な考慮要素になりうることを明らかにしている。

＊　実行の着手判断における犯行計画（を含む行為者の主観面）は，伝統的には，結果惹起に至る客観的危険性に影響を与えうる事情（にとどまるもの）と位置

づけられてきたが，近時は，結果発生の可能性という意味での「危険性」とは区別された未遂犯処罰に値する「犯行の進捗度」を実行の着手の基準とした上で，犯行計画を「進捗度」判断の基礎資料と位置づける見解も有力化している。

事例2(1)の第1行為は，Aを車ごと海中に転落させるという計画上の結果惹起行為を確実かつ容易に行うために必要不可欠の行為であり（ⓐ），また，港までは自動車での移動が予定されていることから，2kmという距離も，第1行為と第2行為の時間的・場所的近接性を否定するものではなかろう（ⓒ）。一方，判例の事案と異なり，事例2(1)(ア)では，交通事故により第2行為の遂行が阻害されているが，そのことから直ちにⓑ「障害」の存在を認めれば，未遂犯の成立範囲は著しく限定されかねない。実行の着手の判断において問題となる特段の「障害」とは，犯行計画が前提とする事実関係に照らして十分な発生の可能性を認めうる事由に限られるというべきであり，少なくとも近距離の自動車運転に伴う交通事故は，原則として「障害」には当たらないと解されよう。想定される運転者の技能や交通状況等に特殊な点がみられないXの犯行計画を前提とすれば，交通事故の可能性は抽象的なものにとどまり，特段の障害は存在しないといえる（ⓑ）*。以上の点を踏まえれば，Xの第1行為は，①第2行為に密接な行為であり，②その開始時点で殺人に至る危険性が認められるから，殺人罪の実行に着手したと評価できる。そして，当該評価を基礎づける事実の認識にも欠けるところはなく，故意も認められるから，Xには殺人未遂罪（203条，199条）が成立する。

*　これに対し，例えば，第1行為の後，港でいったんAを覚醒させ，隠し金庫の暗証番号をAから聞き出した上で，再度クロロホルムを吸引させ，第2行為を行う計画であった場合には，覚醒したAの抵抗等により第2行為に至らない可能性が十分にありうるとして，ⓑ特段の障害の存在が認められる余地がある。

2　早すぎた構成要件の実現――事例2(1)(イ)

事例2(1)(イ)のように，行為者が予定していた結果惹起行為よりも早い段階で結果が発生した場合を「早すぎた構成要件の実現」という。既遂犯の故意を認めるためには，現実に結果を惹起した行為によって結果を生じさせる認識（「この行為で結果が発生する」との認識・予見）が必要であるとして，早すぎた構成要件実現の場合には，生じた結果に関する故意既遂犯の成立を否定する見解も有力であり，これに従えば，事例2(1)(イ)のXには殺人未遂罪と重過失致死罪（211条）が成立する*。

＊ 意識喪失を「傷害」と評価する場合（→第20講）には，傷害致死罪（205条）が成立しうる。

しかし多数説は，この場合にも，生じた結果について故意既遂犯の成立する余地を認めている。人間は自己の行為を完全にコントロールできるものではなく，着手という決定的段階を乗り越える点についての認識（実行の着手の認識）があれば，その後の事象を思いどおりにはコントロールできなかったとしても，故意既遂犯として十分な非難可能性が認められることなどが理由である。

事例2(1)(イ)と類似の事案につき，判例（前掲最決平成16・3・22）は，故意既遂犯の成立を認めている。その理論構成については，実行行為の捉え方に応じて理解が分かれているが，代表的な見解は，第1行為が一連の実行行為の一部と評価できる点を重視する。実行の着手に関する前述の基準から，第1行為の時点で実行の着手が認められる場合，第1行為と第2行為は一連の実行行為と評価でき，当該実行行為には㋐第1行為から直接結果が生じる危険性と㋑第2行為を経由して結果が生じる危険性の2つが併存していることになる。早すぎた構成要件実現の場合，㋐の危険性が現実化したことから実行行為と結果の客観的な因果関係が基礎づけられ，客観的構成要件該当性は問題なく認められる*。そして，実行の着手の認識により既遂犯の故意を認める前記多数説を前提にすれば，第1行為の時点で㋑の危険性の認識がある限り，一連の実行行為により結果を実現する認識があるとして故意も認められる。㋐の危険性の認識を欠くために実行の着手後の因果経過について客観的事実と認識の食い違いが生じている点は，因果関係の錯誤にすぎず（→第4講），故意を阻却しない**，***。

＊ 事案次第では因果関係（危険の現実化）も問題となりうる点に注意を要する。

＊＊ これに対し，実行の着手の認識が欠ける場合には，予備の故意しかない以上，（処罰規定の存在する限度で）予備罪と過失犯の成立する余地が残るのみとなる。

＊＊＊ このほか近時は，結果惹起の危険性とは区別された「犯行の進捗度」との関係で実行行為を把握し，第1行為の時点で行為者の犯行計画が実行の着手を認めるべき段階まで進捗していたかを問う理論構成も有力化している。

この構成によれば，事例2(1)(イ)では，第1行為の時点で殺人罪の実行の着手が認められることから，第1行為は殺人罪の実行行為の一部と評価され，Aの死亡は第1行為の危険が現実化したものとして因果関係も認められる。そしてXには，第1行為から始まる一連の殺人行為への着手を基礎づける事実の認識があるから，着手後の因果経過がXの認識と食い違っていても，殺人の故意に欠けるところはなく，殺人罪の成立が認められることになる。*

*　なお，事例2(1)(イ)の実行の着手も，主として犯行計画上の第1行為と第2行為の関係から基礎づけられるから，例えば，Xが第1行為により結果が発生したことに気づくなどして，第2行為が行われなかった場合でも，実行の着手とその認識を基礎とする既遂の故意は問題なく認められ，殺人罪が成立することになる。

3　手段限定型の犯罪と実行の着手――事例2(2)

殺人罪や窃盗罪などと異なり，強盗罪や強制性交等罪，詐欺罪のように手段が構成要件上限定されている犯罪については，暴行や脅迫，欺罔行為といった手段行為の開始がなければ実行の着手を認めない見解が有力であり，例えば，交付要求を伴う嘘が欠ける事例2(2)の段階では，欺罔行為が開始されていないとして詐欺未遂罪（250条，246条）の成立を否定する見解も主張されている。

この点に関する判例の態度は必ずしも明確でないが，手段の限定を一定程度重視する傾向にあるといえる。例えば，事例2(2)と類似の事案につき，判例（最判平成30・3・22刑集72-1-82）は，Xの述べた本件嘘が㋐犯行計画上，交付の判断の前提となる事項に係る重要な内容のものであること，㋑交付要求に直接つながる嘘を含むこと，㋒その誤信がXの求めに応じて即座に現金を交付してしまう危険性を著しく高めること等を指摘して詐欺罪の実行の着手を認めている。このうち㋒は交付要求を伴う嘘に至るまでに特段の障害がないことを意味する事情と理解できるのに対し，㋐と㋑の指摘は，Xの本件嘘が，交付の判断の基礎となる重要な事項を偽る行為と定義される欺罔行為（→第31講）の一部をなすか，少なくとも欺罔行為との直接的な結びつきを有することを重視するものと理解できる*，**。

*　本件嘘のうち，特に警察官の来訪を予告する旨の嘘が重視されよう。

**　このほか，事例3(3)と類似の事案につき判例（後掲最決昭和45・7・28）は，被害者を車に「引きずり込もうとした段階」で強制性交等罪の着手を認めるが，あくまで「暴行」の外形を備える限度で着手の前倒しを認める趣旨であり，欺罔による誘い込み等の態様の行為を含まないとの理解が有力である。

事例３
(1)　Ｘは，Ａを中毒死させる目的で，致死量の毒物を混入させた砂糖をお歳暮として郵便小包でＡ宅に発送した。
(ア)　Ａは受領した小包から致死量の毒物を含む砂糖を薩摩煮に投入したが，異臭から毒物の混入に気づき，食用するに至らなかった。
(イ)　小包を積んだトラックが搬送中の事故で炎上し，小包は消失した。
(2)　事例１の各段階において，Ｘは，逮捕を免れる目的でＡの顔面を複数回殴打し，Ａに傷害を負わせた。
(3)　Ｘは，共犯者とともに強制性交目的で通行人Ａをダンプカーの運転席に引きずり込み，6 km 離れた場所に移動し，同車内でＡに強制性交を行った。引きずり込みの際にＡは傷害を負った。

1　離隔犯と実行の着手――事例３(1)

行為と結果との間に時間的・場所的間隔がある場合（離隔犯）の実行の着手時期につき*，学説では，a)行為者が自らなすべき行為を終えた点を重視する見解，b)結果発生の確実性（自動性）を重視する見解，c)結果発生の時間的切迫性を重視する見解などが主張されている。abcいずれをもって未遂犯処罰の根拠が十分に備わっていると考えるかによる**。

＊　事例３(1)は事情を知らない郵便局員と被害者を利用した間接正犯（→第 14 講）の事案でもあるが，間接正犯の実行の着手時期についても同様の議論が妥当する。

＊＊　「未遂結果」と呼ぶべき危険な状態の要否と関連づけた議論が有力である。なお近時は，ｂとｃを択一的に要求する見解や，（ｃに代えて）行為作用の被害者領域への介入を重視する見解等も有力に主張されている。

事例３(1)(ア)は，いずれの見解でも殺人罪の実行の着手を認めうるところ，判例（大判大正 7・11・16 刑録 24-1352）は，類似の事案につき，被害者が小包を受領した時点で毒物が「食用し得べき状態の下に置かれた」点を指摘して着手を認めており，ｂ説ないしｃ説に親和的とされる。これに対し事例３(1)(イ)は，小包がＡに到達しておらず，ｃ説によれば実行の着手は否定されるが，砂糖と誤信しやすい外観に加え，いったん発送すればほぼ確実に宛先に到達する現在の郵便事情を前提にすると，発送行為の段階でＡが毒物を食用するに至る危険性を認めることは十分に可能であるから，ａ説のほか，ｂ説によれば実行の着手を認める余地は残る。

2　結果的加重犯・結合犯と実行の着手――事例3(2)(3)

事例3(2)では，強盗致傷罪（240条）の成否が問われる。240条の「強盗」というためには少なくとも強盗未遂罪の成立が必要になるところ，ここで，窃盗罪の実行の着手が問題となる。すなわち，Xの行為は事後強盗に当たりうるものであるが，238条所定の目的による暴行・脅迫の時点で，窃盗罪の実行の着手が否定されれば，事後強盗未遂罪が成立する余地はなく，結果として，強盗致傷罪は成立しない。したがって，Xの暴行が事例1(2)(3)の段階のものであれば強盗致傷罪が成立しうるが，事例1(1)の段階のものであれば傷害罪（204条）が成立するにとどまる。

事例3(3)では，強制性交等致傷罪（181条）の成否が問題となるが，同罪の致傷結果は，実行の着手後の行為から生じる必要があると解されており，強制性交等罪（177条）の実行の着手が問題となる。類似の事案につき，判例（最決昭和45・7・28刑集24-7-585）は，「引きずり込もうとした段階においてすでに強姦に至る客観的な危険性が明らか」として着手を認め，強制性交等致傷罪（旧強姦致傷罪）の成立を認めている。共犯者の存在ゆえにAの引きずり込みは容易であり，またそれに成功すれば，車内の広さや脱出の難しさ，Xらの犯意の強固さ等から，目的地に移動して強制性交に至るまでに特段の障害はないといえ，上記の段階で強制性交への①密接性と②危険性を肯定できよう*。

*　同罪の手段が暴行・脅迫に限定されていることの含意につき事例2(2)参照。

本講のポイント

- □1　実行の着手は，①直接の結果惹起行為（構成要件該当行為）への密接性と②結果惹起に至る危険性から判断される。そこでは，行為者の犯行計画に照らしたⓐ必要不可欠性，ⓑ障害の不存在性，ⓒ時間的・場所的近接性の検討が重要となる。
- □2　早すぎた構成要件の実現では，現実に結果を惹起した行為の実行行為性と，その時点における実行の着手の認識の有無が特に問題となる。
- □3　手段限定型の犯罪では，手段行為の開始を実行の着手の要件とする見解が有力である。
- □4　離隔犯の着手では結果発生の確実性や切迫性等の位置づけが問題となる。

第13講 不能犯・中止犯

事例 1

(1) Xは，毒殺する目的で，Aの食べ物等に硫黄粉末を混ぜて服用させたが，硫黄の服用により人間が中毒死することはないため，Aは死ななかった。

(2) Xは，空気塞栓を生じさせて殺害する目的で，Aの静脈に空気合計30 cc〜40 ccを注射したが，致死量に至らなかったため，Aは死ななかった。

(3) 暴力団員Xは，抗争相手のAが銃撃を受けたと知って直ちに現場に駆けつけ，倒れていたAがまだ生きていると信じ，その腹部等に殺意をもって日本刀を突き刺したが，刺突の時点でAはすでに死亡していた。

1 不能犯の意義と危険性の判断方法

外形的に実行の着手段階に至っても，結果惹起の危険性が認められない場合には，未遂犯は成立しない。このような場合を不能犯（不能未遂）という。未遂犯と不能犯を分ける危険性の判断方法については，a)具体的危険説とb)客観的危険説が対立している。このうちa説は，行為時に一般人が認識しえた事実と行為者が特に認識していた事実を基礎に，一般人の法則的知識を適用して結果惹起の危険性を判断する。行為時点で一般人が危険と感じない行為を禁止しても，行為規範を通じた一般予防には役立たないとの理解などが根拠である*。

* 行為者が特に認識していた事実まで考慮する点には批判も向けられている。

これに対し，b説は，裁判時点で判明したすべての事実を前提に，科学的知識に従って結果惹起の危険性を判断する。この見解は，処罰根拠たる危険性が客観的事実によって裏づけられていることを重視するが，結果不発生には必ず原因があるため，事後的判断を徹底すると危険性を認める余地がなくなると批判されている。そこで現在は，結果不発生の原因を事後的・科学的に特定した上で，結果発生に必要な事実（仮定的事実）が存在していた可能性を一般人の見地から判断するc)修正された客観的危険説が有力化している。

2　方法の不能――事例 1(1)(2)

事例 1(1)(2)は，結果不発生が手段・方法の性質に起因する場合（方法の不能）である。事例 1(1)と類似の事案につき，判例（大判大正 6・9・10 刑録 23-999）は，硫黄を服用させる方法が「殺害の結果を惹起すること絶対に不能」であるとして殺人未遂罪（203 条，199 条）の成立を否定している。もっとも，a 説から同様の結論を導くのは容易ではない。一般人は「硫黄の服用により人間が中毒死することはない」という科学的知識を備えているとは限らず，死亡の危険性を認める余地があるためである。その意味で上記判例は，b 説・c 説に親和的だが，c 説では，硫黄ではなく致死性のある別の毒物が混入された可能性もないとの評価が前提となる点に注意を要する。

他方，事例 1(2)と類似の事案につき，判例（最判昭和 37・3・23 刑集 16-3-305）は，「空気の量が致死量以下であつても被注射者の身体的条件その他の事情の如何によつては死の結果発生の危険が絶対にないとはいえない」として，殺人未遂罪の成立を認めた原判決を是認している。a 説でも結論は同じだが，致死量以下という事実も A の身体的条件も一般人には認識しえないから，a 説では，これらの点を捨象して，血管内に空気を注射する行為一般の危険性が問われ，この点について一般人が死亡の危険を感じることが殺人未遂罪の成立を認める理由になろう。その意味で上記判例は，b 説・c 説に親和的だが，c 説では，元の量でも死亡する身体的条件が A に備わっていた可能性のほか，注射量が致死量に達した可能性も問われることになろう。

3　客体の不能――事例 1(3)

事例 1(3)は，結果不発生が客体の不存在または性質に起因する場合（客体の不能）である。類似の事案につき，裁判例（広島高判昭和 36・7・10 高刑集 14-5-310）は，「一般人も亦当時その死亡を知り得なかつたであろうこと」を前提に X の行為により「A が死亡するであろうとの危険を感ずる」として，a 説に親和的な立場から殺人未遂罪の成立を認めている。他方 c 説からは，銃撃直後である点を重視し，刺突時点で A が生存していた可能性を認めて危険性を肯定することになろう。*

* 客体の不能をすべて不能犯とする見解もあるが，この場合を特別視することの合理性には疑問がある。

事例2
(1) Xは，殺意をもってAの左側頭部付近目がけて牛刀を振り下ろし，これを左腕で防いだAに全治2週間の傷害を負わせたが，直後にAから「命だけは助けて」と哀願されてかわいそうになり，それ以上の追撃を止めた。
(2) Xは，放火目的でA宅土間の枯れ松枝の束にマッチで火をつけたが，火勢を見てにわかに恐怖を感じ，近所のBに「放火したのでよろしく頼む」と伝えて走り去った。Bらの消火活動によりA宅が燃える前に鎮火した。
(3) Xは，殺意をもってAの左腹部を包丁で突き刺し，肝臓に達する刺創を負わせたが，Aが「痛い痛い」と泣きながら「病院に連れていってくれ」と哀願したのでかわいそうになり，自分の自動車に乗せて病院に連れていき医師に引き渡した。Xは病院の到着前に凶器を投棄したほか，医師らに自らが犯人である旨を隠していたが，Aは病院での治療により一命をとりとめた。
(4) 自殺を決意したXは，残される母Aの行く末を不憫に思い，殺害してその苦悩を取り除いてやろうと考え，就寝中のAの頭部をバットで力強く1回殴打し，早くも死亡したと思って隣室に入ったが，自己の名前を呼ぶ声がしたため現場に戻ったところ，Aが頭部から血を流して痛苦していた。Xは，その姿を見てにわかに恐怖驚愕し，殺害行為を続行できなかった。

1 中止犯の意義と刑の減免根拠

犯罪の実行に着手したが，①「自己の意思により」(任意性)，②「犯罪を中止した」(中止行為) 場合を中止犯という。43条ただし書は，①②を充たす行為者に刑の必要的減免という法的効果を与える。②中止行為を通じて結果惹起の危険性を消滅させたことによる違法減少と①中止行為の任意性による責任減少を根拠に，刑の減免という一種の褒賞を与えて，犯罪の中止を奨励するという政策的考慮に基づく規定と解される。既遂犯に中止犯が成立する余地はない。

2 中止行為

中止犯規定の趣旨から，「犯罪を中止した」というためには，結果惹起の危険性を消滅させる行為が必要である*。行為時点の危険性が，㋐実行行為の遂行のおそれを内容とする場合には，犯罪の継続を放棄する不作為で足りるが，㋑実行行為から独立した危険性が生じている場合には，当該危険を消滅させる積極的作為を要する。事例2(1)(4)では，追撃による殺害のおそれが問題であり，㋐追撃を止めるという不作為が中止行為たりうる（東京高判昭和 62・7・16 判時 1247-140，最決昭和 32・9・10 刑集 11-9-2202 参照）。これに対し，事例 2(2)では焼損の危険性，事例 2(3)では死亡の危険性が X の行為から独立して生じているから㋑作為を要する。

＊　あわせて危険性を消滅させる意思を有していることも必要と解されている。

㋑の結果防止行為に際して他人の助力を得る場合，判例は，いわゆる「真摯な努力」すなわち行為者自身が結果防止を行ったのと同視しうる程度の努力を要求しており，事例 2(2)と類似の事案につき「よろしく頼む」と伝えるだけではこの努力を尽くしていないとして中止犯の成立を否定している（大判昭和 12・6・25 刑集 16-998）。また，事例 2(3)の病院搬送行為は結果防止に大きく寄与しているが，裁判例は，類似の事案につき「真摯な努力」を否定している（大阪高判昭和 44・10・17 判タ 244-290）。凶器の形状や犯行態様は治療にとって重要な情報であり，その点を秘匿したことが真摯さを否定する方向で特に重視されたものと評価できよう。*

＊　「真摯な努力」は中止行為の問題であり任意性とは一応区別しておきたい。

3　任意性

「自己の意思によ〔る〕」とは，中止が外部的障害により強制されていないことをいう。外部的事情が中止の契機となった場合でも一定の限度で任意性が認められており，a)外部的事情の影響下でもなお行為者が「やろうと思えばやれた」かを基準とする主観説，b)外部的事情が経験上一般に犯行の障害となりうるものかを基準とする客観説，c)広義の悔悟（悔悟，憐れみ，反省等）を要求する限定主観説などが主張されているが，a 説には実際の判断に困難が伴う点，c 説には任意性が限定されすぎる点が問題点として指摘されている。判例（前掲最決昭和 32・9・10）は，b 説に親和的であり，事例 2(4)と類似の事案につき，任意性を否定している*。苦悩を取り除こうとした母親が流血し痛苦しながら自己の名前を呼ぶ予想外の状況は，一般人であれば，中止行為を強いられる障害といえよう。このように，被害者の状態や救助の求め等が任意性を否定する外部的障害たりうるかは，犯罪の性質のほか行為者の置かれた状況や意図等にも依存する。

＊　広義の悔悟を挙げる判例も多いが，必要条件と解しているかは不明である。

事例3

(1) Xは，弁護士を装いAに「息子さんが交通事故を起こした」「今すぐ示談金100万円が必要だ」などと嘘の電話をかけたが，たまたま息子が在宅中だったAは，嘘を見抜いた上で，騙されたふりを続けた。Xは，「自宅を訪問する事務員に現金を渡してほしい」と述べてA宅に向かったが，年老いたAの狼狽した様子を思い出して急に申し訳なくなり，詐欺の計画を取りやめた。

(2) Xは，Yらとともに A方での強盗を計画し，出刃包丁や縄を携えてA方に赴いたが，YらがA方のドアを叩くのを見て恐くなり，1人で自宅に帰った。

1 中止行為と結果不発生の間の因果関係——事例3(1)

事例3(1)ではAが嘘を見抜いているが，一般人はその事実を認識しえない上，客観的事実を前提にしても，息子の不在等によりAが騙された可能性はなお認められることから，Xの架電行為には財物交付に至る危険性があり，不能犯には当たらない（→事例1）。そして，計画を取りやめる行為は，当該危険性を消滅させる中止行為といえる。また，中止の契機である狼狽したAの様子それ自体は，経験上一般に詐欺罪の中止を強いるような外部的障害とはいえないから，任意性も認められよう。

問題は，Xが計画を取りやめたことにより詐欺結果が不発生となったのではなく，Xによる計画の中止と詐欺結果の不発生の間に因果関係（条件関係）が欠ける点である。学説では，中止行為と結果不発生の間の因果関係を要求し，これが欠ける場合に中止犯を認めない見解も有力だが，結果惹起が具体的に可能な場合に中止犯を認めうることとの不均衡が問題視されている。犯罪中止の奨励という見地からは，自ら創出した危険性を消滅させる行為である限り，中止犯として褒賞を与えることにも一定の政策的合理性があろう。

2 予備の中止——事例3(2)

予備罪処罰規定がある犯罪について，予備段階で犯罪が既遂に至るのを中止した場合に，中止犯規定の準用を認めるべきかが争われている。特に議論の実益があるのは，強盗予備罪（237条）のように，予備罪の法定刑として刑の免除が規定されていない場合である*。

　＊　放火予備罪（113条ただし書）と殺人予備罪（201条ただし書）では，情状による裁量的な刑の免除が規定されており，準用の実益は小さい。

学説では，中止犯規定の準用を認める見解が有力である。未遂段階で中止すれば同規定により刑の免除の可能性があるのに，その手前の予備段階で中止した場合にその可能性がないのは不均衡だという理由による。もっとも，判例（最大判昭和29・1・20刑集8-1-41）は「予備罪には中止未遂の観念を容れる余地のない」との理解から，事例3(2)と類似の事案について，Xに強盗予備罪の成立を認めた上で，中止犯規定の準用を否定している。中止犯は政策的制度であり明文の規定を欠く場合の準用は困難と思われること，被害法益の救助を促す必要性は未遂段階ほどには切迫していないこと等が否定の理由となりえよう。

本講のポイント

□1　未遂犯と不能犯を分ける危険性の判断方法については，行為時に一般人が認識しえた事実と行為者が特に認識していた事実を基礎に，一般人の法則的知識を適用して危険性を判断する具体的危険説，結果不発生の原因を事後的かつ科学的に特定した上で，結果発生に必要な事実（仮定的事実）が存在していた可能性を一般人の見地から判断する修正された客観的危険説等が有力である。

□2　中止犯規定は，中止行為を通じて結果惹起の危険性を消滅させたことによる違法減少と中止行為の任意性による責任減少を根拠に，刑の必要的減免という一種の褒賞を与えて，犯罪の中止を奨励するという政策的考慮に基づく規定と解される。

□3「犯罪を中止した」というためには，結果惹起の危険性を消滅させる行為が必要であり，行為時点の危険性が，㋐実行行為の遂行のおそれを内容とする場合には，犯罪の継続を放棄する不作為で足りるが，㋑実行行為から独立した危険性が生じている場合には，当該危険を消滅させる積極的作為を要する。㋑の際に他人の助力を得る場合，判例は「真摯な努力」を要求している。

□4「自己の意思によ〔る〕」（任意性）とは，中止が外部的障害により強制されていないことをいい，判例は，外部的事情が経験上一般に犯行の障害となりうる場合に任意性を否定する客観説に親和的とされている。

□5　予備罪についても，中止犯規定の準用を認める見解が有力であるが，判例は準用を否定している。

第14講 正犯と共犯

事例1

(1) Xは，借金や人間関係，平素の暴行・脅迫を通じて精神的に支配していたAに対し，死亡保険金で借金を支払わせるために，毒入り飲料を渡して，それを飲み死ぬように強い，やむなくそれを飲んだAは死亡した。

(2) Xは，A社（代表取締役B）に解雇された恨みから，その営業車を勝手に売却して遊興費を得ようと考え，情を知らない中古車販売業を営むCに対し，売却権限があるかのように偽り売買契約を結び，かねて複製していた鍵を渡して，A社の休業日に，Cをして，営業車を搬出させた。

1 正犯

構成要件を自ら実現する者は正犯であり，各則本条のみで処罰される正犯と60条の適用により処罰される共同正犯（→第15講）がある。それ以外の関与者は狭義の共犯として正犯に従属する形で処罰される（→事例3)。正犯のうち，自ら直接構成要件を実現する者を直接正犯と呼び，他人を道具のように利用して構成要件を実現する者を間接正犯と呼ぶ。間接正犯として，構成要件実現を認める場合には，後述3のような検討が必要となる。

前提として，情を知り，意思決定に何の制約もない被害者・第三者を利用したとしても，直接・間接正犯とはしがたい。この場合，第三者を利用すれば，共同正犯以下の共犯の可能性を検討すべきだが（→事例2)，被害者の利用については，自殺関与罪などの特殊な構成要件がない限りは，処罰は難しくなる。

事例1(1)におけるAは意思決定を制約されており，(2)におけるCは情を知らないという事情があり，直接・間接正犯を優先的に検討すべきといえる。

2 直接正犯と間接正犯

被害者や第三者を巻き込んで犯罪を実現する場合，直接・間接正犯の明確な限界づけは難しい。行為者の行為が，それ自体として結果を発生させるものとして完結しており，危険性も高い場合には（例：殺人罪で被害者を銃撃する行為），結果発生までの間に被害者や第三者の行為が存在したとしても（例：被害者や第三者の不適切な行為），それは直接正犯である。被害者や第三者の行為は，因果関係の介在事情として検討される（→第1講）。しかし，(2)は，売買契約を結び鍵を渡すXの行為を窃盗罪（235条）の実行行為とみるのは難しく，情を知らないCの占有取得行為を利用した間接正犯を検討すべきである。

他方，(1)のように，被害者への精神支配を通じて致命的行為以外の行為を選択しがたい意思状態にさせ，それを命ずる行為は，殺人罪（199条）の直接の実行行為に当たると解すれば直接正犯ともいえるが，被害者の行為を利用したと解すれば間接正犯ともいえる（最決平成16・1・20刑集58-1-1はいずれとも明示していない。→さらに詳しい解説として第6講参照）。とはいえ，被害者の行為が行為者の直接の影響下・支配下にあるような場合には，区別の実益という点からも，考慮すべき要素の共通性という観点からも，直接正犯か間接正犯かに過度にこだわる必然性は乏しい。さしあたり，行為者の行為が結果を発生させる行為として完結しておらず，被害者や第三者の行為をあわせ検討する必要がある場合には，間接正犯として検討するほうが無難といえよう。

3　間接正犯の要件

間接正犯として構成する場合には，被利用者の行為・状態を確定した上で，背後者がその者を道具のように利用・支配し行為を行わせたと評価できるか否かを検討する。欺罔により錯誤や不知を利用する場合，暴行・脅迫・精神支配等で心理的に強制する場合，判断能力がない者（幼児や精神障害者）を利用する場合などで認める余地がある。利用する行為の強度と被利用者の意思決定状態の双方に着目した検討を行って利用・支配という評価を導く。(1)は被害者Aへの精神支配を確立し，Aがそれ以外の選択が困難となっている点（前掲最決平成16・1・20），(2)は，自らに売却権限があるかのように偽り，その錯誤に基づき窃盗に関して不知であるCの状態を作出し，利用した点（最決昭和31・7・3刑集10-7-955）から，間接正犯が認められよう。*

*　間接正犯では，利用者・被利用者いずれの行為時点で着手を認めるべきかに争いがある。事案にもよるが，被利用者の行為時と解するのが多数説であろう。

事例2
(1) A(13歳)の母親であるXは，普段からAが言うことを聞かない場合には殴るなどして自己の意のままに従わせていたところ，Aに近隣のコンビニエンスストアB(店長C)で食料品を万引きしてくるように指示をし，嫌がるAを強いてBまで連れていき，店外から監視しつつ，食料品を万引きさせた。
(2) 生活費に窮したXは，息子A(13歳)に近隣のコンビニエンスストアB(店長C)で売上金の強盗をしてくるように命じたところ，Aは嫌がったが，Xは説得し，包丁や覆面を提供して，手順を教えた。Aは，深夜にしぶしぶBに赴き，Xの教えどおり，包丁をCに突きつけ，レジから現金を奪ったが，自らの判断でCと予想外に居合わせた客Dをバックヤードに押し込んで縛り上げるなどした。現金はXがすべて生活費に使った。

1 間接正犯の限界

事例2のXにつき，(1)では窃盗罪，(2)では強盗罪(236条)の成否が問題となるが，いずれもXの行為のみ見る限りでは，直接正犯とは構成しがたいと思われ(→事例1)，間接正犯の成否が問題となる。

本事例のAは13歳で刑事未成年であり，かつては，刑事未成年を利用する行為は直ちに間接正犯となりうるという理解も有力であった。しかし，このような理解は，判例・学説上，現在はとられていない。実行行為者が欺罔による錯誤・不知で犯罪行為自体を全く認識していない場合や，さらに年齢が低く是非弁別能力が全くないような場合であれば別論，是非弁別能力があり，犯罪行為に対する規範意識を有する場合に，背後者に間接正犯を肯定するためには，道具として利用・支配した実質を必要とする。それが欠ける場合には，間接正犯以外の関与を検討する必要がある。

利用・支配の実質の判断要素は，実行行為者の是非弁別能力，背後者による意思抑圧の程度，実行行為者の自律的意思決定や判断の有無などである(最決平成13・10・25刑集55-6-519)。是非弁別能力に関して，両事例に相違はないが，(2)においては，(1)と異なり，意思抑圧とみるべき関係や状況にはなく，しぶしぶではあるが，Aは最終的には自らの意思で強盗を行うことを決定している。さらに，その実行の際にも，Xの言うがままの状態ではなく，現場の状況に応じて，居合わせた客への対応や発覚を免れ安全な逃走をするための措置を自ら行っている。そうである以上，(2)のXは，Aを道具として利用・支配したとは評価できず，間接正犯は成立しない（前掲最決平成13・10・25)。

それに対して，(1)のXは，普段からの暴力でAに対する強い精神支配を有しており，窃盗の指示に対して，Aは意思抑圧されているといえる。また，Aは監視されつつ機械的に指示どおりの万引きを行っているだけで，自らの判断で自律的に行動した側面も見受けられない。そうである以上，Aが是非弁別能力を有していたとしても，なお道具として利用・支配されていたといえ，Xには，窃盗罪の間接正犯が成立する（最決昭和58・9・21刑集37-7-1070)。

2　間接正犯と共同正犯

さらに(2)については，Xの間接正犯を検討して否定した上で，共同正犯の成否を検討すべきである。同じ正犯ではあるが，間接正犯のほうが優先的に成立すると解されているからである。共同正犯の基本的な成立要件（→第15講）からすると，XとAの間には，強盗に関する意思疎通があり，Aは強盗の実行行為をしたという観点から，Xは本件強盗の発案・指示を行い，道具を提供するなどの行為を行っており，さらに犯罪利益もすべて領得する意思があることから，両者の間に共謀が認められる。ゆえに，Xについては，教唆犯ではなく，共謀共同正犯が成立する（前掲最決平成13・10・25)。Aが刑事未成年であることは，共同正犯の要件充足を直接に阻害するものではない*。

＊　狭義の共犯と異なり，共同正犯の場合には従属性は働かないので，ある者の責任要件の不存在が，他の者の罪責に問題を生じさせる余地はない。もっとも従属性の働く狭義の共犯についても，正犯者の責任要件充足を要求する極端従属性説をとらない限りは，教唆や幇助の罪責に影響することはない。

なお，意思抑圧された実行行為者とそうでない実行行為者を背後者が同時に利用し犯罪を実現した場合には，前者との関係で間接正犯，後者との関係で共同正犯として罪責を負うこともありうる（民間療法家が，盲従させ意思支配を及ぼしている保護責任者〔母〕と療法家に半信半疑の保護責任者〔父〕に，殺意をもってその者らの子に適切な医療を受けさせない指示を出し死亡させた事案で，母との関係で間接正犯，父との関係で共同正犯による殺人を認めた事案として最決令和2・8・24刑集74-5-517。さらに同決定は，被利用者が成人であっても間接正犯の限界については，基本的に類似の判断が行われるべきことも示している)。

事例３

Ｘは，Ａら複数名が強盗殺人を実行しようとしていることを当日に伝えられ，被害者Ｂを殺害する現場まで付き従い，その後に死体処理をするように依頼を受けた。Ｘは，かねてＡから世話になっていたので応諾し，Ａらの知らぬ間に，殺害現場で音漏れを防ぐために目張りをするなどした上で，Ｂのいる場所へ出向いた。ＡらはＢを欺いて車に乗せ，殺害現場へと向かい，Ｘはそれを別の車で追従したが，Ａらは予定を変更して車中でＢを殺害しその財物を奪いＡらのみで山分けした。その後，Ｘはその死体を車で山中に遺棄した。

1　狭義の共犯成立の要件

正犯以外に，狭義の共犯として教唆（61条）・幇助（62条）が処罰される。検討の前提として，共謀に当たらず（→第15講），共同正犯に該当しないことは確認すべきであろう。また，狭義の共犯の場合には，その成立の前提として，正犯の犯罪を認定しておくことが必要となる（従属性）。正犯の犯罪が，少なくとも実行に至っていること，構成要件該当性（と違法性）を充たしていることが必要である。

その上で，教唆行為（他人に犯罪を決意させる行為）・幇助行為（他人の犯罪を有形・無形の〔＝物理的・心理的〕方法で幇助し容易にするもの）を特定し，それにより教唆であれば正犯の行為決意がなされること，幇助であれば正犯の行為を実際に強化・促進することという因果関係を認定する必要がある*。教唆行為や幇助行為が行われたのみでは，なおそれらは成立しない。

＊　なお，犯罪行為を実際に促進した行為でも，それ自体の有用性と中立性から幇助行為該当性が限定される場合もある（著作権侵害に用いられたコンピュータソフトの開発者の幇助につき最決平成23・12・19刑集65-9-1380参照）。

2　Ｘの罪責

まず，事例３でＸに共謀が認められないかはやや争いの余地があるが，利得もなく，強盗殺人本体への関わり具合の弱さ・間接性からもかなり慎重に判断をすべきであろう（→第15講）。また，本事例とは異なるが，そもそも意思疎通を欠く片面的な加功の場合には，共謀を欠き共同正犯の成立はありえないので，幇助のみが問題となることにも留意したい。

次に，Aら正犯の行為を確定しておく必要がある。本事例では強盗殺人罪（240条）が成立しており，構成要件該当性や違法性に問題はない。

その上で，本事例では幇助が問題となり，その行為としては，協力の応諾，殺害現場の目張り，犯行への随行，死体遺棄などが候補となる。しかし，死体遺棄は，それ自体が処罰されるのは別論，強盗殺人後の行為であり，強盗殺人を強化・促進し，因果関係を及ぼすことはありえないため，その幇助行為となることはない。死体処理を請け負ったことが，Aらの犯行を心理的に容易にしている点を捉え，幇助行為と因果関係を構成する必要がある。また，目張りは，強盗殺人前に行われているが，それが実際に強盗殺人に役立つことはなかった以上，因果関係が認められず幇助行為とはいえない（東京高判平成2・2・21判タ733-232）*。残りの犯行への随行は，Aらが実際にXの随行を心強く感じる等，それが心理面に作用していれば因果関係を認めることができる**。

＊　仮に目張りした現場で殺人が行われ，目張りが音漏れを防いだ場合には，物理的な寄与があるといえる。Aらがそれに気づき，犯行をより容易にできると考えた場合には，心理的な寄与もある。ただし，幇助は片面的幇助も可能であるので（大判昭和3・3・9刑集7-172），Aらがその場で気づかなかったとしても物理的寄与が認定できる限り成立しうる。

＊＊　危険運転行為への同乗者の了解と黙認が運転意思を強固にすることで危険運転致死傷罪を容易にしたとする最決平成25・4・15刑集67-4-437。

本講のポイント

□1　正犯には直接・間接正犯と共同正犯があり，前者を優先的に検討すべきである。直接正犯であるか間接正犯であるかの区別は，行為者の行為が被利用者の行為がなくとも実行行為として完結していたか否かが目安となる。間接正犯と構成する場合には，被利用者を道具のように利用・支配していたと評価できる必要がある。

□2　刑事未成年であっても，是非弁別能力のある者を利用する場合には，意思抑圧といえる程度の働きかけがあれば間接正犯となりうるが，そうでない場合には共同正犯に当たるかを検討する。

□3　狭義の共犯の成立には，教唆・幇助行為の特定と，その行為が正犯者の実行行為に物理的・心理的に作用したという現実の因果関係の認定を要する。

第15講 共同正犯(1)
――基本成立要件

事例１
(1) ＸとＹは，協力してＡに対して強盗を行うことを話し合い，その話合いに基づき，ＸはＡに対して拳銃を突きつけて動くなと命じ，Ｙはその間にＡのポケットから財布を奪った。
(2) 暴力団組長Ｘは，同組構成員のＹにＡ宅での強盗を命じ，ＸはＡの在宅時間やＡ宅の状況の情報提供，拳銃等の道具の供与を行い，強取金の２割をＹの報酬とすることを約し，Ｙも了承した。Ｙは，提供された情報をもとにＡ宅に押し入り，供与された拳銃を突きつけてＡを脅し，同宅にあった1000万円を奪った。

1 共同正犯成立の効果

60条は，「2人以上共同して犯罪を実行した者は，すべて正犯とする」と定め，共同正犯を規定している。この規定は，複数の者により犯罪実現が行われた場合に，適切な処罰を行うためのものである。「共同して犯罪を実行」という要件や構成の点に争いはあるものの，規定の効果が，複数名で犯罪が実行された場合に，他の関与者の行為についても自ら行ったのと同様に取り扱われるという点（＝一体化）にあることには大まかな一致がある。つまり，事例1(1)(2)いずれのＸも，共同正犯要件を充たすことで，自分の行った行為のみではなく，Ｙの行った行為も自分で行ったかのように客観的構成要件該当性判断がなされる，ということである。Ｙについても同じことがいえる。

ゆえに，(1)のような場合には，Ｘは「Ａに対し拳銃を突きつけ，さらにＡから財布を奪った」行為について，罪責を問われる。Ｙも同様である。

(2)の場合にも，Ｘは，「Ａに対し拳銃を突きつけ，Ａから1000万円を奪った」行為について，罪責を問われる。なお，Ｙは単独でも強盗罪（236条）の構成要件を充たしているが，計画性や準備状況は犯情に関わることでもあり，同様にXの行った行為についてもYの罪責に含まれると考えるべきであろう。

このような一体化作用をもたらすのが，共同正犯規定の「効果」である*。

* 一体化した行為をもとに客観的構成要件該当性判断がなされることになる。違法性阻却判断については，考慮要素により個別化するが（→第17講），この一体化した行為，およびそれに基づく結果という構成要件該当事実が判断対象となる。それに対して，故意や責任は，あくまで個別に判断される。各行為者の有する故意の内容により成立犯罪が限定されることや，責任能力により個別に責任阻却されることがある（→事例5）。

2　共同正犯の成立要件

そのような一体化をもたらす「要件」として，判例上は，「共謀」と「それに基づく（実行）行為」が必要とされている。「共謀」が成立した上で，それに基づく行為について構成要件該当性が判断される。すなわち，「共謀」が一体化を実質的に基礎づけ，それに「基づく」（＝その射程に入る）行為の範囲で共同正犯は成立する（→共謀の射程については事例4）。

共謀が成立するためには，「正犯意思」をもった「犯罪の共同遂行の合意（意思連絡）」が必要となる。「正犯意思」とは，「自己の犯罪を行う意思」であり，狭義の共犯（特に幇助）と区別をするために必要となる。もっとも，それを認めるためには，行為者の思い込みでは足りず，実行行為の一部または全部を行ったことや役割・寄与の重要性などの客観的な事情のほか，犯行に対する積極性や犯罪利益の帰属をあわせて総合的に判断する（→事例3）。また，「意思連絡」は，共通する犯罪事実について意思の相互的な疎通がなされていなければならない（→事例2）。

(1)は，強盗につきXとYの間で意思連絡があり，ともに強盗の実行行為（「脅迫」と「強取」）を分担して行っていることから，正犯意思が認められ，「共謀」が成立することで強盗罪の共同正犯となる。(2)は，強盗につきXとYの間で意思連絡があり，Yは実行行為全部を分担していることから，Xはその指示の影響力の強さ，物理的な寄与，犯行により利益を得ようとする意思があることから，正犯意思が認められ，「共謀」が成立し，ともに強盗罪の共同正犯となる。

事例2

高齢者に対し，その息子を騙って電話をかけ窮状を訴え，現金を宅急便で空き家となっているマンションに送付させ詐取する詐欺（特殊詐欺）を繰り返していた暴力団員Xは，事務所で虚偽の電話をかける役（かけ子）をYに，詐取金を回収する役（受け子）を組織外のバイトに随時依頼していた。

(1)　某日，Yが高齢者Aから示談金の支払名目で現金を送付させることに成功したため，XはバイトのZ_1に高額な報酬を提示して，マンション入口のオートロックを解除する方法，郵便受けから不在連絡票を入手して，そこに記載してある暗証番号を使って荷物を回収する方法を教え，Z_1はそれに従い詐取金を回収した。

(2)　某日，Yが別の高齢者Bを騙し，現金を送付させることに成功したが，空き家から回収をするバイトが見つからなかったため，Xは，自分の妻Z_2に，刑務所に入っている暴力団員Cの住居からCへの差し入れ用に宅配された荷物を回収する必要があると嘘を言って，Z_2に詐取金を回収させた。

1　意思連絡と故意——事例2(1)

事例1で述べたとおり，共同正犯が成立するためには共謀が必要であり，そのためには，最低限，犯罪に関する意思連絡が必要となる。事例2で，意思連絡が認められるためには，①詐欺を行うことについて双方が了解し，かつ②その相手方の了解を別の当事者も了解していることが必要である。事例2で，XとYの間に，それは問題なく認められるが，Z_1，Z_2について問題となる。

前提として，意思連絡は明示的なものである必要はなく，黙示的なものでも足りる（拳銃の不法所持に関し最決平成15・5・1刑集57-5-507）。とはいえ，相互にコミュニケーションがあれば足りるのではなく，詐欺に関する意思疎通が必要となるため，未必的にでもZ_1らに詐欺の故意があったといえるかが前提問題となる。事例2(1)の場合，仮にZ_1が過去に何度も同じ行為を行っており，特殊詐欺であることを理解していれば問題はないが，そうでない場合には，行為者が認識していた客観状況から故意を基礎づける認識が推認できるかの問題となる（→第3講）。Z_1については，このような回収行為が通常のものとはいえず，十分に詐欺の可能性に思い至るといえれば故意が認められる（類似した事案での肯定例として最判令和元・9・27刑集73-4-47）。その上で，XもZ_1も相互に詐欺であることに気づくことを前提として了解していれば，②も認められる（それが欠ける場合につき後述 2 参照）*。

＊　意思連絡が行われたタイミングも重要である。仮に，欺罔行為より前に X から Z_1への依頼が行われていれば，事前共謀であり，通常の共同正犯の検討で足りるが，本事例のように，欺罔行為後に，依頼が行われた場合には，承継的共同正犯（→第 16 講）の問題ともなる。

なお，Y と Z_1の間では直接の意思疎通はない。しかし，相互の存在すら認識しているか不明であっても，X を媒介として意思連絡がなされているので，順次共謀により共謀が認められ，X・Y・Z_1間の共謀に基づき，一体として詐欺罪（246 条 1 項）の共同正犯となる。また，意思連絡行為自体の存在やその特定は，共謀の認定には不要である（最大判昭和 33・5・28 刑集 12-8-1718 参照）。

2　意思連絡の不存在——事例 2(2)

それに対して(2)の Z_2については，Z_2の認識による。Z_2が X の言を信じていたといえるような場合には，詐欺の故意はなく，情を知らない道具にすぎない（詐欺罪の部分的な間接正犯）。しかし，Z_2が，X の言を信じず，荷物は違法な物で，詐取金か銃器か薬物かであろうと思っていた場合には，詐欺の可能性を排除していないので，詐欺の故意は認められる。この場合，①は認められるが，②が認められるかは，お互いが相互に詐欺に関して了解すると認識していたかによる。X が「Z_2は詐欺とは気づかないはずだ」と思っていた場合，または，Z_2が「自身が詐欺と気づくことを X は予想していないはずだ」と思っていた場合には，②が欠け共謀は成立せず，共同正犯となる余地はない（大判大正 11・2・25 刑集 1-79)。Z_2は詐欺罪の片面的幇助となる（→第 14 講）*。

＊　この場合，X は，（部分的に Z_2を利用する）詐欺の間接正犯の故意で行為を行ったが，Z_2は利用・支配を受けていないため間接正犯とするのにはやや難点がある（→第 14 講)。処理方法としては，(ⅰ)利用・支配を緩め，おおむね X の計画どおり犯罪遂行がなされた以上，X を（間接）正犯とし，Z_2に片面的幇助を認めるか，(ⅱ)Z_2を片面的幇助とし，X はその教唆と捉え，間接正犯の故意との法定的符合を検討するかという可能性が考えられる。

また，Z_2が薬物であると思っていた場合には，詐欺の故意を欠くことで①を欠き，幇助すら成立しない。ただし，Z_2が過去の X の仕事から，企業から恐喝して得た喝取金だと思っていた場合には，詐欺と恐喝の構成要件的重なり合いを検討し，意思の一致と故意を検討する余地がある（→事例 5)。

事例３

(1)　ＸとＹは強盗を共謀し，目出し帽をかぶり凶器を用意した上，知人のＺを呼び出して，Ａ宅まで車で送るよう依頼した。ＺはＸらがＡ宅で強盗をするものと理解をし，ＸらもＺが強盗の意図を理解しているものと認識していたが，ＺはＸらを車でＡ宅に送り届けた。ＸはＡに対して拳銃を突きつけて脅し，Ｙはその間にＡの財物を奪取した。Ｚは，犯行前に帰され，報酬は特に得ていない。

(2)　(1)のＺは，Ｘらの依頼を受け，報酬を得て，同様のことを繰り返していた。Ｚは，今回も同様の犯行であると理解し，報酬も得られると考え，Ｘらを車で送り届けた。

(3)　(1)で，Ｚは，Ａ宅の中まで同行するようにＸから言われ，犯行現場で拳銃を渡され，ＸがＡを脅している間，それを突きつけていた。

1　共謀と正犯意思

判例で用いられる正犯意思とは，「自己の犯罪を行う意思」とされ，他人の犯罪を行う意思と区別される。これにより，実体として正犯相応といえ共同正犯となるのか，狭義の共犯（事例３では幇助）となるのかが区別されることとなる。ただし，純粋に行為者の意思内容のみを見るのではなく，役割・寄与の重大性，動機，利益の配分などがあわせて検討され，総合的に決されている（最決昭和57・7・16刑集36-6-695参照）。

判例上は，この正犯意思は意思連絡と不可分一体で「共謀」の成否を基礎づけると考えられている。学説上は，意思連絡を共謀と解し，別要件で正犯意思や正犯性という総合考慮要件を立てる理解（帰結は判例と同じとなる），様々な事情を考慮することには批判的で，客観的な実行行為や重大な因果的寄与の担当の有無などから決すべきとする理解（帰結は判例と異なる可能性がある），意思連絡と実行を要件とする実行共同正犯とより実質的な共謀の検討を行う共謀共同正犯を区別する理解（帰結は判例と同じとなる。また判例も同様の用語は用いる）もあり，整理や説明の仕方は多様である。

事例３では，ＸとＹは，意思連絡の上，実行行為を分担しており，当然に強盗罪の共同正犯が成立する。Ｚも強盗に関する意思連絡はあるが，共謀があるといえるか，共同正犯となるといえるか問題となる。総合考慮をして正犯意思を決するとすると，Ｚの関与の積極性や役割・寄与の重要性を勘案して評価することとなるため，一義的に明確な線引きがあるわけではない。

2　正犯意思の積極事情

Zについて，(1)と(2)を比較すると，客観的な役割・寄与は共通しており，強盗現場への運転手役である。それ自体，一定程度の重要性はあるが，正犯意思を認める決め手となるかは微妙である。他方で，(2)のような場合には，繰り返し協力していることや報酬を得るという利益目的による積極性，繰り返し協力することや犯行目的を共有することによる一体性の高さが認められる。(2)のほうは，正犯意思が認められ，共同正犯となることは十分にありえよう。

そのような事情がない(1)については，犯罪計画や準備への関与はなく，役割自体も代替性がありうるもので計画上不可欠ともいえず，利益を得る目的も存しないため肯定は難しくなる。いずれにせよ，このようなプラス要素，マイナス要素の検討・評価をバランスよく積み重ねながら，「自己の犯罪を行う意思」が認められるかを検討することを心がけることが重要である。それに対して，寄与の重大性のみを客観的に見ようとする見解からは，(1)も(2)も客観的な寄与は変わらないため，結論は左右されないことになる。

3　正犯意思と実行

次に，(3)の場合には，Zは実行行為の一部を分担しており，それ以外の関与が希薄であったとしても，原則として共同正犯になる。脅迫という実行行為は強盗という犯罪を基礎づける一部であるため一体性が高く正犯意思が認められるという観点からの説明のほか，重大な寄与であるという観点からの説明も可能であるし，実行行為自体から実行共同正犯を認めるという観点からの説明も可能である*。基本理解としていずれの立場をとるかにより説明が異なる。

＊　ただし，判例は，例外的に故意ある幇助的道具（実行する従犯）を認めており，実行分担者が共同正犯となることが，絶対であるともいえない。もっとも，それが認められるのは例外的であり，犯罪類型もある程度限られている。学説上も，このような類型を認めることへの批判も多い。

事例４
(1)　暴力団組長であるＸが，元組員Ａに制裁を加えるため，Ｙらにバットを用いてＡに暴行・傷害を加え事務所へ連行するよう指示したところ，Ｙらによる暴行の過程においてバットの当たり所が悪く，Ａは死亡した。
(2)　(1)でＸから指示を受けたＹらは，暴行によりＡに傷害を負わせたが，Ａのふてぶてしい態度から，後日Ａから報復されることを恐れて，Ａを山中に連行し，絞殺した。

1　共謀の射程

事例２と３は「共謀」要件の成否に関わるものであったが，事例４は「共謀に基づく（実行）行為」要件の成否に関わるものである。共同正犯は，その効果として，共謀に基づき実行された行為すべてについて，他人が行った行為を含めて，各人が罪責を負う（→事例 1）。ただし，共謀をきっかけとして行われた行為すべてについて罪責を負うのではなく，それに「基づく」という評価が必要であり，「基づかない」行為は，その一体的な罪責検討の基礎から除外されることとなる。共謀の成否を明らかにした上で，それに後続する各人の個別（実行）行為が，共謀に基づく（＝その共謀の射程に入る）ものといえるかという枠組みで検討することとなる。

事例４(1)(2)いずれも，Ｙらのバットを用いた暴行による傷害は，まさしくＸとＹらの共謀（Ｘは影響力の強い主導者であるという事情から，Ｙらは実行行為を行った事情から正犯意思は認められる）に基づくものであり，傷害罪（204 条）の共同正犯の罪責を全員が負う。さらに(1)の死亡結果について，Ｘにおいては，Ｙら以上に予想外であったかもしれないが，共謀内容である「バットで殴打する」という行為からまさに生じたものであり，その殴打行為が共謀に基づくと評価できる以上は，Ｘも当然に傷害致死罪（205 条）の罪責を負い，Ｙらとの共同正犯が成立する*。

＊　結果的加重犯についても，共同正犯・狭義の共犯を認めるのが判例（最判昭和 26・3・27 刑集 5-4-686 等）および一般的な理解である。

それに対して事例４(2)で，ＹらがＡを殺害した行為も共謀の射程に含まれるか否かは検討を要する。Ｘの罪責の検討の基礎に絞殺という殺害行為とそれに基づく死亡結果が入るか否かで変わってくる。注意したいのは，いずれにせよXには殺意はないので，たとえYらの殺害行為が共謀の射程に含まれたとしても，Xが殺人罪（199条）の罪責を負う余地はない。それは共謀の射程とは別の故意の問題であり，その点の検討は別途必要である（→事例5）。

2　共謀の射程の検討枠組み

共謀の射程に関する学説からの理論的な1つの説明として，共謀の射程とは，共謀の心理的因果性が個別行為に及んでいるか否かを検討するものという理解がある。この考え方による場合には，共謀時の共謀関与者の心理状態，共謀後の実行者の心理過程，行為時の実行者の動機・心理等が重要となってこよう。それに対して，そのような心理的因果性に尽きない総合的な評価により共謀と個別行為との同一性を検討するという考え方からは，上記のほか，共謀内容と実行された行為の外形や法的評価における相違や，共謀時の予測可能性，客観的な経過の共謀内容からの逸脱度合いなどを含めて検討するという理解もありうる。

事例4(2)の場合，心理的因果性に着目すると，YらによるAへの加害行為の開始は確かにXの指示をきっかけとするものであるが，その現場でYらは，Aの態度から，全く異なる報復防止という新たな動機により殺害行為を行っている点が重要となる。それに対して，心理的因果性に尽きないとする理解からは，バットでの殴打という指示内容と絞殺という行為態様の相違，Xにおいてあるいは一般にYらが勝手にAを絞殺する行為に出ることを予測することの困難性，新たな動機に基づいてYらが山中への連行と絞殺という行為に出ている客観経過における逸脱なども検討の素材とすることとなろう。

いずれの理解でも，事例4(2)のYらの殺害行為を，共謀の射程に入ると解するのは困難であり，Xとの共謀に基づくものとはいいがたい（同様の事案での否定裁判例として浦和地判平成3・3・22判タ771-263)。そうすると，XとYらは傷害罪の限度で共同正犯が成立し，Yらには別途殺人罪が成立することになる（Yらについては，傷害罪の共同正犯は殺人罪に吸収されるであろう)。

もちろん，当初の共謀の射程外であっても，例えば事例4(2)で山中への連行時にYらが携帯電話でXに殺害の許可を求め，Xがそれを許可したような場合には，殺害行為についての「新たな共謀」が認められ，Xにも殺人罪の共同正犯が成立する（最判平成6・12・6刑集48-8-509参照)。

事例５

(1)　ＸとＹは，Ｘは殺人の故意で，Ｙは傷害の故意で，Ａをバットで殴打することを共謀し，その遂行過程で，Ｘの殴打によってＡが死亡した。

(2)　Ｘは，Ｙに対し，某交番近辺でパトロール中の警察官Ａを鋲打ち銃で射撃の上で殺害し，拳銃を奪うことを指示し，Ｙがそれを実行したところ，鋲は，Ａの身体を貫通してＢにも当たり，両名は負傷した。

(3)　暴力団組長であるＸは，配下のＹにＡ宅での現金の強盗を指示したところ，Ｙは内心では窃盗を試み，露見した場合には暴行により逃げようと考えていた。Ｙは，窃盗の着手後にＡら複数名に発見されたため，暴行を行い逮捕を免れ逃走した。

(4)　ＸとＹは特殊詐欺を共謀し，Ａに対して息子を騙り，現金の必要性に関して虚偽を述べ，ＹがＡ宅に受領に赴いたところ，Ａが受渡しを渋ったため，Ｙは隙をみて現金を持ち去った。

1　意思連絡の一部不一致と共同正犯――事例５(1)

意思連絡は，共謀を認めるために不可欠な要素であり，その一致がない場合には共謀は認められない（→事例 2)。しかし，完全一致が求められるものではなく，ズレがあっても一致する範囲で共謀は認められる。事例 5(1)の X と Y は，前提となる故意は異なるが，殺人は傷害の故意を含んでおり，傷害の限度では一致しているため，傷害の限度での共謀は認められる。その上で，X の殴打が，共謀の射程外となるほど逸脱していない限りは，それに基づくものといえ（→事例 4)，X と Y は傷害致死罪の限度で共同正犯が成立し，X については別途殺人罪が成立する（部分的犯罪共同説。最決昭和 54・4・13 刑集 33-3-179 参照)。意思の一致を必ずしも重視しない立場，あるいは一致を要するとしつつ共同正犯者間の罪名一致を要しないとする立場からは，傷害致死罪（Y）と殺人罪（X）の共同正犯を認めうる（行為共同説)。*

＊　X ではなく Y の殴打が致命傷であった場合に，同様の結論を導けるかは問題がある。行為共同説であれば，容易であるが，部分的犯罪共同説からは，殺意のある X の殺人罪をどのように認めうるか問題となる。共同正犯が成立するのは傷害致死罪の限度であり，殺人については，自らの手による直接正犯とも，Y を利用・支配した間接正犯とも直ちには解しがたいからである。

2　共犯と錯誤――事例5(2)

故意は，通常は意思連絡の前提問題となるが（→事例2），意思連絡の一致の問題とは別に，犯罪成立には各関与者に故意が認められる必要がある。(2)の場合，XとYに強盗殺人の共謀が成立し，その共謀の射程内でYの射撃行為は行われている。強盗殺人未遂（243条，240条）の共同正犯が両名には客観的に成立しているといえる。問題となるのは故意であり，Yには方法の錯誤があるが，判例によればA・B双方に対して強盗殺人の故意が認められる（法定的符合説：最判昭和53・7・28刑集32-5-1068）。Xについても，特別な問題はなく，同様に法定的符合説から故意は認められよう。それに対して方法の錯誤は故意を阻却するとする立場からは，Xについても，Yについても，Bに対する故意は阻却され（重）過失致傷（209条，211条）のみが問題となる。さらにその立場からは，仮に，Yにおける射撃が客体の錯誤であった場合に，Yの故意は阻却されないが，Xについて方法の錯誤となり故意が阻却されないかが別途問題となる（→第4講）。

そのほか，共謀時に一致した犯罪と実行された犯罪が構成要件を異にした場合，実行犯罪に関する認識を直接には欠いている共謀のみへの関与者については，抽象的事実の錯誤の問題が生じる。故意に関する限りは単独正犯の場合と特に問題の相違はなく，同様に構成要件的符合の問題となる（→第4講）。

3　複数の基本成立要件の問題の併発――事例5(3)(4)

以上の共同正犯の基本成立要件に対応して，当初の共謀時の意思の一致にズレがある場合や，共謀内容からの逸脱がある場合には，①共謀の成否，②共謀の射程，③成立罪名の一致，④故意といった諸問題が，複数併発することがあり，事案に応じてこれらを検討する必要がある。

(3)において，Xは強盗の故意で，Yは事後強盗の故意で共謀し，結果として，Yが事後強盗（238条）（未遂）を単独実行している。共謀時の故意にズレが生じているが，強盗と事後強盗の構成要件は異なるものの，法的には重なり一致している*とみてよく強盗の共謀が成立している（①）。また，Yの実行は共謀に基づくものと評価できるか問題となるが，事例の経緯のような事後強盗であれば肯定できるであろう（②）。その上で，XとYには構成要件の重なる事後強盗の共同正犯が成立することとなる（③）。最後に，故意の問題について，強盗の故意のみを有するXにも，構成要件の重なり合いから事後強盗罪の故意が認められよう（④）。このように当初の共謀時のズレやその後の経過の逸脱は，共同正犯に関する複数の処理すべき問題を併発させる。

＊　抽象的事実の錯誤の処理で行われている構成要件を解釈して，実質的な重なり合いを検討する手法によることとなろう（→第4講）。当初の共謀が強盗でズレなく一致をしていたが，事後強盗が結果として実行された場合には，①の点の問題は生じることなく，②以降の検討は同様となろう。

(3)を修正して，Xが窃盗のみ指示をしたところ，Yが事後強盗を実行した場合にも同様の問題群が生ずる。事後強盗には窃盗が含まれているので，共謀やXの故意については，窃盗の限度で肯定可能であろう（①④）。他方で，この場合，共謀は窃盗にとどまり，Xには窃盗の故意しかない以上は，Xは，そこまでしか罪責を負いえないため，窃盗以外の部分（＝暴行）が共謀に基づくものか（②）を検討する意味はあまりない。窃盗部分が共謀に基づくことを検討すれば足りる。また，同様の経緯（Xは窃盗のみ指示）で，Yが1項強盗を実行してきた場合には，共謀や故意は，以上と同様の検討により窃盗の限度で認められようが（①④），窃盗が先行する事後強盗と異なり，強取部分の財物取得を共謀に基づくものと評価できるか否か（②）は，事案や経緯にも依存し，その肯定には，より丁寧な検討が必要となるであろう。いずれの場合も，X（とY）は重なり合う窃盗の限度で共同正犯となる（③）。

(4)においては，詐欺の共謀は成立しているが，その後，Yにより窃盗が実行されている。この場合にも，基本的には上記と同様に①共謀の成否，②共謀の射程を検討して客観的構成要件を確定させた上で，構成要件の重なり合いを検討して，その限度での③（一致）罪名と④故意を確定していくこととなろう。①については，詐欺の共謀が成立しており，問題はない＊。その共謀に基づき，窃盗が実行されたことが射程に入るといえるか否か（②），いえるとして詐欺の故意しかないXに窃盗の故意を認められるか否か（④）をそれぞれ検討する必要がある。②は事案の経緯にもよる問題であるが（→事例4），④は，詐欺と窃盗での構成要件的符合が認められるかの問題であり，事案によるものではない＊＊。そして，それらが認められれば，X（とY）には窃盗の共同正犯が成立し，不一致はなく③の問題は生じない。

＊　なお共謀時からすでにXとYの認識にズレが生じていた場合には，この段

階での一致も検討する必要がある（前述）。

＊＊　保護法益は共通しているが，行為態様が異なっていることは明らかであり，その点の相違が，各構成要件においてどの程度本質的な相違であるかという点の判断による。強盗と事後強盗よりは重なり合いの検討は丁寧に行うべきであろうが，肯定する余地はあろう。

さらに，以上のヴァリエーションとして，窃盗の共謀に基づき詐欺が行われた場合や，窃盗の共謀に基づき業務上横領が行われた場合（あるいはその逆），詐欺の共謀に基づき恐喝が行われた場合（あるいはその逆）なども，同様の検討を行うこととなる。

本講のポイント

□1　共同正犯の要件については，判例は，「共謀（正犯意思をもった意思連絡）」と「共謀に基づく行為」という立場を採用している。共同正犯の効果としては，共同行為者各自の行為の一体化が生じ，共謀とそれに基づく行為全体を基礎として客観的構成要件該当性判断が行われる。

□2　意思連絡は，関与者の主観面で構成要件レベルの一致がある認識（内容一致）と，それを相互に了解・認識し合っていること（相互性）が必須である。①各行為者の認識内容は何か（故意），②それが内容的に一致しているか，何罪について一致しているか，③相互に了解があるかに着目をして検討する必要がある。片面的な認識では幇助しか成立しえない。

□3　正犯意思は，役割，動機，利益分配等の多様な考慮要素の総合判断により決せられる。プラス要素・マイナス要素がある場合には，バランスよく適切に検討することが重要である。充たされない場合には，意思連絡があっても（教唆・）幇助にしかならない。

□4　共謀の射程は，共謀内容とズレがある行為が行われた場合に，どの行為を「共謀に基づくもの」と評価し，一体化した罪責の基礎とできるかを決する問題である。共謀を基礎に，心理的因果性や同一性の観点から検討される。

□5　共謀時の想定と異なる事態が生じる場合，それが共謀の射程に入ることを前提に，共同正犯の罪名一致の観点，故意という別の要件に関わる問題も生ずる。それらの問題も含めて，事案によっては，共謀の成否や共謀の射程の問題も併発することがあり，その場合には，処理の必要な問題を見極めつつ，分析的に検討をしていく必要がある。

第16講 共同正犯(2)
――承継的共同正犯，共犯関係の解消

事例 1

Ｘは，かねてから不仲であったＡを呼び出し，因縁をつけ，一方的に暴行を加えて傷害①を負わせた（第 1 暴行）。その後，Ａを連行して移動し，あわせてＡと不仲であったＹを呼び出し，共謀の上，暴行を加えて傷害②を負わせた（第 2 暴行）。

(1)　傷害①と②の区別が明確に可能であった。

(2)　傷害①と②の区別は不可能だが，②については，①を悪化させたことの立証のみは可能であった。

(3)　傷害①と②の区別が全く不可能であった。

1　承継的共同正犯

承継的共同正犯は，犯行途中からの関与者（Y）が，先行する行為者（X）による行為を引き継いで承継し，犯行全体についての罪責を負うこととなるものである。事例 1 の場合，X はすべての暴行に単独で（第 1 暴行），もしくは共謀の上（第 2 暴行）関与しているため，事例 1 (1)～(3)いずれの場合でも，傷害①②の全体に対して罪責を負う。それに対して，Y は，あくまで途中関与であり，承継が認められて初めて全体について罪責を肯定できる。従来は，途中関与者に，先行する行為や効果を積極的に利用する行為ないし意思がある場合には，承継されるとの裁判例および学説が有力でありつつ，傷害罪については，そもそも承継が認められるか否かについて，裁判例の判断は分かれていた。

2　傷害罪における承継

この点について，最高裁（最決平成 24・11・6 刑集 66-11-1281）は，「共謀及びそれに基づく行為」と傷害結果との因果関係が必要であるとの判断を示し，実質的に，傷害罪（204 条）における承継的共同正犯の成立可能性を否定した。

すなわち，途中関与者は，その共謀加担前に生じていた傷害①について罪責を負う余地はなく，共謀加担後に生じた傷害②について罪責を負うにとどまる。この判断は，共同正犯においても，「共謀及びそれに基づく行為」と結果との間の因果関係は必要であり，それを欠く，共謀以前に生じた結果については，途中関与者が罪責を負う余地はないことを示している*。

＊ 共謀加担前後で区別が行われているが，判例上，共同正犯において，個別関与者の加担行為と結果の因果関係まで要求されているわけではない。

その判断によれば，Yは，(1)の場合には，（Xとの共同正犯として）②についてのみ罪責を負う。(2)の場合には，①を悪化させている以上，その傷害について罪責を負う。(3)の場合には，共謀加担後の共謀およびそれに基づく行為により生じさせた傷害結果が立証できない以上は，Yは暴行の限度で，Xとの間で共同正犯が成立する。*

＊ 以上の理解は，共同正犯の適用限界に関する理解であり，同時傷害の特例に関して何ら言及するものではない。(2)や(3)については，同時傷害の特例の適用により，結果としてYが全体につき罪責を負うことはありうる。しかし，(1)については，その特例の適用もできない（→第20講）。さらに同特例の適用につき，第2暴行が共同正犯形態で行われた場合に個別の暴行に当該傷害を生じさせうる危険性を要求する最決令和2・9・30刑集74-6-669参照。

3　承継可能な犯罪

以上の因果関係要求からは，判例上，傷害罪（同致死罪）については，承継を認めることは実質的に困難である。さらに，それ以外の結果的加重犯等の致傷・致死結果についても，この理解は妥当しよう（強制性交等致死傷罪，強盗致死傷罪等）。他方で，この要求はあくまで「結果」との因果関係であり，共謀加担後に，財産侵害という法益侵害結果が生じる詐欺罪，恐喝罪，強盗罪などの場合にまで一律の否定を及ぼすものではない。「結果」との因果関係要求を前提に，それが充たされる場合に承継を検討することとなり，詐欺罪では承継が認められている。そうすると，詐欺と構造が類似する恐喝については基本的に同じ論理で承継可能であろう。強盗については，議論がある（→事例2)。*

＊ それ以外にも，監禁や予備の途中で関与した者が，先行する行為や結果についても罪責を負うかが承継の問題となりうる。継続的に行われている監禁や予備に途中関与する場合，関与前の部分にも罪責を負うかという問題である。

事例２

(1)　高齢者に対して電話をかけ，金銭の支払を必要と誤認させる特殊詐欺グループを取り仕切っていたＸは，その構成員をして各被害者の息子のふりをして電話をかけさせ，交通事故示談金のため現金を直ちに支払う必要があり金銭を用意してほしいとの嘘を述べさせた。

（ア）　その電話により，Ａが上記を信じ込んだ後，Ｘから上記事情を初めて知らされ，金銭受領を依頼されたY_1は，特殊詐欺の受け子であると認識したが，引き受け，Ａ宅へ出向き金銭を受領した。

（イ）　その後，Y_2は，（ア）と同様の経緯で引き受けたが，被害者Ｂが直前に詐欺を看破したため，Ｂ宅で紙束のみ封入された封筒を受領した。

（ウ）　その後，Y_3は，（ア）と同様の経緯で引き受けたが，直後に，特殊詐欺グループが摘発されたため，被害者Ｃ宅へ出向くことはなかった。

(2)　Ｘは，Ａ宅から現金を強取する目的で，夜間Ａ宅に侵入し，Ａにナイフを突きつけ，縛り上げ２階のクローゼットに閉じ込めた。そこで金庫を持ち出すため，Ｙを呼び出し，事情を説明して，一緒に金庫を運び出した。

1　承継の要否

承継的共同正犯が問題となるのは，承継を認めなければ全体の罪責を問えない場合である。事例２におけるＸは，(1)では詐欺罪（246条１項）における欺く行為から関与しており，少なくとも詐欺未遂の罪責は負い，Y_1〜Y_3において金銭の受領に至れば既遂の罪責を負う。(2)でも強盗の罪責を負う（236条１項）。それに対してY_1〜Y_3およびＹは，先行する欺罔行為や暴行・脅迫という（一部）実行行為の終了後に関与しており，承継を認めなければ，詐欺罪や強盗罪の共同正犯とすることはできない。

2　詐欺罪における承継成否の論理

詐欺罪については，判例によれば，欺罔行為後，共謀の上，当該事案の詐欺を完遂する上で当該欺罔行為と一体のものとして予定されていた受領行為に関与すれば，欺罔行為の点も含めた詐欺につき，罪責を負うこととなる（最決平成29・12・11刑集71-10-535）。承継の必要最小限の条件は定かではないが，少なくとも①詐欺の共謀と②一体として予定された受領行為への関与（一体関与）が認められれば，詐欺の承継的共同正犯は成立する。①の共謀では，これまでの経緯を含めた相互了解と正犯意思，②では，詐欺を完遂するのに必要であり（＝詐欺が終了していない），かつ一体として予定されていた行為への関与が必要となろう。(1)(ウ)の場合には，その関与がなく，仮に，それが必須でないとしても，正犯意思を認める実態があるかかなり問題があろう。それに対して，(ア)や(イ)では，①②は充たされている。

3　因果関係

加えて，「共謀及びそれに基づく行為」が，結果と因果関係を有することが必要である（→事例1)。(ア)のY_1は，金銭取得との関係では，それは充たされており詐欺罪の既遂の共同正犯となる。(イ)のY_2は，仮に(ア)の事情を知らされたとしても，Aからの金銭取得は，共謀以前の結果であり，罪責を負うことはなく（詐欺が終了しており②を当然に充たさないともいえる)，Bに対する未遂の成否のみ問題となる。その場合，未遂結果（危険）への因果関係を要すると解するか，結果への因果関係という思考は，結果犯ではない未遂犯では要しないと解するか問題となるが，前掲最決平成29・12・11はその点に言及することなく詐欺未遂の共同正犯を肯定しており，後者が親和的であろう。

4　強盗罪の承継の成否

(2)の強盗の場合も，共謀と一体関与による承継の成否と因果関係を検討する。一体関与については，構成要件上，あるいは客観的な犯罪としての一体性であれば(2)でも認められようが，関与が予定されていたという計画上の（主観的）一体性も要するとなると，事案によることとなる。

因果関係については，財産取得という結果（ここでは金庫搬出）との間にあれば足りるとするなら，その点の問題はない。しかし，構成要件ごとに主要な法益侵害を考えるべきとする異論もある。詐欺と異なり，強盗の場合には，暴行・脅迫による被害者の生命・身体等への危険も主要な処罰根拠であると解すべきとする理解からは，その点への関与・因果関係が認められない場合に，強盗を認めるべきではないと主張される。このように解する場合には，(2)のYには，窃盗罪（235条）の限度で共同正犯が成立することとなる*。

*　強盗の承継を認めても，先行する暴行・脅迫から致死傷結果が生じていた場合に，その点も含めて強盗致傷罪まで認めるのは困難であろう（→事例1)。

事例3

(1) Xは，Yと共謀して，A宅に強盗に入り，Yにおいて，Aに刃物を突きつけ金品の要求を行った。しかし，Aが，金がないと命乞いをしたため，不憫に思ったXは，Yを説得して強盗をやめてともに帰った。

(2) X，Y，Zは，A宅に窃盗に入ることを共謀したが，当日，A宅に向かう途中，Xは自ら，執行猶予中であることから，窃盗をする気を失い，YとZにその旨を告げ，YとZも了承の上，Xは帰宅し，YとZのみで窃盗を実行した。

(3) X，Y，Zは，A宅に強盗に入ることを共謀し，Xが見張りをしている間，YとZはA宅へ侵入し強盗の準備を行っていた。Xは，付近の人の様子から，犯行をやめたほうがよいと考え，携帯電話でYとZに，その旨と帰る旨を一方的に伝えた上で，その場を離れた。YとZは，A宅を出て，Xが帰ったことを確認したが，犯行を継続することとし，A宅に再度侵入した。そこで，Aに刃物を突きつけ，金品を要求したが，Aが金がないと命乞いをしたため，Yは，同情し，「俺，帰る」とZに告げて，A宅を出た。Zは，1人で強盗を継続し，Aから3万円を強取した。

(4) XとYは，人間関係のトラブルからAを呼び出して暴行による制裁を加えることを共謀し，呼出しに応じたAに両名は手拳でこもごも殴打を加え傷害を負わせた。その後，Xは，Aの様子を見て，Yの暴行を止めたり，Aを介抱したりしていたが，憤激したYはXを殴って気絶させ，その間にAを別の場所に連行し，単独でさらに殴打し，新たな傷害を負わせた。

1 共犯と中止――事例3(1)

共犯であったとしても中止犯は成立しうる。事例3(1)では，強盗の実行の着手があり，その強盗未遂につきXとYには共同正犯が成立するが，少なくともXは，自己の意思により（任意性），中止行為を行っているので，強盗未遂の中止犯が成立しうる*。

* Yについても，Xに説得され同様に不憫に思ってやめた等，任意性が認められ，かつ中止行為をしたとの評価ができれば，Xと同様になる。Xが上位者で逆らえずやめたということであれば，その理解によっては任意性を充たさず，中止犯とはならない（→第13講）。また，中止行為をしたといえない者は中止犯には該当しない（大判大正2・11・18刑録19-1212）。

2　共犯関係の解消——事例3(2)(3)

(1)のように中止に至った場合と区別すべきなのが，共犯関係の解消である。ある者が，犯行途中で，それ以上の関与をやめる，あるいは阻止的行動をとっているという点は共通している。しかし，その後，別の行為者により，犯行がさらに進められ，その進められた部分についても罪責を負うか否かというのが共犯関係の解消の問題である。(1)では，それ以上の犯行は行われていないが，(2)および(3)では，Xの離脱，阻止的行為の後，Y（やZ）において，さらに犯行が行われており，共犯関係の解消が問題となる。

この共犯関係の解消については，いわゆる因果性遮断説が，判例および学説で採用されている。自己の離脱行為や阻止的行為により，先行する自己の関与行為とその後の犯行・法益侵害結果との因果性を遮断することに成功すれば，共犯関係は解消され，逆に，成功しなければ，解消されず（＝その後の犯行も当初の「共謀に基づく行為」と評価され），全体の罪責を負うと解されている（最決平成元・6・26刑集43-6-567）*。

*　もっとも判例上，共同正犯を基礎づける際には，個別の関与者の行為と結果との因果関係が要求されているわけではない（→第15講）ところ，このような理解と，ここでの判断の整合性は問題となりうる。共謀を基礎づけた（諸）要素を解消し，共謀に基づくという評価を覆すものとして判断されると解せようか。なお，個別の関与行為と，正犯行為・結果との間の因果関係が要求される狭義の共犯（教唆・幇助）については，因果性遮断説がよりなじみ，同様の議論が疑問なく可能であろう。

また，従来は，離脱行為や阻止的行為が，犯行の着手前に行われるか（(2)(3)のX)，着手後に行われるか（(3)のY）で判断基準を異にし，着手前であれば離脱の表明と了承で足りるとする理解も有力であったが，そのような形式的判断は，現在では否定されている（最決平成21・6・30刑集63-5-475)。とはいえ，事実の問題としては当然に犯罪の進行度合いに応じて，因果性の遮断に必要な行為の内容や程度は変わってくる。

3　解消の成否の判断

(2)は，共謀を遂げているが，犯行現場に着く前に，Xによる離脱の意思表示とYとZによるその了承が行われている。それで足りるか，Xによる，積極的な防止措置（通報することや，YとZを実力阻止すること）まで必要であるかは事案による。X につき，本件計画を発案・主導した，下調べを入念に行った，犯行道具を各種用意したというような事情がある場合には，そのような自己の関与行為によりもたらされた影響力を除去しなければ，因果性は遮断されたとはいいがたい。他方で，そのような事情がなく，実行への協力のみを請け負ったような場合であれば，了承のみで解消を認める余地がある。解消が認められた場合には，X は解消以降の Y と Z の行為による罪責は負わない。他方で，解消までの行為の罪責は当然に負うが，(2)では，解消時までに窃盗への着手もなく，かつ窃盗罪には予備罪処罰規定がない以上は，不可罰である。

(3)の Y については，当然に解消は認められず強盗の罪責を負う（最判昭和24・12・17 刑集 3-12-2028 参照)。Z とともに強盗に着手している状況で，ただ立ち去ったとしても，その因果的影響力は残っており，それを除去する積極的措置が必要となる。また，(3)の X についても，厳密には強盗の着手前であるが，犯行がここまで進んでいる以上は，この程度の阻止的行為（電話での中止説得と離脱表明）で足りるものではない。「格別それ以後の犯行を防止する措置」がなければ，因果性は遮断されておらず，共犯関係の解消はなく，当初の共謀に基づいて Z の強盗が行われたものと評価され，X も Z によって実行された強盗について罪責を負うこととなる（前掲最決平成 21・6・30 参照）*／**。

* (3)の X と Y については，解消が認めがたいが，仮に認められる場合にも，解消までの罪責は消えるものではなく，X は強盗予備罪，Y は強盗未遂罪の限度で共同正犯が成立する。

** もっとも多少の因果的影響力が残存していたとしても，また結果としてその後の犯行を阻止できなかったとしても，防止措置としてそれなりに合理的で十分なものであれば，解消が肯定される余地を，判例は否定していないと思われる。

4 一方的「排除」と解消──事例 3(4)

(4)における X は，一定の阻止的行動に出ているが，それに成功しているわけではなく，十分なものと評価できるかも微妙であろう。しかし，共謀した Y から殴打され，ある種，犯行から「排除」されている点に，他の事例にない特色がある。因果性遮断を重視すれば，自らの行為で遮断に成功したとは評価しがたく，解消は認められないという理解もありうる。そのように考えると，X もすべての傷害について共同正犯として罪責を負う。

それに対して，犯罪遂行の過程で，共謀していた者の一部の意思・関与を一方的に排除して，残余者により犯行が行われた場合には，当初の共謀による共犯関係が解消すると考える理解もありうる（名古屋高判平成14・8・29判時1831-158)。そのような理解からは，(4)の場合，YがXを殴打し気絶させ，それを放置して別の場所にAを連行したことが，排除による解消を基礎づけることとなる*。

＊　Xに解消が認められたとしても，解消前の殴打から生じた傷害については傷害罪の共同正犯が成立する。また，解消が認められたとしても，傷害がいずれの暴行から生じたか不明の場合には，同時傷害の規定の適用可能性はあり，その要件を充たせば，全体の傷害につき罪責を負う（→第20講)。

本講のポイント

□1　結果犯については，共謀とそれに基づく行為と結果との間の因果関係が必要であり，それを充たしえない犯罪類型については，承継により罪責を負う余地はない。

□2　上記に反しない限りで，詐欺罪等については，判例上，途中関与であったとしても，①共謀と②一体として予定されていた行為への関与があれば承継的共同正犯が認められる。

□3　共同正犯においても，要件を充たせば中止犯が成立する余地がある。

□4　共謀後に犯行からの離脱や阻止的行動をとったものの，犯罪がさらに進行した場合には，共犯関係の解消が問題となる。その者が，解消に成功すればその先の行為による罪責を負わない（＝当初の「共謀に基づく行為」と評価できない）が，成功しなければ，なお当初の共謀に基づく罪責を負う。

□5　解消の成否は，判例・学説上は自己の行為の因果的影響力の除去の有無という因果性遮断説により判断される。その判断は，解消行為時までの解消行為者による加功の内容や，解消行為時の犯罪進行度合い，解消行為自体の効果などにより判断され，格別の防止措置が必要となる場合がある。また，排除事例については，検討の枠組みと帰結のいずれについても一致をみていない。

第17講 共犯の諸問題
――過失犯の共同正犯，不作為の共犯，共犯と正当防衛，共犯と身分

事例１

ＸとＹは，業務として，地下洞道内のケーブルの保守点検に従事していたが，断線を発見し，その補修について打合せをするため地上に戻る際に，両名が作業に用いていたトーチランプの消火を相互に確認することなく，双方とも，相談の上，その場に放置して立ち去った。その結果，いずれとも特定できないトーチランプから出火し，ケーブルを焼損させ，付近の建物や人に危険を生じさせた。

1　過失犯の共同正犯の基本理解

過失犯の共犯の成否に関し，狭義の共犯については一般に認められないと解されているが，共同正犯については，争いはあるものの，判例（最判昭和28・1・23刑集7-1-30）・多数説では認められている。もっとも，過失犯においては，注意義務違反をもって単独正犯を判断する見地から，1つの結果に対して複数の単独正犯が成立しうる（→第5講：過失競合）。ゆえに故意犯と比較すれば，共犯規定を適用しなければ処罰できない事案は限定的であり，行為態様や関与時点だけを見て単独正犯とならないと即断はできない点は注意をしたい*。

＊　ただし，単独正犯が成立しうる場合に，共同正犯規定を適用して処罰することが排除されるわけでもない。

2　共同正犯規定適用の必要性

事例1については，失火によりケーブルが焼損し，公共危険が生じており，116条2項の失火罪が問題となる。この過失につき，本事例でX（あるいはY）に「自己のトーチランプの消火を確認する（消火する）」という注意義務を想定すると，それを履行したとしても火災を防げたか否かは不明であり，直ちに過失犯の単独正犯を認められるわけではない。そのような場合でも，共同義務

があり，それに共同して違反しているといえれば，過失犯の共同正犯を認めるのが判例（最決平成28・7・12刑集70-6-411）・多数説である。

本事例では，相互に協力してお互いのトーチランプの消火確認を行う義務が想定されることになる。そのような義務は，事例に即して述べれば，共同して保守点検に従事していたこと，その作業に相互のトーチランプを利用していたこと，などが基礎となる（そのほかに，行為者の認識や経験，作業の際に遵守すべき規則，その周知状況，過去のあるいは他の作業実態なども明らかであれば，基礎づけとして用いられる。東京地判平成4・1・23判時1419-133)。そして，本事例では，そのような協力をする共同義務を負うにもかかわらず，それを履行することなく，（意思を通じて）その場を立ち去った点に共同違反も認められる*。

* 共同違反を認めるために，意思疎通が必須であるか，共同義務に違反していれば足りるかなどはなお明確ではないが，少なくとも違反行為につき意思を通じて行っていれば肯定されうるであろう。

3 共同義務の限界

もっとも，共同の作業に従事をしていれば，そこから直ちにその関与者に共同義務が認められるわけではない。例えば，警察署において，市の花火大会の警備計画の策定や，当日の警備業務に関与していたとしても，署長の指示を受けて策定業務を担当し，大会当日は大会の現場で指揮を行っていた者と，署長の指示を受けて策定業務について署長の補佐を行い，当日は署内の警備本部で署長を補佐していた者との間には，死傷事故防止のため適切な警備計画を策定する共同義務あるいは大会当日適時に機動隊を投入する共同義務は認められない（前掲最決平成28・7・12)。同決定では，両者の役割の相違，具体的に想定される注意義務の両面から共同義務が否定されている。

そうすると，注意義務を負うべき根拠から複数名が共同して一定の事態に協力対処すべき義務が導かれる事情や，義務を負うことを前提にその義務内容として複数名が協力して行うことが想定される事情など，義務づけ根拠や義務内容の「共同性」が必要とされていると思われる。本事例においては，担当した役割の同一性，トーチランプをともに利用したという事情，両者に課される注意義務が相互に協力して相互のトーチランプの消火確認を行うべきという内容であることから，そのような「共同性」は問題なく肯定されよう。

事例２

Ｘは，自分の子Ａ（２歳）と２人で同居し，監護・養育を行っていたが，Ｙと交際し，ＹはＸ宅に住むようになった。しかし，ＡはＹになつかず，ＹはＡを疎んじ，風呂場に連れ込んで殴るようになった。ある日，Ｙは食事をこぼしたＡに腹を立て，風呂場に連れていき暴行を加え死亡させた。その際，Ｘは食事の片づけをしており，ＹがＡを風呂場に連れていった時点でＡを殴ることを予想したが，Ｙを怒らせたくなかったので止めなかった。なお，Ｘが口頭で説得すれば，確実にＹの暴行を阻止できたかは必ずしも明らかではないが，Ｙが暴行をやめる可能性もあった。

1　不作為犯と正犯・共犯

不作為によっても，共犯の構成要件を充足しえ，共同正犯や幇助が成立しうるとするのが一般的理解である。作為義務を負う不作為犯どうしが意思を通じ合って義務を履行しなければ不作為犯の共同正犯が当然に成立する。

それに対して，事例２のＸのように，作為犯（Ｙの傷害致死罪〔205条〕）に対して，不作為により加功をする場合には，原則，不作為による幇助が成立するとする理解が有力である。ただし，前提として，ＸとＹの間で共謀が成立すれば，Ｘの行為が作為であるか不作為であるかを問題にすることなく，傷害致死罪の共謀共同正犯が成立する。例えば，ＸはＹによる暴行を普段から認識しており，ＹもＸの認識を承知しており，本事例当日における暴行に際して，両者の間に明示のあるいは黙示の相互了解があれば，意思連絡は認められる。そして，以上の事情に加えて，普段から両名がＡを邪魔だと言い合い，躾には暴力も必要と協調していたなどの事情もあり，Ｘにも正犯意思が認められれば，両者間の共謀を認め，共同正犯となる余地もある。

2　不作為による幇助行為

それに対して，作為正犯者との共謀を欠きつつも不作為で関与する場合には，幇助とされる場合が多い。意思疎通を欠けば共同正犯となりえない，あるいは，疎通があったとしても，類型的に作為に比して，不作為は正犯意思・重要な役割を欠くと解されることが多いことも考えられる。本事例で，Ｙにおいて，自身の暴行をＸが認識していないと思っていれば，意思疎通を欠くことになり

Xに共同正犯は成立しえず，幇助を検討することとなる*。

* 行為者が負う作為義務が被害者を救助する性質のものか，法益侵害行為者を阻止すべき性質のものかにより，前者は常に（単独）正犯と解する理解もある。

もっとも，その場合も，通常の不作為犯の議論と同様（→第2講），作為義務は必要となる。つまり，義務の発生根拠が十分にあり，作為可能性・容易性があるのに，それを履行していないという義務違反が幇助行為となる。

本事例でいえば，XはAの親で，その監護・養育を行っており，家庭内には他に止める人もいないという事情などが，義務の発生根拠となろう。また，口頭で暴行しないように説得する行為は，それをするとXがYから激しく暴行を受けるなどの事情がなければ，可能かつ容易であったといえよう*。

* もっとも義務の内容は，次の因果関係の成否も見据えつつ，事実関係に応じて検討すべきもので，より重い，あるいは軽い義務を設定すべきこともある。

3　不作為による幇助の因果関係

幇助犯は，作為犯の場合，その行為により物理的・心理的に正犯の犯行を強化・促進することが必要であり，それを欠けば，因果関係が認められない（→第14講）。それに対応して，不作為犯の場合には，期待された作為を行っていれば，正犯の犯行を阻止・困難化する可能性がある場合に，因果関係が認められるとする理解が有力である。やや争いはあるが，不作為正犯の場合と異なり，確実な結果回避可能性までは要求をしないという点では一致はあるといえる。

本事例の場合には，Yの暴行を阻止し，Aを確実に救命できたとはいえないが——その意味で，単独正犯として検討した場合には確実な結果回避可能性がなく既遂とはなりえない——，YがXの説得で暴行を躊躇し，やめる可能性もなくはなかったといえれば，（不作為による）幇助の因果関係は認められ，Xには，Yの傷害致死罪に対する不作為による幇助が成立することとなる。そのような可能性や犯行困難化の余地すらなければ，前記不作為による幇助行為の因果関係は認められない*。

* もっとも，その場合には，XがYを物理的に阻止したり，通報をしたりする義務を負うか否か，その義務に違反しているか否か，あらためて検討する余地が出てくる（札幌高判平成12・3・16判タ1044-263参照）。

事例３

Ｘ，Ｙ，Ｚが公園でたむろしていたところ，Ｘの携帯電話に，Ｘらとの交通トラブルの示談交渉でもめていたＡ，Ｂ，Ｃが，Ｘらを襲撃するため公園に向かっているという連絡があった。Ｘは，ＹやＺにはそのことは話さず，しかし，この機会にＡらを痛めつけようと，さりげなく車からバットを持ち出し，素振りをしていた。

30分後，Ａらが到着し，Ｘらに素手で殴りかかってきたため，Ｘらは反撃しようと意思を通じ，その際，Ｘは，血の気が多く，頑健なＹにバットを渡しつつ「これでやっちまえ」と言った。Ｙがバットを振り回したところ，ＡとＢは逃げ出したが，Ｚを組み伏せていたＣは逃げ遅れ，憤激したＹに専ら攻撃の意思によりバットで頭を乱打され，頭がい骨骨折の重傷を負った。

1　共犯と正当防衛

共犯規定は構成要件に関わるものであり，そこでの構成要件該当性判断を前提に，その成立しうる犯罪の違法性阻却である正当防衛が判断されることとなる。事例３では，まず，反撃しようと暴行の意思を通じて，Ｙの暴行が行われ，それにより傷害が生じているので，傷害罪の（共同正犯）構成要件に該当する。自らバットで殴ったＹに限らず――Ｙの暴行が共謀の射程外*であれば別論である――，共同正犯が認められるＸやＺについても同様の判断となる。

＊　Ｙのバットでの乱打が射程外となった場合には，その部分はＹのみが罪責を負う（最判平成6・12・6刑集48-8-509参照）。その上で，先行する正当防衛であるバットの振り回しと乱打の行為の一体性を検討し（→第８講），一体として過剰防衛となるか，別個の傷害罪となるかによりＹの罪責を定める。

その上で，違法性阻却判断は，判例（過剰防衛に関する最決平成4・6・5刑集46-4-245）によれば，「共同正犯者の各人につきそれぞれその要件を満たすかどうかを検討して決するべき」とされ，行為者ごとに判断される。判例の正当防衛理解によれば，防衛の意思のほか，急迫性も，（客観状況を前提としつつ）行為者の予期や積極的加害意思などの主観的事情を含んだ行為全般の状況をもって決される以上は，行為者ごとの正当防衛判断が自然であるといえる*。

＊　教唆や幇助の狭義の共犯については，基本的には，正犯の構成要件該当性，違法性判断に従属するという理解が多数であるため（要素従属性における制限従属性説），正犯に関する違法性阻却判断を先行させるべきであろう。

2　正当防衛の前提条件（急迫性，防衛の意思）

本事例で前提となる，客観的な急迫性は，X，Y，Zのいずれにも認められ，かつY，Zについては，そのほかに急迫性を否定する事情もないため，Aらの襲撃は「急迫不正の侵害」に当たることとなる。それに対し，Xは，事前に侵害を予期しつつ，その場にとどまる理由も特にはなく，加害準備をした上で，積極的加害意思をもって侵害に臨んでおり，判例（最決平成29・4・26刑集71-4-275，最決昭和52・7・21刑集31-4-747）によれば，急迫性が否定されることとなろう（→第7講）。そうすると，Xにおいては，Y・Zらと共謀して行った傷害罪（204条）について，正当防衛も過剰防衛もおよそ成立しえず，罪責を負う。

防衛の意思についても，その性質上，個別に判断されることとなり，Zについては認められるが，Yにつき，Cへの乱打は専ら攻撃の意思で行ったものであり否定される（最判昭和50・11・28刑集29-10-983）。そのため，YのCへの乱打を独立に見ると，正当防衛，過剰防衛のいずれも成立しがたい。

3　「やむを得ずにした」と責任故意ほか

そうするとZのみが急迫性や防衛の意思を充たしうるが，正当防衛となるか過剰防衛となるかは，「やむを得ずにした行為」といえるかの問題となる。この際には，Z自らの行為のみではなく，XやYの行為も（共謀の射程に入る限り）共同正犯規定により自己の行為と評価を受け，罪責の基礎となっている以上は（→第15講），すべての行為を合算して判断をすべきであろう。AやBにバットを振り回す行為はともかく，Zを組み伏せているCの頭部をいきなりバットで乱打する行為は，相当性を有しているとは評価しがたいであろう。

もっとも，さらにZについては，違法性阻却事由の錯誤により責任故意が阻却されないか問題となる（→第8講）。本事例では，Zに過剰性の認識があり，責任故意が認められ故意犯となるか否かを検討する必要がある。XがYにバットを渡した時点でのその認識の存否やYが過剰行為を行うことに関する予見の存否，YがCを殴打する時点でのZの状態とYの行為に関する認識状況などにより，過剰性の認識の有無を検討することとなる。もっとも，過剰性の認識がなく，責任故意が認められなかったとしても，さらにその点の過失の存否による過失犯の成否の検討をする必要がある。

事例４
(1)　Ｘは，自己の友人Ａから預かり保管していた車を，別の友人Ｙと共謀の上，一緒に遊ぶ遊興費のため売却した。
(2)　賭博の常習癖を有するＸが賭博をするに際し，常習癖を有しない友人Ｙは場所を無料で貸し与えた。
(3)　Ｘは勤務する会社で業務上預かり保管していた金銭を，会社とは無関係な妻Ｙと共謀の上で持ち出し，費消した。

1　身分と65条

一定の「身分」が構成要件として定められている場合に，その「身分」を有しない者（非身分者）が，身分者の犯罪に加功した場合に，どのように処理をするかという問題がある。まず「身分」は，判例上，「男女の性別，内外国人の別，親族の関係，公務員たるの資格」などに限らず，「総て一定の犯罪行為に関する犯人の人的関係である特殊の地位又は状態」（最判昭和27・9・19刑集6-8-1083）を意味し，典型的に想定される前者よりも広く，薬物犯罪における「営利の目的」なども身分に当たる（最判昭和42・3・7刑集21-2-417）。

そして，この処理については65条が設けられ，1項で構成的身分（真正身分）の連帯作用を（→事例4(1)），2項で加減的身分（不真正身分）の個別化作用を（→(2)）定めている。また，この規定は，共同正犯，教唆，幇助すべてに適用されると解するのが判例・多数説である。

2　65条適用の典型例

(1)において，ＸとＹは共同して，Ｘが預かり保管していた車を売却しており，Ｘに着目して見れば，他人の物の占有者であり横領罪（256条1項）が成立しうる。それを共謀して実現したＹは，他人の物の占有者とはいえないが，当該身分は，それがあることによって横領罪という犯罪行為を構成するため，65条1項が適用される。その連帯作用により，Ｙがその身分を欠いても横領罪の共同正犯が成立しうる。

(2)において，Ｘには常習賭博罪（186条1項）が成立する。Ｙはそのための場所を提供しており，正犯意思を基礎づける事情がほかに特になければ，幇助にとどまるであろう。Ｙは，Ｘの常習賭博を幇助しているともいえるが，185

条には，常習の習癖のない者が賭博をした場合の規定である（単純）賭博罪が，相当に刑を軽減して定められている。そのことから常習性は，それにより刑を加重する身分といえ，65条2項の加減的身分に当たる。その適用により，(2)においては身分の個別化が生じ，Yには（単純）賭博罪の幇助が成立する。逆にYの（単純）賭博をXが幇助した場合には，同じく65条2項により，Xには，常習賭博の幇助が成立しうる（大連判大正3・5・18刑録20-932）。

以上は適用の典型例で，比較的単純であるが，(3)においては，両者の性格が複合された問題となっている。すなわち，Xに業務上横領罪（253条）が成立する。しかし，妻であるYは「業務上の占有者」ではなく，身分を欠いている。この場合，判例においては，65条1項により，業務上横領罪の共同正犯がYにも成立し，その身分を欠くYには，65条2項により通常の横領罪の刑が科される（最判昭和32・11・19刑集11-12-3073）。このように罪名と科刑が分離される。通常はこのような分離は認められていないが，業務者身分は，横領罪を加重するものであることから個別化をしつつ，横領罪を構成する占有者身分を連帯させるという帰結のためこのような処理がなされている（この場合の非身分者の公訴時効期間につき，業務上横領罪〔7年〕によるべきか，単純横領罪〔5年〕によるべきか争いがある）。

3　65条適用の振り分け

何が65条の適用対象となる身分であるかについては，前掲最判昭和27・9・19のごとく，かなり広く解されている。とはいえ，どのような要素でも身分となるわけではない。事後強盗罪（238条）の「窃盗が」は身分と解し65条を適用する裁判例・学説が有力であるが，反対も有力であり一致をみないし（→第28講），強盗致死傷罪（240条）の「強盗が」は65条を適用する身分とは解しないのが多数である。

また，身分と解した場合，それが1項の適用対象なのか，2項の適用対象なのかをどのように振り分けるかについても争いが激しい。判例・多数説によれば，個別条文の解釈（文言，規定の相互関係，想定される帰結）から，1つ1つ決まっていくこととなる。他方で，65条1項は違法身分の連帯作用を，2項は責任身分の個別化作用を定めているとする理解も有力である。解釈で決する際の理論的根拠と着眼点を示すもので，身分が法益侵害等の違法性に関わるものか，各人の責任に関わるものかという解釈を通じて振り分けを行う。この理解によれば，(1)(2)の帰結は変わらず，(3)については，横領罪の限度で共同正犯が成立しＸには業務上横領罪も成立するとするか（部分的犯罪共同説），業務上横領罪と横領罪の共同正犯が成立するとする（行為共同説）こととなる（→第 15 講）。

いずれの問題も，さしあたりは判例における適用例と振り分け例をおさえる具体的・現実的理解から始めることが必要であろう（→65 条の各適用例）。

65 条の各適用例

＊　主として，刑法犯，関連性のある特別刑法犯に関するもので，最高裁判例ないし多数の裁判例があるもの。前記事例解説に関するもの，法改正により現存しない犯罪は除いている。

65 条 1 項の適用例

○ 文書の作成権限を有する公務員による虚偽文書作成に，権限を有しない者が加功した場合　［ともに虚偽公文書作成罪］

○ 法律により宣誓した証人が偽証する行為に，証人でない者が加功した場合　［ともに偽証罪］

○ 公務員が賄賂を収受するに際し，非公務員が加功した場合　［ともに収賄罪］

○ 他人の事務処理者による任務違背等による背任行為に，事務処理者でない者が加功した場合　［ともに背任罪］

65 条 2 項の適用例

○ 営利目的を有する薬物輸入行為に，営利目的をもたない者が加功した場合　［営利目的輸入罪と輸入罪］

○ 医師による業務上堕胎に，医師でない者が加功した場合　［業務上堕胎罪と同意堕胎罪］

65 条 1 項・2 項の適用例

○ 取締役による任務違背による背任行為に，取締役等でない者が加功した場合　［特別背任罪（会社法 960 条 1 項）が成立し，背任罪の限度で科刑］

争いのある例

○ 窃盗犯人による逮捕免脱等のための暴行・脅迫に，窃盗犯人でない者が加功した場合
[65条1項によりともに事後強盗罪とする裁判例　⇔　65条1項・2項により事後強盗罪の成立を認めつつ科刑は暴行罪・脅迫罪にとどまるとする裁判例]

○ 未成年者を営利目的等をもって拐取する行為に，営利目的をもたず加功した場合
[拐取罪の営利目的は65条の身分ではないとする大判大正14・1・28刑集4-14がある一方，その後，薬物輸入罪の営利目的は2項の身分であるとの前掲最判昭和42・3・7があり，後者と同様に解すれば，営利目的拐取罪と未成年者拐取罪]

本講のポイント

□ 1　過失犯においては，共犯は，共同正犯のみが成立可能で，それは共同義務の共同違反という構成で認められる。ただし，義務の共同性は，同一事故に関係し，注意義務を負っていたという事情のみでは認められず，義務の発生根拠の共通性や義務内容等を検討して導かれる。

□ 2　不作為によっても共犯は成立しうるが，検討に際しては，適切な関与類型の選択をする必要がある。その上で，作為犯に対する不作為による幇助を構成する場合には，作為義務および幇助の因果関係を検討する必要がある。

□ 3　不正な侵害行為に対して反撃行為が共同で行われた場合，その反撃行為に関する正当防衛の成否は，まずその構成要件該当性を共同正犯として統一的に判断した上で，正当防衛要件の判断（特に急迫性や防衛の意思）を個別に行う必要があり，結果として，成否は関与者間で異なる場合もある。

□ 4　一定の「身分」を要する犯罪につき，その身分を欠く者が加功した場合の処理については，65条1項・2項に定めがあり，各処罰規定の解釈を通じて，1項による連帯作用によるか，2項による個別化作用によるかが決せられる。

第18講 罪数

事例1

(1) Xは，殺意をもってAの首を絞めて窒息死させた。

(2) Xは，Aを包丁で脅して現金を強取し，その機会に殺意をもってAの首を突き刺して死亡させた。

(3) Xは，Aの頭部を鉄パイプで殴打する暴行を加え，負傷させた。

(4) Xは，激昂してAに傷害を加えていた途中，殺意を生じて刺殺した。

(5) Xは，過失で猟銃を誤射しAの足を負傷させた後，この事実を隠蔽するため，殺意をもってAの胸を撃ち抜いて即死させた。

(6) Xは，職務執行中の公務員に暴行を加えて負傷させた。

(7) Xは，住居に侵入してAを殺害した。その後山中に死体を遺棄した。

(8) Xは，住居に侵入してAを殺害し，さらに居合わせたBも殺害した。

(9) 暴力団組長Xの指示命令により，組員YがA・Bを順次殺害した。

(10) Xは，A・Bの殺害を計画しているYに拳銃を貸し与えて幇助し，Yはこれを用いて両名を順次殺害した。

1 罪数関係の種類

①本来的な一罪，②「一個の行為」による数罪を科刑上一罪とする「観念的競合」(54条1項前段)，③目的・手段／原因・結果の関係の数罪を科刑上一罪とする「牽連犯（はん）」(同項後段)，④数罪の原則である「併合罪」(45条) などがある。

2 本来的一罪

事例1(1)のように1個の殺人しか認識されないⓐ「単純一罪」のほかに，複数の構成要件該当性を認識できるが一罪とする場合がある。そのうち，構成要件相互の論理的関係を理由とする類型をⓑ「法条競合」という。例えば，(2)で強盗殺人罪（240条後段）の成立を認めるときは，強盗罪（236条1項）や殺人罪（199条）は適用しない。(3)で殴打は暴行罪（208条）に当たるが，それによる負傷につき傷害罪（204条）の成立を認めるときは，暴行罪は適用しない（なお，殺意を認定して殺人未遂罪〔203条，199条〕を適用するときは，負傷させても傷害罪は適用しない）。

法条競合ではないが一罪にまとめる場合をⓒ「包括一罪」という。(4)は傷害＋殺人ともみうるが，連続的な行為による一体的な法益侵害として殺人により包括評価（傷害は殺人に吸収）するのが通常であろう。もっとも，犯意に明確な断絶がある(5)は，過失傷害（209条）と殺人の併合罪である（最決昭和53・3・22刑集32-2-381参照）。

3　科刑上一罪

一罪にまとめられない複数の法益侵害を，「一個の行為」により生じさせると，「観念的競合」となる。1回の射撃による数名の殺人，家宅に放火し故意に焼死させる現住建造物等放火（108条）＋殺人，(6)の公務執行妨害（95条1項）＋傷害などが典型的である。

「牽連犯」は，「罪質上通例」手段または結果の関係を要する。判例上，そのパターンは，(7)の住居侵入（130条前段）と殺人など侵入先での犯罪，偽造と行使のような目的犯と目的を実現する犯罪，偽造文書行使と詐欺等にほぼ限られる。犯人が具体的事例で手段または結果として行ったというだけでは足りず，(7)の殺人と死体遺棄のほか，殺人や放火とそれを手段とする保険金詐欺，監禁と監禁中の犯罪（最判平成17・4・14刑集59-3-283〔恐喝〕）は，併合罪である。

2名を順次殺害すれば通常は併合罪だが，(8)では，2個の殺人がそれぞれ住居侵入と牽連犯となり，住居侵入が「かすがい」となって，全体が科刑上一罪となる（最決昭和29・5・27刑集8-5-741。「かすがい現象」という）。

4　共犯と罪数

共同正犯の場合，すべての行為を各人が行ったかのように法的に評価するので，(9)では，実行者Yのみならず共謀者Xも，2個の殺人の併合罪となる。

これに対し，幇助の場合，犯罪成立の個数は正犯が実現した罪に応じるが，数罪の場合に「一個の行為」によるものかは，幇助行為それ自体を基準とする（最決昭和57・2・17刑集36-2-206）。そのため，(10)では，幇助者Xには2個の殺人幇助罪が成立し，両罪は観念的競合の関係に立つことになる。

事例２
(1)　Ｘは，数時間のうちに倉庫から米俵９俵を３回に分けて窃取した。
(2)　Ｘは，経理担当者として業務上占有するＡ社の口座から現金を払い戻して横領する行為を数か月にわたり多数回繰り返した。
(3)　Ｘは，アルバイト等を各所に配置し，街頭募金詐欺を連日繰り返した。
(4)　Ｘは，Ａ宅に侵入してＡの財物を窃取したところ，Ａに発見され，居直ってＡに暴行を加えて別の財物を強取した。
(5)　Ｘは，通行人Ａに対する強盗を実行した際，Ａを負傷させ，さらにＡを救助するために駆けつけたＢも殴りつけて負傷させた。
(6)　Ｘは，Ａに暴行中，強盗の犯意を生じ，さらに暴行を加えて現金を強取した。Ａは負傷したが，前後いずれの暴行が原因か不明であった。
(7)　Ｘは，自転車を窃取して使用後，不要になったので損壊した。

1　接続犯，連続的包括一罪

事例２(1)（最判昭和24・7・23刑集3-8-1373）のような短時間の場合を接続犯，(2)のように継続的な場合を連続的包括一罪などという。同一被害者に対する連続的な犯意による行為であり，(2)では同一の委託関係に基づく犯行であることも考慮し，いずれも全体を一罪とする。

(3)のような事案に関する判例（最決平成22・3・17刑集64-2-111）は，不特定多数の通行人に一括して定型的な働きかけをする態様，1個の意思による継続的活動であること，各被害金を個々に区別して受領するものでないことなどから，包括一罪とした。複数の被害者に対する犯行を一罪とした異例の判断である。一罪とする実益は，有罪判決において，個々の犯行の日時や被害額等を具体的に特定しなくて済むことにある。

2　窃盗から強盗に発展する場合，強盗致死傷の罪数

(4)のように，窃盗（235条）を犯し，その後居直り強盗（→第30講）に発展した場合，強盗一罪で包括評価する（住居侵入との牽連犯）。なお，居直りではなく事後強盗（238条）に発展した場合もその一罪となる。

(5)では強盗被害者Ａと駆けつけたＢの傷害はいずれも強盗の機会（→第29講）であり強盗致傷罪（240条前段）に当たる。同罪は人身犯の性質が強いので罪数は負傷者数に応じ，対Ａ，対Ｂの強盗致傷が併合罪として成立する。

3　混合的包括一罪

(6)では，XはAに傷害を負わせているが，強盗の犯意を生じ（て強盗に着手し）た後の行為が原因であることの証明がないので，強盗致傷罪は成立しない。この場合，強盗罪に加え，前後一連の暴行により負傷させた傷害罪の成立を認めた上で，実質的な一体性から併合罪評価は過剰とみて，「強盗罪と傷害罪の包括一罪」とする処理が行われる。通常の包括一罪と異なり，両方の罪名を残す（混合的包括一罪）のは，侵害内容をいずれも明示したいという要請による。

混合的包括一罪は，上記のような場合のほか，窃盗または詐欺と，取得した物の返還または代金支払を免れる2項強盗殺人の間などでも認められている（最決昭和61・11・18刑集40-7-523。→第30講）。

4　共罰的事後行為

(7)では窃盗で処断し，盗品の器物損壊（261条）は独立に取り上げない。損壊行為は，窃盗の刑によりともに処罰することになる（共罰的事後行為）。これに対し，キャッシュカードを窃取し，それを用いてATMで不正に現金を引き出し窃取する場合の窃盗2罪（→第31講）のように，被害者が別であるときは別罪（併合罪）として処断する。

本講のポイント

- □1　本来的一罪には，単純一罪，法条競合，包括一罪がある。包括一罪は，接続犯，連続的包括一罪，混合的包括一罪，共罰的事後行為といった多様な類型を含む。包括の基準は，犯意の連続性や法益侵害の一体性などに求められる。
- □2　数罪が「一個の行為」による場合には観念的競合，罪質上通例手段または結果の関係にある場合には牽連犯として，科刑上一罪となる。本来併合罪であるA罪，B罪が，それぞれC罪と科刑上一罪の関係に立つ場合，「かすがい現象」により全体が科刑上一罪となる。
- □3　複数の被害者の法益を侵害し，観念的競合にも牽連犯にも当たらなければ，通常は併合罪である。
- □4　共同正犯の罪数は，共謀者もすべて実行したかのように考える。帮助については，犯罪成立の個数は正犯に応じ，数罪の場合にそれらが「一個の行為」によるものかは，帮助行為自体を基準とする。

知っておきたい罪数のパターン

本文で触れていないものを補足する（事案に応じて変化しうることにも注意したい）。

単純一罪

○ A が占有する A および B の財物を X がまとめて窃取
→（占有侵害は 1 個なので）窃盗一罪

○ 賭博常習者が賭博を反復　→常習賭博一罪（最判昭和 26・4・10 刑集 5-5-825）

法条競合

○ 横領と背任　→横領の成立を認める場合，背任は適用しない（→第 33 講）

○ 強制力を行使する権力的公務以外の公務（業務妨害罪の客体たりうる。→第 41 講）を暴行・脅迫により妨害　→公務執行妨害一罪（法条競合）説が有力

○ 偽造通貨を行使して商品を購入
→行使罪のみ。詐欺は不成立（大判昭和 7・6・6 刑集 11-737）

包括一罪：同一構成要件内

○ 逮捕し，引き続き監禁　→逮捕監禁の包括一罪

○ 賄賂を要求し，後日収受　→収賄の包括一罪

○ 1 つの機会に財物と役務（サービス）を強取／詐取／喝取
→（1 項・2 項にまたがる）各罪の包括一罪。ただし，財物と利益いずれかに重点がある場合は 1 項または 2 項のみ

○ 数か月にわたり，共通の動機から同一被害者に暴行を繰り返し，傷害
→傷害の包括一罪（個別の暴行と傷害との対応関係を特定せずに有罪認定可。最決平成 26・3・17 刑集 68-3-368）

○ 抵当権設定による横領後，所有権移転により横領（最大判平成 15・4・23 刑集 57-4-467）　→包括一罪説が有力（→第 32 講）

包括一罪：別罪を包括評価

○ 顔面を殴打して傷害し，眼鏡も損壊
→傷害の包括一罪説（東京地判平成 7・1・31 判時 1559-152）が有力

○ 現住建造物等放火の際に非現住建造物等も焼損
→現住建造物等放火により包括評価

○ 現住建造物等放火により内部の人を死傷
→現住建造物等放火が過失致死を包括評価するとの説が有力（最決平成 29・12・19 刑集 71-10-606 は，罪数を明言しないが，現住建造物等放火の量刑上，死傷の

事実を考慮できるとする）

× 窃盗を教唆した犯人が盗品等有償譲受け等

→（窃盗共同正犯の場合と異なり，有償譲受罪が別途成立し，）併合罪（→第 34 講）

混合的包括一罪

○ 金融機関を欺罔して融資を受けた後に，担保設定を証する偽造文書を提示

→詐欺と偽造私文書行使は包括一罪（東京高判平成 7・3・14 高刑集 48-1-15）

観念的競合

・「一個の行為」とは，法的評価を離れ構成要件的観点を捨象した自然的観察の下で，行為者の動態が社会的見解上 1 個のものと評価される場合をいう（最大判昭和 49・5・29 刑集 28-4-114）

○ 酒酔い運転と無免許運転

→観念的競合（最大判昭和 49・5・29 刑集 28-4-151）

○ ひき逃げによる道路交通法上の救護義務違反と報告義務違反

→観念的競合（最大判昭和 51・9・22 刑集 30-8-1640）

○ 航空機からのとりおろしにより既遂となる覚醒剤取締法の覚醒剤輸入罪と通関線突破により既遂となる関税法上の無許可輸入罪

→観念的競合（最判昭和 58・9・29 刑集 37-7-1110）

× 酒酔い運転と運転中の過失致死

→併合罪（最大判昭和 49・5・29 刑集 28-4-114）

× 身代金目的で拐取後，被害者を監禁

→併合罪（最決昭和 58・9・27 刑集 37-7-1078）。ただし，拐取行為が同時に逮捕監禁に当たる場合は観念的競合（→第 22 講）

牽連犯

○ 身代金目的で拐取後，身代金を要求

→身代金目的拐取罪と身代金要求罪は牽連犯（前掲最決昭和 58・9・27）。ただし，営利目的拐取罪と身代金要求罪は併合罪

○ 他人名義のクレジットカードを使用して商品を購入する詐欺の際，売上票に署名

→有印私文書偽造と同行使，行使と詐欺が各牽連犯（→第 31 講）

CHECK

COMPLETE CHECK
CRIMINAL LAW

各論

第19講 遺棄罪

事例 1

(1) Xは，夜間，自動車を運転中に過失により歩行者Aに自車を衝突させ全治3か月の重傷を負わせた。Xは，意識のないAを病院に連れていくため車に運び込み，自車を発進させた。しかし，走行中に，事故の責任を問われることをおそれるようになり，意識のないAを道路の端に下ろし，そのまま立ち去った。

(2) (1)と同様の経緯で，Xは，事故後Aを無視して直ちに逃亡した。

1 遺棄罪の性質

遺棄罪（217条）は，「老年，幼年，身体障害又は疾病のために扶助を必要とする者」（要扶助者）を「遺棄」した場合に成立し，保護責任者遺棄罪（218条）は，要扶助者を保護する責任のある者（保護責任者）が「遺棄」した場合または「その生存に必要な保護をしなかった」場合に成立する*。遺棄罪は，生命・身体に対する抽象的危険犯という理解が判例・通説である。そのため，生命・身体に対する具体的な危険を認める必要はないが，要扶助者が全く危険な状態に置かれていない場合には同罪は成立しないという理解が一般的である。

* 218条は217条と客体の文言が異なるが同内容である。なお，挙げられている客体は限定列挙であり，それ以外の者は扶助が必要な者でも客体にならない。

2 保護責任者の意義

遺棄が問題となる場合，主体が保護責任者に該当し218条が成立しないかを検討すべき場面が多い。判例は，法令，契約，先行行為，支配など，諸事情の総合考慮によって保護責任者を判断している。この判断は，不作為の遺棄を基礎づけうる作為義務（保障人的地位）の判断と一致すると考えてよい*。

* 保護責任は，不作為の遺棄の可罰性を基礎づける保障人的地位よりも限定さ

れなければならないとする見解もある。その根拠として，作為義務違反だと作為の単純遺棄（217条）と同じ可罰性しか基礎づけられず，218条の重い刑を説明できない点が挙げられる。

事例1(1)のモデルである最判昭和34・7・24刑集13-8-1163は，重傷を負わせたという先行行為と道路交通法上の救護義務のみを根拠に保護責任者を認めているようにも読めるが，事例にあるとおり被害者を自車に乗せて現場を離れるという保護の引受けの事実もあった。そのため，このような事実のない事例1(2)においては，保護責任者と認められない可能性もある。*

＊　現在では，過失運転致死傷罪，危険運転致死傷罪が創設されたほか，救護義務違反の法定刑も加重されているため，ひき逃げ事案で保護責任者遺棄・同致死傷罪を認める実務上の意義は少なくなっており，裁判例もほとんどない。

3　行為態様——遺棄の意義

遺棄とは，場所的離隔を生じさせて要扶助者を保護のない状態に置くこと（広義の遺棄）で，場所的離隔によらない不保護と区別される。さらに，判例・通説によれば，217条と218条とで遺棄概念が異なる。217条の遺棄は，要扶助者を保護のない場所に移動させるという移置（狭義の遺棄）に限られるのに対し，218条の遺棄は広義の遺棄を意味し，要扶助者から行為者が移動することで保護のない状態にするという置き去りも含む。置き去りの典型は要扶助者に必要な保護を与えないという意味で不作為形態であるため，それを217条の行為態様に含めると，保護責任者と作為義務が同一であるという上記の理解からすれば，217条と218条の区別が困難になることが理由の1つである。*

＊　通説のほかに，①移置と置き去りは作為・不作為の区別と一致しないので，217条は作為犯とすべきという理解，②保護責任が保障人的地位より限定されるという理解を前提に，217条に不作為も含むという理解，③遺棄は作為で，場所的離隔がある場合も不作為は不保護に含むという理解がある。

事例1のXの各行為は，Aを放置して立ち去ったというもので，置き去りに該当する（ただし，(1)では，車から路上に移動させた点を移置と評価することも不可能ではない）。したがって，(1)のXは保護責任者と認められるので218条に該当する。他方(2)は，保護責任者といえなければ，218条での処罰はできず，また，217条の遺棄にも該当しないので同条による処罰もできない。

事例2

Xは配偶者と離婚後，子A（5歳）と2人で生活していた。XはYと親密になりX宅で同棲を始めたが，Yに対しAが反抗的な態度をとるので，Xは，「しつけ」と称してAに食事を与えないことがあった。それが数か月続き，○月○日には，Aは同年齢の子に比べて一見して明らかに痩せ細った状態となった。それでもなお，Xは「しつけ」を続け，Yもそれを推奨したりした。5日後，Aは低栄養による衰弱によって死亡した。○月○日から4日間の間に，生存に必要な食事を与え，医師による医療措置を受けさせれば，Aの衰弱状態は改善することが確実であった。XとYの殺意は証明されなかった。

1　不保護による保護責任者遺棄致死

事例2では，X（とY）の不作為によりAが死亡したという部分が検討対象となる。XとYにAの死亡結果発生の高度の危険性の認識が認められれば，理論上は不作為の殺人罪（199条）が成立しうるが，実際に殺意が認定されることは滅多にない。その場合，XとYに，保護責任者遺棄致死罪（219条）の成立を検討することになる。この意味で，不作為の殺人と保護責任者遺棄致死は，殺意の有無によって区別される*。

＊　作為義務の程度で両罪を区別する見解もある。なお，不作為の傷害致死罪（205条）も考えられるが（不作為による身体状態の悪化の発生とそれについての故意が必要），通常は保護責任者遺棄致死罪で起訴されている。

2　不保護の判断方法

前述のように，不保護とは，場所的離隔を伴わずに要扶助者を保護しないこととされるが*，監護，育児，介護行為のような一般的な保護行為を怠れば，直ちに不保護に当たるわけではない。判例（最判平成30・3・19刑集72-1-1）は，不保護の意義について，218条の趣旨・文言から，要扶助者に「その生存のために特定の保護行為を必要とする状況（要保護状況）が存在することを前提として，その者の『生存に必要な保護』行為として行うことが刑法上期待される特定の行為をしなかったこと」とする。したがって，不保護による保護責任者遺棄（致死）罪の成立を認めるためには，生命・身体に対する実質的危険性を意味する要保護状況を前提として具体的な作為義務を特定することが必要である。事例2においても，Aに食事を与えるべきことを作為義務とするだけでは十分ではなく，○月○日のAの状態を要保護状況として，生存に必要な食事を与え，医師による治療等の医療措置を受けさせるという作為義務を具体的に認定しなければならない（また，それについてのXの認識も故意として必要である）。

＊　Xは衰弱しているAを置いて買い物等の外出をしているであろうが，それらの個々の場所的離隔を理由に不作為の「遺棄」と判断されるわけではない。重要なのはAの要保護状況を改善させることだからである。その意味で，不保護とは，場所的離隔を本質としない行為態様ともいえる。

3　死亡結果との因果関係

結果的加重犯である保護責任者遺棄致死罪を認めるためには，行為と死亡結果との因果関係を認める必要がある。不作為の箇所（→第2講）で述べたように，具体的な作為義務を履行していれば結果が回避できたことが確実でなければならない。結果回避が確実とはいえず一定の見込みがあるにとどまる場合は，基本犯である保護責任者遺棄罪しか成立しない。事例2では，Xの上記作為に結果回避可能性が認められるので，Xに保護責任者遺棄致死罪が成立する＊。

＊　Yも保護責任者と認められうるため，両名は保護責任者遺棄致死罪の共同正犯になる。なお，仮にYは保護責任者ではないと解する場合，身分がない者が保護責任者の不保護に加担したことになるが，不保護は217条では処罰されていないので，それとの関係では，保護責任者の地位は構成的身分となり，65条1項により保護責任者遺棄致死罪の共犯（共同正犯）が成立する。

本講のポイント

□1　保護責任者か否かの判断は，不作為犯の作為義務の判断方法と一致する。

□2　遺棄は217条と218条とで意味が異なり，217条の遺棄は，移置のみであるが，218条の遺棄は，移置のほかに置き去りも含む。

□3　不保護を判断する際は，要保護状況を前提に，期待される作為義務の内容を具体的に特定する必要がある。

第20講 暴行罪・傷害罪

事例1
(1) Xは，就寝中のAの頭髪を根元からハサミで切除した。
(2) Xは，驚かす目的で，Aの目の前で，日本刀を素早く振り回した。
(3) Xは，Aの耳元で，ブラスバンド用の大太鼓や鐘を連打した。
(4) Xは，お清めと称して，嫌がるAの頭に塩をひとつまみ振りかけた。

1 身体的利益の保護と暴行罪・傷害罪

刑法典は，人の身体に関わる利益（身体的利益）を保護法益とする犯罪として，暴行罪（208条）と傷害罪（204条）の2つの類型を設けている。身体的利益には，健康状態を維持する利益のほか，髪型など身体の外形的なあり方を決定する利益など，様々なものが含まれうる。現在の判例・多数説は，こうした多元的な身体的利益のうち，人の生理的機能（生活機能）に障害を与え，健康状態を悪化させる行為を傷害罪として重く処罰し，それ以外の身体的利益を害しうる行為を広く暴行罪として捕捉する。これに従えば，事例1(1)の頭髪を切除する行為は，生理的機能に障害を与えるものではなく，健康状態を悪化させたとはいえないから，傷害罪ではなく暴行罪が成立しうるにとどまる。

2 「暴行」の範囲

暴行罪における「暴行」とは，他人の身体に対する有形力の行使をいう。暴行罪は，傷害に至らない身体への攻撃を独立の処罰対象とすることで，身体的利益を広く保護しようとするものであり，ここでいう有形力には，殴る，蹴るといった力学的作用のほか，音，電気，光など，身体的利益を害しうる物理的作用（物理力）一般が含まれると解されている。もっとも，このように有形力を広く捉える場合，「暴行」として捕捉されうる範囲は大きく広がることになる。そこで学説では，いくつかの観点から，「暴行」と評価される有形力の行使の範囲を処罰に値する行為に限定しようという試みが有力である。

このうち，①「暴行」の要件として有形力の身体的接触が必要かについては古くから争いがあるが，判例はこれを不要と解している。身体の健康や安全，自由を十分に確保するためには，身体とあわせて，それに近接した空間についても保護の対象に含めるのが合理的であり，身体的接触のない有形力の行使でも，その作用が身体に近接した空間に及ぶ場合には，「身体に対する」ものとして，処罰に値する暴行と解されよう。事例1(2)でXが振り回した日本刀は，Aの身体には接触していないものの，その振り回しの作用はAの身体に近接した空間に達しており，Aの「身体に対する」有形力の行使と評価できるから，暴行罪が成立する。

②学説では，有形力の行使に傷害の危険性を要求する見解も有力であるが，このように解すると，事例1(1)の頭髪切除行為のように，傷害の危険性はないものの身体接触の程度が大きい行為が（傷害罪にもなりえない結果として）無罪になるなど，暴行概念が過度に限定されるという問題がある。生理的機能（健康状態）のほか，身体の外形的あり方を決定する利益も暴行罪による保護に値する身体的利益というべきであり，(1)の行為にも暴行罪が成立すると解すべきである。

以上のような理由から，多数説において，①身体的接触と②傷害の危険性は，「暴行」に不可欠の要件ではないが，その有無と程度は，③有形力の性質や作用の対象・強度などとともに，有形力の行使の可罰性を判断するための重要な考慮要素と位置づけられる。事例1(3)は，耳元で太鼓等を連打する点で，音声による鼓膜への作用の強度が生活騒音のレベルを大きく上回っているほか，状況次第では，聴覚異常などの傷害のおそれも肯定しうることから，十分な可罰性が認められ，暴行罪が成立する。これに対し，事例1(4)は，身体的接触があるものの，傷害の危険性はない上，ひとつまみの塩が身体に与える衝撃は極めて軽微なものにとどまるから，十分な可罰性を欠き「暴行」に該当しないというべきであろう*。

* 福岡高判昭和46・10・11判タ275-285は，受忍すべきいわれのないことに加えて，不快嫌悪の情を催させることも指摘して，塩まき行為につき暴行罪の成立を認めているが，不快感を身体的利益の侵害に含めるのは困難である等の理由から，これを重視して暴行罪の成立を認めることには批判が強い。

事例2

(1) Xは，驚かす目的でAの数歩手前にこぶし大の石を投げたところ，驚いたAは後ろに転倒して後頭部を強打し，頭蓋骨骨折の重傷を負った。

(2) Xは，隣人Aに嫌がらせをする目的で，隣家に接した窓の付近に複数の目覚まし時計を置き，1年半にわたって，早朝から深夜まで時計のアラーム音を大音量で鳴らし続けるなどしたところ，Aは精神的ストレスにより，全治不詳の慢性頭痛症，睡眠障害，耳鳴り症の傷害を負った。

(3) Xは，大学病院内で休日当直医として勤務していたAに睡眠薬を混ぜた菓子を食べさせたところ，Aは約6時間にわたり意識障害に陥った。

1　暴行の結果的加重犯としての傷害罪――事例2(1)

傷害罪における「傷害」とは，判例・多数説によれば，生理的機能（生活機能）に障害を与え，健康状態を不良に変更することをいう（最決昭和32・4・23刑集11-4-1393）。傷害罪は，①傷害の故意で傷害結果を惹起した場合（故意犯類型）のほか，②暴行の故意で傷害結果を惹起した場合（暴行の結果的加重犯類型）にも成立すると解されている。暴行により「人を傷害するに至」った②の場合に暴行罪の成立を認めることは208条の文言上困難である一方で，傷害の故意を欠くとして過失傷害罪（209条）にとどめると「人を傷害するに至らなかった」点で犯情が軽いはずの単純な暴行罪のほうが重く処罰される不均衡が生じるからである。

結果的加重犯の加重結果につき過失を不要とする判例の立場を前提にすると（→第3講），暴行の後に傷害が生じた事案では，当該暴行の危険が当該傷害結果へと現実化したこと（因果関係）のほか，暴行の故意が認められる限り，傷害罪の成立が認められる。事例2(1)の投石行為は，客観的には転倒による傷害の危険性をも認めうる行為であるが，驚かす目的のXにはその認識が欠けている疑いが残る。しかし，石の大きさのほか，投げた石がAの手前という身体に近接した空間に達することにつき十分な認識があるから，多数説（→事例1）による限り，「暴行」該当性を基礎づける事実の認識すなわち暴行の故意が認められ，Xに（暴行の結果的加重犯としての）傷害罪が成立する*。

* なお，事例2(1)において，頭蓋骨骨折が原因でAが死亡した場合には，Xに傷害致死罪（205条）が成立する。このように傷害罪の結果的加重犯である

傷害致死罪は，「暴行罪の二重の結果的加重犯」としての性格も有する。

2　暴行によらない傷害――事例2(2)

傷害罪は，実行行為の態様が限定されておらず，暴行以外の手段によって傷害結果を惹起した場合にも成立する。もっとも，この場合，暴行の結果的加重犯ではないから，原則どおり，傷害結果の惹起について故意が認められる必要がある。事例2(2)の行為は，Aの身体（鼓膜）に対して音声という物理力を行使するものといいうるが，隣家の窓からAの鼓膜に届く時計のアラーム音の物理的な空気振動は，耳元で太鼓等を連打する行為（→事例1(3)）などと異なり，なお生活騒音のレベルにとどまり「暴行」と評価しえない疑いが残る。そうすると，Xに傷害の故意が認められるか否かが重要な問題となるが，1年半の長期にわたり早朝から深夜まで複数の時計のアラーム音を鳴らし続ける行為は，Aに対し強い精神的ストレスを与え，これに起因する生活機能の障害を惹起しうる客観的な危険性を有するものであり，こうした行為を意図的に行ったXには当該危険性を基礎づける事実の認識があったといえるから，傷害の故意が認められ，傷害罪が成立する（最決平成17・3・29刑集59-2-54）*。

＊　精神的ストレスと「傷害」の関係につき，多数説は，精神的機能も身体の生理的機能の一部と考えられること等の理由から，精神的ストレスが外傷後ストレス障害（PTSD）のような形で被害者の生活機能に具体的な支障を生じさせた場合には「傷害」になりうると解している（最決平成24・7・24刑集66-8-709も参照）。

3　傷害の程度――事例2(3)

生理的機能の障害の中には，日常生活で意識されないか看過されるほど軽微なものもありうるが，この程度の障害は，一般に可罰性が低い上，暴行に伴って常に生じうるともいえ，暴行罪の限度で処罰すれば足りるとも考えられる。そこで学説では，日常生活への影響や治療の要否，障害の継続性などの観点から，「傷害」の範囲を限定する見解が有力である。事例2(3)の意識障害は，脳の血流低下による一過性の意識消失とは異なり，6時間にわたって継続している上，勤務中に生じており日常生活への影響も大きいことから，軽微な障害とはいえず，「傷害」に当たるといえよう（最決平成24・1・30刑集66-1-36）*。

＊「傷害」に必要な障害の程度は，傷害罪と他罪で異なりうる（→第29講）。

事例3

(1) 飲食店の従業員Xは，会計時の客Aの横柄な態度に立腹し，店外の路上でAの頭部を多数回殴打し，Aが動かなくなったのを見て店内に戻った。付近で一部始終を見ていた客Yは，Aの態度に苛立ち，Xが立ち去ったのを確認するやAの頭部を複数回強く蹴り上げた。Aは急性硬膜下血腫の傷害を負い，同傷害に基づく急性脳腫脹のため死亡した。少なくともYの暴行が死因となった急性硬膜下血腫を悪化させたことは明らかであったが，急性硬膜下血腫がXとYのいずれの暴行によって生じたのかは不明だった。

(2) Xは，公園で知人Aと口論となり，Aを転倒させてその腹部を複数回蹴り上げて立ち去った。40分後に現場を通りかかったYは，仕事のストレスを発散する目的で，見知らぬAの腹部を複数回強く踏みつける暴行を加えた。Aは肝臓裂挫傷および十二指腸裂傷の傷害を負い，搬送先の病院で死亡したが，死因となった上記傷害がXとYのいずれの暴行から生じたのかは不明だった。

1 同時傷害の特例の趣旨

同時傷害の特例を定めた207条は，2人以上が暴行を加えた事案において，生じた傷害の原因となった暴行を特定することが困難な場合が多いことに鑑み，共犯関係が立証されない場合であっても，例外的に「共犯の例による」こととしている（最決平成28・3・24刑集70–3–1)。共犯関係のない複数人の暴行が競合する事案で傷害の原因が特定できない場合，「疑わしきは被告人の利益に」の原則（利益原則）と個人責任の原則に従えば，各行為者は暴行罪の罪責しか負わないことになるが，本条はこの結論が不合理であるとして，一定の条件の下に（→2)，共同正犯の場合と同様に行為者全員に傷害結果を帰責することを認める。

本条の法的性質について，判例（前掲最決平成28・3・24）は，因果関係の挙証責任を検察官から被告人に転換する規定と解している。挙証責任の転換が許容されるためには，検察官の立証困難性に加えて，ⓐ検察官の証明する事実から被告人が挙証責任を負担する事実への推認が合理性を持つこと，ⓑ被告人側の証明が容易であること，ⓒ被告人が挙証責任を負担する部分を除いても犯罪として相当の可罰性があること等の事情が必要と解されているが，本条は特にⓑの点で問題があり，学説では合憲性に疑問があるとの指摘も有力である。

2　同時傷害の特例の要件

本特例の適用の前提として，判例（前掲最決平成28・3・24）は，①「各暴行が当該傷害を生じさせ得る危険性を有するものであること」と，②「各暴行が外形的には共同実行に等しいと評価できるような状況において行われたこと，すなわち，同一の機会に行われたものであること」を要求する。このうち①は，ⓐ因果関係の推認の合理性やⓒ相当の可罰性を基礎づける事実と位置づけられる。暴行の態様や部位に照らせば事例3の各暴行は①を充足するといえる。

他方，②は，直接には「共犯の例による」との条文文言を根拠とするが，学説では暴行の可罰性の高さを担保する見地から，重大な被害に発展しやすい危険な状況を基礎づける要件と位置づける理解も有力である。具体的な判断にあたっては，各暴行の時間的・場所的近接性のほか，暴行に及んだ経緯・動機の共通性，加害者間の関係性等が考慮される。事例3(1)の各暴行は，時間的・場所的に近接しているほか，いずれもAの横柄な態度が暴行の動機であること，XとYは店の従業員と客として互いを認識していたことなどから，②が認められよう。これに対し，事例3(2)の各暴行は，場所的には近接するが，40分の時間的間隔に加え，XとYは互いの存在を認識しておらず，暴行に至る動機も全く異なっていることなどから，②は否定されよう（札幌高判昭和45・7・14高刑集23-3-479参照）。

3　傷害致死事案の処理

事例3(1)に本特例が適用される場合，X・Yいずれも死因となった傷害についての責任を負うことになり，その論理的帰結として，死亡結果も両人に帰責され，傷害致死罪が成立する。判例も同様の理解に立つと思われるが（前掲最決平成28・3・24），本特例が利益原則に抵触する例外的規定であり，文言上も「傷害」のみを問題としている等の理由から，本特例の適用を介して傷害致死罪の成立を認めることに反対し，傷害罪の成立にとどめる見解も有力である*。

*　なお，Yの暴行は少なくとも死因となった傷害を悪化させた限りで死亡結果と因果関係を有することから，「重い結果」に対し誰も責任を負わない不合理な事態は生じないとして本特例の適用を否定する見解も主張されているが，判例（前掲最決平成28・3・24）は，あくまで死因となった「傷害を生じさせた者を知ることができない」ことを重視して本特例の適用を認めている。

事例４

Ｘは，暴力団関係のトラブルから，Ａのいるマンションの部屋に突入し，Ａに対し，カッターナイフで頭部等を切りつけ，多数回にわたり腹部等を殴打するなどの暴行を加えた。Ｙは，Ｘ突入の５分後，自らも同部屋に踏み込み，ＡがＸから暴行を受けて血まみれになっている状況を目にしてＸに加勢しようと考え，Ｘとこの時点でＡに対する暴行の共謀を遂げた。ＸとＹは，その後３時間にわたり，同部屋においてこもごもＡの腹部等を複数回蹴ったり踏みつけたりするなどの暴行を加えた。また，Ｘは，Ａの顔面や頭部を殴るなどの暴行を加えた。Ａは，頭部切創のほか，㋐肋骨骨折および㋑上口唇切創の傷害を負ったが，㋐㋑の傷害については，共謀成立前後のいずれの段階の暴行により生じたのか不明であった。なお，Ｙ自身が加えた暴行は㋐の傷害を生じさせうる危険性があったが，㋑の傷害を生じさせうる危険性はなかった。

1　承継的共犯と同時傷害の特例の適用の可否

事例４のＸは，共謀成立前後の自らの暴行について責任を負うほか，共謀成立後のＹの暴行についても共同正犯としての責任を負うから，㋐㋑の傷害がいずれの暴行から生じたのであれ，Ａに生じたすべての傷害結果につきＸに傷害罪が成立する。問題はＹの罪責である。利益原則に従えば，㋐㋑の傷害は共謀加担前のＸの単独暴行によって生じたものと扱われるため，傷害罪の承継的共犯に関する判例（最決平成24・11・6刑集66-11-1281）の立場を前提にする限り，先行者Ｘが「既に生じさせていた傷害結果」である㋐㋑をＹが承継することはない（→第16講）。それゆえ，207条の特例の適用がなければ，Ｙには暴行罪が成立するにとどまる。

そこで本特例の適用の可否が問題となるところ，本事例のように，先行者が被害者に暴行を加え，後行者が途中から共謀加担したが，被害者の負った傷害が共謀成立前後のいずれの暴行により生じたか不明の場合には，少なくとも先行者に当該傷害の責任を問いうることから，当該傷害につき誰も責任を負わない不合理な事態は生じないとして，本特例の適用を否定する見解も有力に主張されている。しかし，判例（最決令和2・9・30刑集74-6-669）は，共謀を欠く場合との均衡等を理由に，「その傷害を生じさせた者を知ることができない」限り，本特例の適用の余地を認める立場を明確にしている。

2　承継的共犯の事例における207条の要件の検討方法

承継的共犯の事例に207条の適用が可能であるとしても，各要件をどのように検討すべきかは別途問題になりうる。学説および従来の裁判例では，問題となる暴行を共謀成立前の先行者の単独暴行と共謀成立後の関与者全員の共同暴行の2つに分けて検討する理解が有力であり（大阪地判平成9・8・20判タ995-286参照），この理解によれば，事例4では，共謀成立前の単独犯Xの単独暴行と共謀成立後の共同正犯X・Yの共同暴行の間には機会の同一性が認められ（前記② 〔→151頁〕），かついずれの暴行も㋐㋑の傷害を生じさせうる危険性を有するものといえるから（前記①），本特例の適用により，Yは㋐に加えて㋑の傷害についても責任を負う。

これに対し，判例（前掲最決令和2・9・30）は，問題となる暴行を先行者が共謀成立前後にわたり直接実行した暴行と後行者が直接実行した暴行の2つに分け，両者を同時犯として，本条の要件を検討する。この理解によれば，事例4のYの暴行は，Xの暴行と機会こそ同一であるものの，㋑の傷害を生じさせうる危険を有しないことから，㋐の傷害についてのみ責任を負うことになる。

本講のポイント

□1　暴行罪にいう「暴行」とは，人の身体に対する有形力（物理力）の行使をいう。身体的接触と傷害の危険性は，「暴行」の不可欠の要件ではないが，有形力の強度等とともに，可罰性判断のための重要な考慮要素と位置づけられる。

□2　傷害罪にいう「傷害」とは，生理的機能（生活機能）に障害を与え，健康状態を不良に変更することをいう。傷害罪には，故意犯類型と暴行の結果的加重犯類型の2つがあり，後者の故意は暴行の故意で足りる。日常生活への影響や治療の要否，継続性等の観点から，軽微な障害は「傷害」から除外される。

□3　同時傷害の特例は，複数人の各暴行と傷害結果の因果関係が不明であることに加え，①各暴行に当該傷害惹起の危険性があること，②各暴行の機会同一性が必要であり，本特例の趣旨に立ち返り，適用の可否を検討する必要がある。

□4　先行者が被害者に暴行を加え，後行者が途中から共謀加担したが，被害者の負った傷害が共謀成立前後のいずれの暴行により生じたか不明の場合，判例は，共謀を欠く場合との均衡から，先行者に当該傷害の責任を問いうるとしても，207条の前記要件が認められる限り本特例の適用を肯定する。

第21講 胎児性致死傷

事例

(1) Xは業務上の過失により自社の工場から塩化メチル水銀を含む排水を水俣湾に排出し，その海域の魚介類が汚染された。汚染された魚介類を摂取した妊婦Aの体内で胎児性水俣病に罹患し，脳に病変がある状態で出生したBは，その後，病変の悪化により死亡するに至った。

(2) Xは過失により自己の運転する自動車を妊婦Aに衝突させた。この事故によりAの体内で脳室内出血を負ったBは，出生後，同出血を原因とする水頭症の傷害を負った。

1 問題の所在

母体を通じて胎児に侵害を加え，胎児が出生により「人」となった後に傷害や死亡の結果が生じた場合（胎児性致死傷）に，殺人罪や傷害（致死）罪，過失致死傷罪などの人に対する罪が成立するか。判例によれば，胎児は母体から一部露出した時点で「人」になると解されているところ（→第0講），胎児性致死傷の被害者は，結果発生の時点では「人」であるが，侵害作用が及んだ時点では胎児であり，侵害作用の客体が「人」であることを人に対する罪の必要条件と解する限り，胎児を保護客体とする堕胎罪（212条以下）しか成立する余地がないようにも思われる*。もっとも，堕胎罪の法定刑は人に対する罪と比較して一般に軽い上，過失堕胎を処罰していないことなどから，堕胎罪による対応には生命・身体の保護の見地からみて十分ではない側面がある。

* 判例（大判明治44・12・8刑録17-2183）によれば，「堕胎」とは，自然の分娩期に先立って人為的に胎児を母体外に排出することをいう。排出の結果胎児が死亡するかは問われないが，母体外で死亡する場合に「堕胎」が認められることとの均衡上，母体内で胎児を殺害する行為も「堕胎」に含まれると解されている。

2　熊本水俣病事件――事例(1)

事例(1)のXは過失によりBを死亡させているが，過失堕胎は処罰されていないため，胎児の殺害一般を「堕胎」に含める見解を採る場合でも，堕胎罪が成立する余地はない。事例(1)のモデルである熊本水俣病事件では，業務上過失致死罪（211条前段）の成否が問題とされたところ，最高裁（最決昭和63・2・29刑集42-2-314）は，「胎児に病変を発生させることは，人である母体の一部に対するものとして，人に病変を発生させることにほかなら」ず，「胎児が出生し人となつた後，右病変に起因して死亡するに至つた場合は，結局，人に病変を発生させて人に死の結果をもたらしたことに帰する」として，同罪の成立を認めている。ここでは，①胎児を母体の一部と捉えること，②侵害作用の客体（母体）と被害者（子）の個別性を捨象できることの2つが前提となっているが，①については自己堕胎を処罰する現行法と整合しないこと，②については故意責任に関する法定的符合説の論理（→第4講）を客観的構成要件の問題に流用するのは妥当でないこと等の批判が向けられている*。

＊　胎児が「人」になる時点まで母体を介して侵害作用が継続していたことを有罪の根拠とする見解もあるが，作用継続の証明が困難である等の批判がある。

3　妊婦の交通事故――事例(2)

判例の上記論理に従えば，事例(2)のXは，母体Aの一部である胎児Bに脳室内出血を負わせる形で「人」たるAを傷害し，出生により「人」となったBに脳室内出血に起因する水頭症を負わせていることから，「人に病変を発生させて人に傷害を負わせた」といえ，過失運転致傷罪（自動車運転死傷行為処罰法5条本文）が成立する（鹿児島地判平成15・9・2 LEX/DB 28095497）。

本講のポイント

□1　胎児性致死傷では，母体を通じて胎児に侵害を加え，出生により人となった後に死傷結果が生じた場合に，人に対する罪が成立するか否かが問題となる。

□2　最高裁は，熊本水俣病事件につき，胎児を母体の一部と捉えつつ，侵害作用の対象である母体と死亡した被害者の差異を捨象し，「人に病変を発生させて人に死の結果をもたらした」ことを理由に業務上過失致死罪の成立を認めている。

第22講 逮捕監禁罪・略取誘拐罪

事例 1
(1) X は，A が就寝中の部屋に，外部からロックをし，数時間後にそれを解除しておいた。その間，A は気づかず眠ったままであった。
(2) X は，逃げ出した住み込みの従業員 A を連れ戻すため，A を探し出し，A の親の入院先の病院に行くと騙して，車に乗せ，発車した。12 km 走行した時点で A は騙されたことに気づいて下車を求めたが，X は無視して走行を続けた。
(3) (2)で，A は車外に逃げようとしたが，X はこれを阻止すべく暴行を加え，A を負傷させた。

1 逮捕監禁罪

逮捕監禁罪（220 条）にいう逮捕とは，身体に対する直接的拘束により，監禁とは，それ以外の方法により，一定の場所からの脱出を不可能ないし著しく困難にすることで，場所的移動の自由を奪うことをいう。自由を奪っている間犯罪が成立し続ける継続犯である。客体は，事実上の移動意思を有しうる限り，幼児等も含む。一定の場所は必ずしも閉鎖空間である必要はなく，脱出困難は心理的な理由によるものでも足りる。そのため，被害者をバイクの荷台に乗せて疾走する行為（最決昭和 38・4・18 刑集 17-3-248）や沖合に停泊中のボートに置き去りにするような行為（最判昭和 24・12・20 刑集 3-12-2036）も監禁たりうる。

2 可能的自由説と現実的自由説──事例 1(1)

本罪の法益侵害の内実について，移動したいと思えばできる可能性を奪うことと解する「可能的自由説」（多数説）と，移動したいという意思に反する事態を現に生じさせることと解する「現実的自由説」が対立してきた。事例 1

(1)は教室事例だが，現実的自由説によれば，Aに終始移動意思はなかった以上，本罪の法益侵害が認められないのに対して，可能的自由説によれば，移動の可能性が奪われている以上，監禁罪が成立する。可能的自由説は，侵害犯である監禁罪を危険犯化するものであるなどと批判されるが，同説の論者は，移動の選択肢を奪われること自体，十分な侵害性があるなどと反論している。

3　偽計による監禁——事例1(2)

事例1(2)では，Aが下車を求めた時点以降のXの行為には当然に監禁罪が成立するが，問題は，乗車時からすでに同罪が成立するかである。

類似の事案について，判例（最決昭和33・3・19刑集12-4-636）は，監禁の方法は，「偽計によつて被害者の錯誤を利用する場合をも含む」として，乗車時からの成立を認めた。

この事例では，理論的には，①本罪の法益侵害の存否，および，②それに対する被害者の同意の有効性が問題となる。①に関し，走行中の車からの飛び降りは事実上不可能であること，および，Xは下車を求められても応じる意思はなかったことから，Aの移動（下車）についての可能的自由は当初から失われていた。また，②重大な錯誤による同意は無効とする判例の傾向（→第6講）からは，Xの偽計に基づくAの同意は無効となる。そうすると，可能的自由説からは，乗車時からの成立が肯定される。これに対し，現実的自由説からは，現に降車を求められて以降の行為に限り，犯罪の成立を認めるべきと主張されることが多い。

4　逮捕監禁致死傷罪——事例1(3)

逮捕監禁罪を犯し，よって人を死傷させた場合，具体的には，①逮捕監禁の手段行為または②監禁状態から，因果関係を経て死傷結果を生じた場合，逮捕監禁致死傷罪（221条）が成立し，別途傷害罪等は成立しない。事例1(3)のような逃走阻止のための暴行は①に含まれる*。車のトランクに監禁された被害者が追突事故で圧死した場合（最決平成18・3・27刑集60-3-382。→第1講）などは②に当たる。

* これに対し，監禁の機会に傷害した場合であっても，被害者の態度への憤慨を動機とするなど監禁の手段性を欠くときは，監禁罪と傷害罪の併合罪となる。

事例２

Ｘとその妻Ａは別居して離婚係争中であり，両人が共同親権を有する長男Ｂ（２歳）はＡの実家で平穏に生活していた。ところが，Ｂを手許に置きたいと考えたＸは，車で待ち伏せ，Ａの母親Ｃに伴われ保育園から帰宅するＢに駆け寄り，抱きかかえて車に乗せ，Ｃが追いすがるのを振り切り，連れ去った。Ｘはその後の養育について確たる見通しを持っておらず，当日夜，路上に停めた車内でＢと一緒にいるところを警察官に発見され，逮捕された。

1　略取誘拐罪

略取誘拐（拐取）の罪としては，①未成年者を客体とし，目的を問わない未成年者拐取罪（224条），②客体を問わず，営利，わいせつ，身体加害等の目的を要する営利目的等拐取罪（225条），③身の代金目的拐取罪（225条の2）などがある。①にいう「未成年者」は，民法上の成年年齢（2022年4月1日以降は18歳。それより前は20歳）に満たない者である。未成年者の拐取でも②や③の目的を伴えば，より重い②や③の罪が成立する。

略取とは，暴行や脅迫を手段として，誘拐とは，偽計や誘惑を手段として，客体を現在の生活環境から離脱させて支配下に置くことをいう。支配といっても，監禁のように脱出を著しく困難にする必要まではない（監禁を伴う場合，拐取と同時に監禁すれば観念的競合，拐取後に監禁すれば併合罪の関係となる〔→第18講〕）。

2　親権者が別の親権者から子を連れ去る行為と未成年者拐取罪の成否

事例２では，２歳のＢを有形力を用いて連れ去り，保護されている環境から引き離して支配下に置いており，未成年者略取に当たりうる。

問題は，Ｘ自身がＢの親権者の１人であることが犯罪の成否にいかに影響するかである。類似事案の判例（最決平成17・12・6刑集59-10-1901）は，①構成要件該当性は明らかで，②親権者の１人であることは，違法性阻却の判断で考慮されるとした上で，その事案では，（ⅰ）被告人の手許に置くことが被拐取者の「監護養育上……現に必要とされるような特段の事情」はないから，被告人の行為は親権者によるものでも正当とはいえず，また，（ⅱ）態様が粗暴で強引であること，被拐取者が「生活環境についての判断・選択の能力が備わっていない2歳の幼児であること」，被告人に「監護養育について確たる見通しがあったとも認め難いこと」などに徴すると，「家族間における行為として社会通念上許容され得る枠内にとどまるものと評することもできない」から，違法性は阻却されないとした。これによれば，本事例のXにも未成年者略取罪が成立する。

理論的には，①構成要件該当性の前提として，本罪の保護法益が問われる。学説は，ⓐ未成年者の自由・安全とする立場，ⓑ親などの監護権とする立場，ⓐⓑ両方とする立場などに分かれるが，実務上はおおむねⓐⓑ両方とする立場から，監護権侵害の点を重視して構成要件該当性が判断されている。そうすると，行為者が監護権者でも主体となるのかが問題となるが，最高裁はこれを積極に解した。監護権者でも，共同親権者の監護権を侵害することはありうるとの考慮によるものといえる。

その上で，本決定は，②違法性阻却を上記(ｉ)(ⅱ)の観点から判断する。(ｉ)では，例えば現監護者により劣悪な環境に置かれている場合の連れ去りは正当な親権行使であるといった考慮が，(ⅱ)では，そこまでの場合でなくとも，一定年齢以上の子を，本人の意向を踏まえ，監護養育の準備の上で平穏に連れ帰るならば，現監護者の意思には反しても，家族間の行為として放任できるといった考慮がなされうる。しかし，本事例の事情の下ではいずれの観点からの正当化も否定される。

本講のポイント

□1　逮捕監禁は，一定の場所からの脱出を困難にして場所的移動の自由を奪うことをいう。多数説は可能的自由の侵害で足りるとする。

□2　目的を偽る偽計により重大な錯誤に陥らせて車に同乗させる場合，被害者が気づいて下車を求める前から監禁罪が成立する。

□3　略取誘拐は，生活環境から離脱させて支配下に置くことをいう。実務は，未成年者拐取罪の保護法益を，本人の自由・安全と監護権の両方と解している。

□4　親権者の1人が別居する親権者が現に養育中の子を連れ去る行為も同罪の構成要件に該当し，親権者であるとの事情は例外的な違法性阻却の判断で考慮される。

第23講 性的自由に対する罪

事例 1

X男は，別れ話がもつれた自己の恋人をA女が匿っていると思い込み，詰問と報復のためにAを呼び出し，劇薬を顔にかける旨告げる等の脅迫を加えながら，詰問の後，報復目的で，Aに対し全裸となることを命じ，全裸となったAの裸体を写真撮影した。

1 性的自由に対する罪の構成要件

性的自由に対する罪は，暴行・脅迫により，わいせつな行為（176条），性交等*（177条）を行うことにより成立する（被害者が13歳未満であれば暴行・脅迫を要しない）。そのほか，抗拒不能等に乗じて，あるいは何らかの手段により抗拒不能等にして（178条。→事例2），または，監護者が被監護者に対してその影響力があることに乗じて（179条），それら行為を行う場合にも，同様に処罰される。事例1では，脅迫により性交等以外の行為が行われており，強制わいせつ罪が問題となる。

* 性交等を行う場合のほうが刑は重い。平成29年改正により，性交（男性器の女性器への挿入）のみならず，従来はわいせつな行為とされていた肛門性交，口腔性交も「性交等」とされ重い性犯罪へと分類され，177条の強姦罪という罪名はなくなり，強制性交等罪となった。保護法益は共通して，性的自由と解されているが，異論もあり，後掲最大判平成29・11・29も判断は保留している。

2 暴行・脅迫

本罪の暴行・脅迫は，相手方の抗拒を著しく困難にする程度の暴行・脅迫である必要があると，判例・学説上，一般に解されている。その法的意味は，強盗罪における「反抗抑圧に足りる」程度までは要求されないが，単なる暴行・脅迫では足りないとの趣旨とされる*。

＊　どの程度の暴行・脅迫が必要かについては，暴行・脅迫要件を削除すべきとの立法論も含め争いがある。判例上は，経緯，周囲の状況，人的関係等を考慮して判断するとされ，かなり低い程度のものでも認められている。また，いきなり性器を触る等，唐突にわいせつな行為に及ぶ場合も，その行為を暴行であり，かつわいせつな行為であると解して本罪の成立を認めるのが判例である。

本事例では，劇薬を顔にかけることを告知しているので，十分に抗拒を著しく困難とする加害の告知たる脅迫が行われている。

3　強制わいせつ罪の主観的要件――性的意図の要否

かつての判例（最判昭和45・1・29刑集24-1-1）は，強制わいせつ罪には，性欲を刺激興奮させ，または満足させる等の「性的意図」が必要と解しており，本事例のような報復目的の場合には，同罪は成立しえなかった。しかし，判例変更（最大判平成29・11・29刑集71-9-467）により，同罪の成立に「性的意図」は不可欠ではないとの判断が示された。ゆえに，本事例について，それ以外の成立要件を充たせば，強制わいせつ罪は成立しうる。もっとも，「性的意図」は，同罪の成立に全く意味を持たないわけではなく，次の「わいせつな行為」の該当性判断において，考慮要素となりうる。性的意味が明確ではない行為について，性的意図があれば成立へのプラス事情となろう。

4「わいせつな行為」の意義

前掲最大判平成29・11・29によれば，本罪の「わいせつな行為」に当たるか否かは「行為そのものが持つ性的性質の有無及び程度」を基軸に判断され，それが明確であれば（性交等に至らない性交類似行為等），客観事情のみで判断され，明確でなければ，行為が行われた際の具体的状況等の諸般の事情を考慮して，性的意味の有無とその強さが個別に判断されることとなる。

本事例は，性的意味が明確といえるかは議論の余地があろう。具体的事情を見るに，報復目的である点は，性的意味を強めるとはいえない。しかし，女性Aを全裸にしている点は性的性質を，XとAの関係性や，そのように関係性の薄い他人Xが，特に必要性もなく映像媒体に記録している点などはその程度を，肯定・強化する方向に働く事情であろう。＊

＊　検討の結果，わいせつな行為への該当性が否定された場合には，強要罪や迷惑防止条例違反（いわゆる痴漢）のみが成立しうる。

事例２

未成年をプロゴルファーに育てるゴルフ教室を運営し，指導を行っているＸ男（45歳）は，同人を慕い，信頼する教え子のＡ女（17歳）をレッスンの帰りに，車でラブホテルに連れていき，「ゴルフで成長するためには，度胸が必要だ。俺とエッチをして成長しろ」と述べ，驚愕し，混乱したため拒否をしなかったＡと性交した。

1　準強制性交等・準強制わいせつ罪

性犯罪においては，暴行・脅迫による場合以外に，「人の心神喪失若しくは抗拒不能に乗じ，又は心神を喪失させ，若しくは抗拒不能にさせて」わいせつな行為を行う場合，性交等を行う場合についての処罰も定めている（178条）。

心神喪失は，責任能力における概念とは異なり，睡眠や泥酔の意識喪失や高度の精神障害が含まれる。抗拒不能*は，縛られて身動きできない等の物理的抗拒不能と錯誤や畏怖等による心理的抗拒不能が含まれる。事例２では，Ｘの言動を脅迫と評価するのは難しく，177条ではなく，178条の問題となり，心理的抗拒不能の該当性を検討することとなる。

＊　「抗拒不能」とされるが，暴行・脅迫による場合と平仄を合わせれば抗拒困難で足りよう。行為者の暴行・脅迫により抗拒困難がもたらされる場合も，理論的には，178条に該当しうる。性的行為の手段として暴行・脅迫が行われた場合は，176条，177条が適用されると解すればよいが，それ以外の理由で暴行・脅迫を行い抗拒困難にした上で性的行為に及んだ場合には，178条が適用される。

本罪は，心神喪失や抗拒不能が，行為者の行為によりもたらされようと，第三者の行為によりもたらされようと（例：行為者あるいは第三者に睡眠薬を投与される），被害者自らによりもたらされようと（例：自ら眠る），問わない*。

＊　財産犯では，暴行・脅迫による場合は強盗罪（あるいは恐喝罪）となり，昏酔「させた」場合には昏酔強盗罪となるが，睡眠状態の被害者から財物を奪取した場合は窃盗罪となり，法益の性質上，性犯罪は異なる扱いとなっている。

2　心理的抗拒不能

178条の罪において，心理的抗拒不能が認められている裁判例を類型化すると，①医療措置などを装っているため，性的行為が行われることを被害者が認識していない錯誤類型，②被害者が自らの性交パートナーと勘違いして性的行為に応じた錯誤類型，③行為者が地位や立場を利用して，利益・不利益や吉凶禍福の提示・欺罔を行い，心理的圧迫を加える類型のおおむね3つに分類される。このうち，①や②については，判例上も古くから認められているが，現代では③が大きく争われ，本事例もこの類型に当たる*。他方で，単に，性交後の婚姻や交際，身分や金銭の支払を欺罔して性交に及んだとしても本罪が成立するとは考えられていない。

*　監護者性交等・監護者わいせつ罪（179条）は，監護者と被監護者の依存関係等に着目し，本文のような心理的圧迫等による抗拒困難が類型的に生じる場合を独立に規定した側面もある。ただし，本事例のXは，生活全般の監護者ではないため当たらない。

3　心理的圧迫類型

前記③類型につき，一般的に確立した最高裁判例も判断方法も存在しない。現段階の一般論としては，性的行為に至る経緯全般の事情，具体的には，行為者の地位，用いた手段の強度や不当性，被害者の年齢や判断能力，被害者の心理状態，行為の場所・時間等を見て，どの程度，被害者が心理的に抗拒困難であったか，保護を及ぼすべき心理状態にあったかを見ていくことになろう（長期的な性的虐待状態が継続した場合の肯定例として名古屋高判令和2・3・12判時2467-137）。

本事例では，指導者と教え子という関係性，Aによる信頼，明らかに不当なXの発言内容と関係性からもたらされる影響力の大きさ，Aが未成年で判断能力が未熟であること，以上の事情から精神的に混乱しており，唐突にラブホテルという閉鎖環境に連れていかれたことなども勘案すると，心理的に著しく抗拒が困難であったと十分に考えられる。

ただし，行為者が，被害者の状況に対する理解が乏しく，被害者の心理的抗拒困難性につき認識がないと評価される場合には，故意が否定されることもありうる（否定例として福岡高宮崎支判平成26・12・11 LEX/DB 25505426参照）。

事例3

X男は，深夜一人暮らしのA女の家に侵入し，持参したナイフを突きつけ，「抵抗したら殺す」と申し向け，反抗を抑圧したAと性交を行った。その際に，次の事実が生じた（各事例は独立したものとする）。

(1) ナイフを突きつけた際に，切っ先がAの腕に触れ，腕に全治1週間の切創を負わせた。

(2) 性交の際に，乱暴な態様により，Aの陰部に全治1週間の裂傷を負わせた。

(3) 性交後，Aがナイフを奪ったため，Xは慌てて逃走しようとしたが，Aが逃がすまいとXの服を掴んできたため，Xは，体をひねりAを引きずるなどしてAの指と足に全治1週間の挫創を負わせた。

(4) Xは，性交後に逃走したが，翌日，街中でAと出くわし，Xを捕まえようとしたAを手拳で殴打し，全治1週間の顔面挫創を負わせた。

1 強制わいせつ等致死傷罪

176条から179条までのいずれかの性的自由に対する罪を犯し（未遂も含む），死傷させた場合には，強制わいせつ等致死傷罪（181条）が成立しうる（同条1項がわいせつな行為，2項が性交等による場合を定め，後者のほうが重い）。

同罪は，結果的加重犯であるため，強制わいせつや強制性交等の行為から，致死傷結果が生じたことが必要である。そこに因果関係が必要であることは当然であるが，その起点となる原因行為をどこまで強制わいせつ，強制性交等の行為であると評価できるか問題となる。

事例3(1)は，強制性交等罪の手段たる暴行（あるいは脅迫）から致傷結果が生じており，当然に強制性交等致傷罪が成立する。(2)も，性交行為から致傷結果が生じており，同様である。問題となるのは，(3)(4)のように，強制性交行為が終了した後に行われた行為から結果が生じた場合である。

2 随伴行為

この点について，準強制わいせつの最中に行為が発覚し，逃走しようとした後に(3)と同様の行為が行われた事案で，最高裁（最決平成20・1・22刑集62-1-1）は，被害者を引きずるなどした暴行は，「準強制わいせつ行為に随伴するものといえる」と述べ，「随伴行為」から生じた場合にも致死傷罪が成立しうるとしている。そして，どのような行為を随伴行為と評価できるかについては，本来の実行行為と，問題となる致死傷の原因行為の時間的・場所的な接着性，両行為の間の意思や動機の連続性が検討の中心になると考えられている。

3　あてはめ

(3)については，実行行為の直後，かつ同じ場所であり，時間的・場所的に接着しており，加えて，犯行を行って逮捕を免れ逃走するという自然な行為の流れおよび意思決定に基づく行為であり，随伴行為と評価され，本罪が成立する（前掲最決平成20・1・22)。それに対して，(4)のように，時間・場所の離隔が大きくなり別の意思決定による別の行為と目される場合には，逮捕を免れ逃走する目的であったとしても，随伴行為と評価することは困難である。ほかにも，抵抗されたことに腹を立てて，性交後に殴打負傷させるような場合にも，意思や動機の連続性に問題が生じよう。

同じく限界事例としては，犯行後，予定はしていなかったが，被害者の様子を見て，証拠隠滅のためには殺害するほかないと考え，殺害したような場合がある。時間・場所は接着しているが，意思や動機の連続性を認めうるかは議論の余地があろう。犯行後にありうる隠蔽行為だと考えれば肯定可能であろうが，新たな決意に基づく行為とみれば否定されよう（別途殺人罪が成立する)。*

＊　強盗罪の場合であれば，このような場合も当然に強盗殺人罪が成立しうる。それを含め強盗致死傷罪（240条）については，他の結果的加重犯と明確に構成要件が異なり，「強盗の機会」に当たるか否かで判断される（→第29講参照)。

本講のポイント

□1　強制わいせつ罪においては，判例変更により，「性的意図」は必須ではなくなったところ，それも踏まえて性的意味やその程度を評価して，「わいせつな行為」の該当性が判断される。

□2　準強制性交等罪等の「抗拒不能」には，物理的抗拒不能と心理的抗拒不能があり，特に後者は，被害者の意思決定過程への作用や被害者の状態を具体的に判断する必要がある。

□3　強制性交等致死傷罪については，致死傷の原因行為を特定した上で，それが実行行為もしくは「随伴行為」に当たるかという点を，時間的・場所的接着性や，行為者の意思や動機の連続性の観点等から判断する必要がある。

第24講 住居等侵入罪

事例 1
(1) Xは，政治的なビラを投函する目的で，塀で囲まれた公務員宿舎の敷地に入り，共用玄関から各居室玄関前の廊下まで立ち入った。同宿舎を管理する当局責任者により，そうした立入りを禁止する表示がなされていた。
(2) Xは，政治的なビラを投函する目的で，分譲マンションの共用玄関から各居室玄関前の廊下まで立ち入った。同マンションには，管理組合名義で，そうした立入りを禁止する表示がなされていた。
(3) Xは，警察署の敷地内の捜査車両を覗き見る目的で，敷地を取り囲むコンクリート塀によじ登り，塀の上部（幅約 20 cm）に上がった。

1 住居等侵入罪の客体

住居等侵入罪（130条前段）の構成要件は，「人の住居」または「人の看守する邸宅，建造物若しくは艦船」に「侵入」することである。

「人の住居」とは，行為者以外の人が起臥（きが）寝食に使用する場所をいい，日常用語にいう住居のほか，宿泊中のホテル客室等も含む。「邸宅」とは，居住用の建物で住居以外のものをいい，閉鎖中の別荘等が典型である。「建造物」は，建物一般を含み，建物内の区画単位でも該当しうる（例えば，建物に滞在中に，共用トイレに盗撮目的で立ち入れば建造物侵入罪となりうる）。「住居」以外の客体は，「人の看守」すなわち管理権者が（施錠や管理人を置くことなどにより）管理支配しているものに限られる。各客体は，囲繞地（いにょうち），すなわち，建物に接してその周辺に存在し，かつ，管理者が外部との境界に門塀等の囲障を設置することにより，建物の付属地として建物利用のために供されるものであることが明示された土地を含むと解されている（最判昭和51・3・4刑集30-2-79など）。

2　集合住宅の共用部分――事例1(1)(2)

事例1(1)に類似する事案の判例（最判平成20・4・11刑集62-5-1217）は，公務員宿舎の共用部分は，「居住用の建物……の一部であり，宿舎管理者の管理に係る」以上，囲繞地としての敷地も含め，「人の看守する邸宅」に当たると解した上で，宿舎の管理権者（当局責任者）の意思に反する立入りを「侵入」（→168頁）とみて，邸宅侵入罪の成立を認めた。宿舎の各戸専有部分は「住居」であるが，居住者とは別の管理権者により管理されている共用部分は，居住用の建物（の一部）であるが住居以外のものと解したといえる。これを推し及ぼすと，事例1(2)の分譲マンションの共有部分も管理組合が看守する「邸宅」と解する余地が生じるが，類似の事案で判例（最判平成21・11・30刑集63-9-1765）は，管理組合の意思に反する立入りについて「刑法130条前段の罪」を認めつつ，「邸宅」「住居」いずれの侵入なのかは明示しなかった。管理組合が居住者の組織であることに着目して共用部分も「住居」と解する余地が残るところ，そう解した場合も，共用部分への立入りの侵入該当性については管理組合の意思を問題とすることになる。そうすると「邸宅」「住居」いずれで認定するかは罪責を左右しないとの考慮によるものと思われる。*

＊　なお，上記2事例では，ビラ投函目的での侵入は表現の自由の行使として違法性が阻却されないかも争われるが，両判例は，各事案で法益侵害の程度がきわめて軽微とはいえないことなどを理由に，違法性阻却を否定している。

3　建物利用のために供される工作物――事例1(3)

判例（最決平成21・7・13刑集63-6-590）は，事例1(3)類似の事案で，塀が庁舎建物とその敷地を他から明確に画するとともに外部からの干渉を排除する作用を果たしており，庁舎建物の利用のために供されている工作物であることを理由に，「建造物」の一部を構成するとした。これにより，（管理権者の意思に反し）塀の上部に行為者の身体全部が乗ることがすでに「侵入」をなすため，敷地に入らなくても侵入既遂となり，また，塀に上るだけで敷地に入る意思がない場合でも侵入の故意は否定されないことになる。この判例によれば，本事例でも建造物侵入罪の成立が認められる。

事例2
(1)　Xは，Aが夫Bと住む住居に，Aの承諾を得て不倫目的で立ち入った。
(2)　Xは，強盗の目的を秘して知人宅を訪れ，その承諾を得て立ち入った。
(3)　Xは，銀行のATM利用客のキャッシュカードの暗証番号等を盗撮する目的で，行員が常駐しない銀行支店出張所に営業時間中に立ち入り，1台のATMの傍らに盗撮用カメラを設置した。

1　住居等侵入罪の保護法益と「侵入」の意義

戦前の判例は，a)本罪の保護法益を住居権としつつ，その主体を家長たる夫とし（旧住居権説），事例2(1)のような姦通目的での立入りを住居侵入罪として処罰していた。しかし戦後は家父長制を前提とするそうした考え方は支持を失い，まずb)住居の事実上の平穏を保護法益と解する立場（平穏説）が有力化し，その後，c)住居権を保護法益としつつ，すべての居住者に住居権を認める立場（新住居権説）が多数説となった。事例2(1)は，「侵入」の意義をb説から「平穏を害する立入り」と解する場合には，立入り態様が平穏であることを理由に，c説から住居権者の意思に反する立入りと解する場合には，Aの承諾の存在を理由に，「侵入」に当たらないとされるのが一般的である。

なお，最高裁の判例（最判昭和58・4・8刑集37-3-215）は，建造物侵入罪にいう「侵入」を，「管理権者の意思に反して立ち入ること」とし，管理権者があらかじめ拒否の意思を明示していなくても，当該建造物の性質，管理状況，立入りの目的等からみてその意思に反する立入りであればこれに該当するとしている。この判例はc説に親和的であるが，保護法益を明言はしていないため，b説から理解する余地もあり，保護法益に関する対立を決着させるには至っていない。

2　錯誤に基づく同意――事例2(2)

住居権者・管理権者の承諾を得て立ち入る行為は，原則として本罪を構成しない。しかし判例は，事例2(2)のような，強盗や強盗殺人の目的を秘して訪問し，居住者の承諾を得て立ち入る場合，そのような目的での立入りは承諾していない，真実の承諾を欠くなどとして，侵入該当性を肯定している（最判昭和23・5・20刑集2-5-489，最大判昭和24・7・22刑集3-8-1363など）*。

＊　これは，重大な錯誤に基づく被害者の同意を無効とする判例の傾向（→第 6 講）に沿うものであり，学説上は賛否の議論がある。判例ベースで考えるにしても，来意を偽り執拗なセールスに及ぶような場合は，退去要求後の居座りを不退去罪（130 条後段）に問えば十分ではないかといった議論もある。

3　一般に立入りが認められている場所への違法目的での立入り——事例 2(3)

営業中の店舗等，一般に立入りが認められている建造物に外形上は平穏に立ち入る場合であっても，内部で違法行為をする目的である場合，管理権者の意思に反する立入りと評価される場合がある。事例 2(3)に類似する事案の判例（最決平成 19・7・2 刑集 61–5–379）は，「管理権者である銀行支店長の意思に反する……ことは明らかであるから，その立入りの外観が一般……利用客のそれと特に異なるものでなくても，建造物侵入罪が成立する」とした。

本講のポイント

□ 1　住居等侵入罪の保護法益を住居権（または管理権）と解する立場から，「侵入」の意義を「住居権者（または管理権者）の意思に反する立入り」とするのが多数説である。

□ 2　住居とは，人が起臥寝食に使用している場所をいい，邸宅とは，居住用の建物で住居以外をいう。各客体には建物の囲繞地を含むほか，建物利用に供されている一定の工作物（塀など）も建造物の一部とされることがある。

□ 3　公務員宿舎の共用部分は，宿舎の管理権者（当局責任者）が看守する邸宅に当たり，その意思に反する立入りは邸宅侵入罪を構成する。分譲マンションの共用部分については，管理組合の意思に反する立入りが 130 条前段の罪を構成するが，判例は住居か邸宅かの判断を留保している。

□ 4　強盗等の目的を秘して承諾を得た上での立入りや，一般に立入りが認められている建造物への違法行為の目的を秘しての立入りは，判例によれば，侵入に当たりうる。

第25講

名誉毀損罪

事例1

高校教師Xは，生徒Aに恨みを抱き，次の各行為に及んだ。

(1) 多数の者が閲覧する出会い系のSNSに，「A，高校生です。援助交際希望。連絡ください」というメッセージを，Aの顔写真・連絡先付きで書き込んだ。

(2) 動画中の人物の顔を加工できるソフトウェアを用いて，アダルトビデオの出演者の顔にAの顔画像を合成した動画を，不特定の者が閲覧するウェブサイトにアップロードした。

(3) 指導する部活の部員ら4，5名しかいない部室で，「Aはカンニングで数学の単位をとった」と話した。その噂は瞬く間に広まった。

(4) (3)で，Xの摘示したAのカンニングの事実が真実であったとしたらどうか。

1 名誉毀損罪

名誉毀損罪（230条1項）は，「公然と事実を摘示し，人の名誉を毀損」する罪である。「公然」とは，不特定または多数人が知りうる状態をいい，「事実を摘示し……名誉を毀損」するとは，人の社会的評価（外部的名誉）を低下させうる具体的事実を示すことをいう。事実摘示により罪が成立し，現に評価が下がったことやその具体的危険が生じたことの認定を要しない（抽象的危険犯）。*

* 関連する犯罪として，事実の摘示によらずに「公然と人を侮辱」する侮辱罪（231条）がある。侮辱罪は，具体的事実の摘示を要しない（例えば，SNSに「Aはブス」「Aはふしだら」などと書き込むだけで該当する）点で，法定刑は名誉毀損罪よりも軽いが，通説によれば，保護法益は名誉毀損罪と共通して外部的名誉である。侮辱罪の保護法益を名誉感情とする説もあるが，同罪でも公然性が要件であることと整合しにくい。判例（最決昭和58・11・1刑集37-9-1341）も，感情を持たない法人を被害者とする侮辱罪を肯定するなど，通説に親和的である。

事例1(1)では，Aが援助交際相手を募集しているという社会的評価を低下させる具体的事実を，多数者が閲覧するSNSで摘示しているから，本罪が成立する。

2　社会的評価を低下させうる「事実」の摘示——事例1(2)

事例1(2)では，Aの顔画像を合成した動画の公開がAの名誉を毀損するいかなる事実を摘示したことになるのかが問題である。裁判例では，合成とわからずに「Aがアダルトビデオに出演している」と認識する人もいることをもって，社会的評価を低下させうる事実の摘示と捉えて，本罪の成立を認めている。

3　公然性と伝播性の理論——事例1(3)

事例1(3)では，Aがカンニングをしたという名誉を毀損する事実を摘示しているが，「公然」といえるかが問題となる。公然性要件にいう「不特定」とは，摘示の相手方が特殊な関係により限定されていないことをいい，生徒数名はそれ自体としては特定少数である。しかし，判例（最判昭和34・5・7刑集13-5-641など）によれば，直接告知した相手が特定少数でも，それらの者から不特定または多数人に伝わる可能性があれば，公然とされる（伝播性の理論）。そのため，本事例では名誉毀損罪が成立しうる（理論上は，現に噂が広まることは必須ではなく，その可能性があれば足りる）*。

* これに対し，守秘が期待される，例えば校長，学年主任ら数名に伝えるような場合であれば，伝播可能性の否定により公然性が否定されうる。

4　虚名の保護——事例1(4)

230条1項には，摘示した「事実の有無にかかわらず」とあるから，事例1(4)において，Aが実際にカンニングをしていた事実の存在は，本罪の成立を妨げない。規範的には真価に見合わない「虚名」も含め，事実上妥当している社会的評価が広く本罪により保護されていることになる（ただし，死者の名誉毀損罪は，「虚偽の事実」を摘示した場合にのみ成立する〔同条2項〕）。

例外的に，公共の利害に係る真実の言論は230条の2により不処罰となりうるが（→172頁），一生徒のカンニングを言いふらす行為に同規定の適用はない。

事例２

Ｘは，ラーメン店「甲」等の事業を大規模に展開していたＡ社について，「Ａ社の母体はカルト集団で，『甲』での飲食代の数％は同集団の収入になるという噂だ」という文章をウェブサイトに掲載した。Ｘは，インターネットの書き込みや加盟店店長らのメール等に基づき，この内容を真実と認識していたが，一方的立場からの資料を参照しており，Ａ社関係者への事実確認もしていなかった。裁判では，摘示した事実の真実性の立証に失敗した。

1　公共の利害に関する場合の特例

名誉毀損罪は，摘示した事実が真実でも成立しうる。虚名も含めて事実的名誉を広く保護するものだが（→171頁），これを例外なく貫けば，公益に資する正当な言論活動まで処罰されてしまい，現行憲法が重視する表現の自由が脅かされる。そこで，昭和22年に230条の2が新設され，名誉毀損行為が①「公共の利害に関する事実に係り」，②「その目的が専ら公益を図ることにあ」り，③摘示された事実が「真実であることの証明があったとき」は，「罰しない」こととされた（同条1項）。

①「公共の利害に関する事実」とは，一般公衆の利害に関わる事実をいう。私人の私生活上の行状でも，その社会的活動の性質や社会的影響力等によっては，これに当たりうる（最判昭和56・4・16刑集35-3-84。この判例は，表現方法が嘲笑的であることや調査が不十分であることは，要件②の認定には影響しうるが，要件①の判断を左右しないとする）。事例２のＡ社は私企業だが，事業規模等や摘示事実の内容に鑑みれば，本要件を充足しうる。

②目的が「専ら」公益を図ることにあるとの要件は，主として公益目的であれば足りる。私怨を晴らすとか弁償を受けることが主目的であれば否定されるが，本事例ではそうした事情は不明であり，本要件も充たしうる。

この①②の要件を充たす場合（なお，起訴前の犯罪行為に関する事実については①，公務員またはその候補者に関する事実については①②の充足が擬制される〔230条の2第2項・3項〕），③摘示された事実の真否を判断し，真実性の証明があれば，230条の2が適用される。しかし，本事例のＸは証明に失敗しているから，本条の適用はない。

なお，Ｘは噂の形式で摘示しているが，その場合も，噂の存在ではなく，内容たる事実が真実であることを証明しなければ，230条の2の適用を受けることはできないことに注意したい（最決昭和43・1・18刑集22–1–7）。

2　真実性の誤信

もっとも，真実性の立証に失敗しても，判例によれば，行為時において，「行為者がその事実を真実であると誤信し，その誤信したことについて，確実な資料，根拠に照らし相当の理由があるとき」は，犯罪は成立しない（最大判昭和44・6・25刑集23–7–975。最決平成22・3・15刑集64–2–1は，インターネットの個人利用者について，より緩やかな免責基準が妥当するわけではないとする）*。本事例でXは掲載内容を真実と誤信しているから，誤信の相当性が問われるが，一応の調査をしているとはいえ，参照しているのは一方的立場からの資料であり，当のA社関係者への事実確認もしていない以上，相当性は認められない。そうすると結局，Xには名誉毀損罪が成立する。

＊　確実な資料に照らし誤信に相当の理由があるときに不処罰となる根拠に関しては，①230条の2は公共の利害に関する「証明可能な程度に真実」である事実の摘示を違法性阻却事由とするものと解した上で，確実な資料に基づく誤信は違法性阻却事由の錯誤（→第8講）として（責任）故意を阻却するとの説，②本規定は真実性証明に成功した場合の処罰阻却事由にすぎないが，確実な資料に基づく言論は35条の正当行為として違法性阻却されるとの説，③本規定は，公共の利害に関する事実に係る名誉毀損行為を，事実が虚偽であることを過失により看過して行う場合を処罰するものと解し，相当の理由に基づき真実と誤信した場合は過失の欠如により不処罰となるとの説などが対立する。

本講のポイント

□1　人の社会的評価を低下させうる事実を，不特定多数人が知りうる状態で摘示する（伝播性がある状況での少数人への告知を含む）と，その事実の真否にかかわらず，名誉毀損罪を構成する。

□2　公共の利害に係る公益目的での名誉毀損行為は，真実性の証明があれば230条の2により不処罰となる。証明に失敗しても，判例によれば，真実と誤信したことにつき確実な資料・根拠に照らし相当の理由があるときは，不処罰となる。

第26講 窃盗罪

事例 1

(1)　X は，ベンチの上に A が置き忘れた高級財布を売却目的で持ち去った。

（ア）　ベンチは P 公園内に設置されたもので，X は A がベンチから約 27 m 離れた歩道橋の階段踊り場に至ったのを見届けてから財布を持ち去った。

（イ）　ベンチは Q 旅館内の宿泊者専用ラウンジに設置されたものだった。

(2)　A の経営する個人商店でレジ打ちのアルバイトをしていた X は，A に無断で売上金の一部を着服した。なお，売上金の計算や釣り銭の補充等はその都度 A の事前の許可を得て行われていた。

1　窃盗罪の成立要件

235 条は，窃盗罪の成立要件として「他人の」「財物」を「窃取」したことを要求しているが，これに加え判例上は，不文の要件として，不法領得の意思（→事例 3）が必要と解されている。「財物」は有体物に限られ，「電気」を除いて（245 条参照），利益等の非有体物は客体とならない。「他人の」財物というためには，原則として財物の所有権が他人に帰属することが必要になるが，242 条にその例外が定められている（→事例 4）。*

＊　なお，親族等の間の犯罪に関する特例（244 条）については第 36 講参照。

2　「窃取」の前提としての占有

「窃取」とは，占有者の意思に反して財物の占有を移転させることをいう。他人の占有に属しない財物を取得する場合には，不法領得の意思の有無に応じて，遺失物等横領罪（254 条）か器物損壊罪（261 条）の余地が残るだけである。

窃取の前提要件たる占有とは，財物に対する事実的支配をいい，その存否は客観的な支配の事実と支配の意思を勘案して社会通念に従い判断される。支配意思は占有の必要条件だが，それが否定されるのは稀であり，例えば財物の所在自体を失念した場合でも継続すると解されている。このような「落とし物」事案の判断においては，財物へのアクセス可能性や第三者による支配取得の容易性等に関わる具体的事情を踏まえた支配力の強度の評価が特に重要になる。

判例は，事例 1 (1)(ア)と類似の事案につき A の占有を肯定している（最決平成 16・8・25 刑集 58-6-515）。運搬の容易な財布が公園という不特定多数人の出入りしうる開放的空間のベンチに置かれているという状況は，第三者による支配取得の容易性を高め，財布に対する A の支配力を弱める方向に働くが，持ち去りの時点で財布は直ちに取りに戻れる距離（27 m）にあった上，A は歩道橋上から財布の所在を視認しえたから，財布に対する A のアクセス可能性はなお高く，A の支配力は占有を否定すべき程度に減弱していたとはいえない*。

* 一方で，所有者がスーパーマーケットの 6 階のベンチ上に置き忘れ，地下 1 階まで移動してから引き返すまで，約 10 分間放置されていた財布につき，裁判例（東京高判平成 3・4・1 判時 1400-128）は所有者の占有を否定している。

所有者の占有が否定されても，場所の閉鎖性や管理状況等から当該場所を管理する第三者の占有が認められる場合がある。事例 1 (1)(イ)では，Q 旅館によって立入りが制限された閉鎖的空間での持ち去りが問題であり，A の占有が否定されてもなお Q 旅館主による支配が財布に及んでいるとして Q 旅館主の占有を肯定し「窃取」を認める余地がある（大判大正 8・4・4 刑録 25-382）*。

* なお，「窃取」を認めるには占有の移転が必要であり，占有侵害にとどまる場合は未遂となる。既遂時期の判断においても財物に対する当事者双方の支配力の具体的評価が重要になる（東京高判平成 4・10・28 判タ 823-252 参照）。

財物の管理に複数人が関与する場合の占有の帰属先は，管理に関する権限・裁量の有無と程度を踏まえて判断される。事例 1 (2)の X は，A との雇用関係と金銭管理の実態から，売上金の管理に係る独立の権限を有しているとはいえず，着服行為は店主 A の占有を奪うものとして「窃取」に該当する。これに対し，個別の許可を要しないなど，管理につき一定の裁量を窺わせる事情が認められる場合には X 単独の占有が肯定され，着服行為には業務上横領罪が成立しうる（→第 32 講）。

事例 2

(1) Ｘは，パチスロ店Ａにおいて，針金を用いてパチスロ機の枚数カウンターを誤作動させる「ゴト行為」を行い，400 枚のメダルを取得した。

(2) Ｘの友人であるＹは，(1)のＸの行為がＡ店の監視カメラに映らないようにする目的でＸの隣に座り，Ｘの手元を隠すような体勢をとりつつ，自身は通常の方法で遊戯をして 100 枚のメダルを取得した。

(3) Ｘは，路上でＡと口論になり，携帯していたナイフでＡの腹部を複数回刺突しＡを殺害したが，立ち去る際に，Ａの財布が路上に転がっているのを発見し，生活資金に充てる目的で財布内の現金を持ち去った。

(4) (3)の直後，偶然付近を通りかかったＹは，路上で死亡しているＡが高級腕時計を着けているのを見て，これを売却しようと考えて持ち去った。

1 意思に反する占有移転

「窃取」が認められるためには，占有移転が占有者（被害者）の意思に反する必要がある。特に問題になるのは自動販売機などの機械から財物を取得する場合である。例えば，銀行の ATM から自己のキャッシュカードで預金を引き出す行為は，銀行が ATM の管理を通じて有する現金の占有を移転するものだが，正当な権限に基づく払戻請求に応じるという銀行の意思に反せず，「窃取」に該当しない。これに対し，盗んだ他人のカードで預金を引き出す行為は，正当な払戻権限に基づかないため，銀行の意思に反し「窃取」と評価される*。

* 誤振込みで得た口座上の金銭の引き出しについては，受取人が銀行に対し民事法上有効な預金債権を取得することを理由に「窃取」を否定する見解がある一方で，誤振込前の権利関係に戻す組戻し等の銀行実務を理由に受取人の正当な払戻権限を実質的に否定するなどして「窃取」を認める見解も有力である。

事例 2(1)のように，機械に直接不正の工作や物理的作用を及ぼしてその管理・支配機能を解除するような占有移転行為が当該機械の設置・管理者の意思に反するものと評価されることに異論はない（最決平成 21・6・29 刑集 63-5-461 等参照）。また判例（最決平成 19・4・13 刑集 61-3-340）は，大当たりを出すボタンの押し順を判定する電子機器（体感器）を装着してパチスロ機で遊戯する行為について，体感器がパチスロ機に直接には不正の工作・影響を与えなくても，「専らメダルの不正取得を目的として」当該機器を身体に装着し「不正取得の機会をうかがいながら」遊戯すること自体が「通常の遊戯方法の範囲を逸脱するもの」であり，店舗が許容していないとして「窃取」を認めている。

もっとも，占有移転が機械の設置・管理者の事実的な意思に反することから直ちに「窃取」が認められるわけではない。事例2(2)の行為は，犯罪行為を隠蔽する目的で行われており，店舗がそのような遊戯を許容しているとはいいがたく，メダルの移転は少なくとも管理者Aの事実的な意思に反するといえる。しかし，判例（前掲最決平成21・6・29）は，「被害店舗が容認している通常の遊戯方法により取得したものである」ことを理由に窃盗罪の成立を否定している。「窃取」で問題となる被害者の意思とは，財物の支配・管理の具体的措置等を通じて一定程度客観化されているものに限られ，禁止の実効性を担保する具体的措置が講じられていない遊戯方法は「通常の遊戯方法」と評価される等の説明が有力である*。

＊　財産的損害を与える可能性のない行為を「通常の遊戯方法」とする理解から，メダル排出率を変動させる行為に限り「窃取」を肯定する見解などもある。

2　死者の占有

死者には支配意思も支配の事実も観念できない以上，占有が認められず，したがって，最初から財物を奪う意図で人を殺害する場合のように，殺害自体が占有取得の手段と評価される場合（強盗殺人罪が成立する）を除き，死者から物を領得する行為には遺失物等横領罪が成立するにとどまりそうである*。

＊　刑法上の占有は，死亡により相続人に直ちに承継されるわけではない。

しかし，判例（最判昭和41・4・8刑集20-4-207）は，事例2(3)のように，殺害直後に領得意思が生じた事案につき，「このような場合には，被害者が生前有していた財物の所持はその死亡直後においてもなお継続して保護するのが法の目的にかなう」と述べた上で，「被害者からその財物の占有を離脱させた自己の行為を利用して右財物を奪取した一連の被告人の行為」によって被害者の「生前」の占有が侵害されるという理論構成により，窃盗罪の成立を認めている。判例による場合，先行する占有離脱行為と領得行為の時間的・場所的接着性や，先行行為を利用する意思等の主観的連続性を踏まえた，両行為の一体性の評価が重要になろう。

もっとも，上記判例の射程は，被害者を死亡させた者による領得に限定され，事例2(4)のように，無関係の第三者による領得は遺失物等横領罪にとどまる。

事例３
(1)　Ｘは，乗り捨てる目的で，Ａの自転車を無断で乗り出した。
(2)　Ｘは，給油所の駐車場に停車していたＡの自動車（時価相当額300万円）を，数時間後には元の場所に戻しておくつもりで，無断で乗り出した。
(3)　Ｘは，景品交換の目的で，磁石を使い遊技機からパチンコ玉を取った。
(4)　Ｘは，Ａを殺害後，物盗りを装う目的で金品を持ち去った。
(5)　Ｘは，盗品を携えて警察に出頭し刑務所に入る目的で，万引きをした。

1　不法領得の意思

判例・通説は，窃盗罪等の移転罪の主観的要件として，故意とは別に，不法領得の意思を要求している。判例（最判昭和26・7・13刑集5-8-1437）によれば，不法領得の意思とは「①権利者を排除し他人の物を自己の所有物と同様に②その経済的用法に従いこれを利用し又は処分する意思」と定義されるところ（丸数字は筆者），学説は，これを①権利者排除意思と②利用処分意思に分けて検討する傾向にある。

2　権利者排除意思

権利者排除意思は，通説によれば，使用時間や態様等の点で軽微な一時使用を処罰対象から除外するために要求される。占有移転後の実際の被害結果の軽微性ではなく，占有移転時点の意思内容を問題にするのは，その時点で犯罪の成否を確定し，既遂時期の明確性を確保するためである*。

＊　占有移転後の実際の使用実態は，占有移転時点の意思内容を推認させる重要な間接事実となるが，例えば，財物を売却した場合でも，そこから直ちに占有移転時点の売却の意思が認められるわけではない。

上記の趣旨から，権利者排除意思の有無は，行為者の想定していた財物の使用方法に可罰的な侵害性が認められるかによって決せられる。可罰性が認められる使用方法は，財物を換金する場合や事例３(1)の乗り捨てのように，返還意思がなく，権利を事実上喪失させうるような場合が典型例であるが，これに限られない。ⓐ返還までの時間や被害者の利用予定，ⓑ客体の損耗のしやすさや利用に要する技能の難易度，ⓒ客体の価値の高さや稀少性，ⓓ行為者の具体的な利用目的や被害者の管理の目的・方法等の事情を勘案して使用方法の可罰性を判断すべきであろう。事例3(2)のXには返還意思が認められるものの，想定される使用方法は，ⓐAによる現実の利用を大きく妨げうるほか，ⓑ走行による摩耗や事故による損傷の可能性の点でA車の価値を減少させうる上，ⓒ自動車の利用はそれ自体に高い付加価値が認められることから，可罰性が高く，権利者排除意思を肯定できる（最決昭和55・10・30刑集34-5-357）。他方，事例3(3)で想定される使用方法は，ⓐⓑⓒの点では必ずしも可罰性を認めがたいが，ⓓ被害者の利益を直接に害する悪用目的ゆえに，被害者が許容する余地のない方法として，権利者排除意思を肯定できる（最決昭和31・8・22刑集10-8-1260）。結局，権利者排除意思が否定されるのは，安価な自転車をごく短時間使用して元の場所に戻しておくような例外的な場合に限られよう。

3　利用処分意思

利用処分意思は，通説によれば，窃盗罪等の領得罪を器物損壊罪等の毀棄罪から区別するために要求される。財物の利用可能性の侵害という点では毀棄罪のほうが重大ともいいうるが，利欲動機に基づく領得行為のほうが，強い非難に値し，また一般予防の必要性が高いために刑法上より重く処罰されると解される。

利用処分意思は，「〔財物を〕経済的用法に従い利用し又は処分する意思」と定義されてきたが，厳密な意味で経済的な用法や物の本来的用法に従う必要はなく，何らかの用途に利用すれば足りる。判例も，不正投票目的での投票用紙の持ち出し（最判昭和33・4・17刑集12-6-1079）や性的関心からの下着の持ち去り（最決昭和37・6・26集刑143-201）につき，利用処分意思を肯定している。

他方で，現在の判例および多数説は，行為全体の動機が（経済的）利益を得ることにある場合でも，「財物それ自体」を利用・処分する意思がない限り，利用処分意思を否定する（詐欺罪につき，最決平成16・11・30刑集58-8-1005参照）。特に評価が分かれるのは，犯行隠蔽目的の事例3(4)や刑務所入所目的の事例3(5)である。事例3(4)では，隠匿は財物それ自体の利用でないとの評価と，単なる隠匿と異なって犯行隠蔽という効用を物から直接的に得ているとの評価が対立し，事例3(5)では，刑務所入所は犯罪の効果であり財物利用の直接的効果でないという評価と，犯行の証拠品としての提出はその物自体の利用であるとの評価が対立している。

事例4
(1) 自転車を盗まれたXは，犯人のAが自宅の軒先にその自転車を保管しているのを偶然発見し，その場で直ちにこれを回収した。
(2) 自動車金融業者Xは，顧客Aとの間で，XがAの車を買い取るが，Aは引き続き車を利用することができ，期限までに元利を返済すればこれを買い戻せる旨の契約を締結した。Xは，契約の際Aに「車を引き揚げるのは返済がよほどひどく遅れたときだ」と説明していたが，返済期限が過ぎてAの買戻権が失われXが確定的に所有者になったとの理由で，期限の翌日，Aの車庫に侵入し，密かに作成したスペアキーを使い，無断で車を引き揚げた。
(3) Xは，Aの鞄の中から，①覚せい剤と②財布を持ち去った。なお，財布はAがBから窃取したものであった。

1 242条の「占有」の意義――窃盗罪の保護法益

「他人の」財物というためは，原則として財物の所有権が他人に帰属していることが必要だが，242条はその例外として「自己の財物であっても，他人が占有」するものであるときは「他人の財物とみなす」と規定している*。

* 242条は，窃盗罪と強盗罪に適用されるほか，詐欺罪，恐喝罪にも準用される（251条）。

同条にいう「占有」の意義については，賃借権や質権といった民事法上の正当な権原（本権）に基づく占有と解する本権説と，本権に基づかない占有一般を含むと解する占有説が大きく対立している。本権に基づかない占有には財産犯の保護法益としての要保護性が認められないと考える本権説に対し，現在の判例は，占有説に立つ（最決平成元・7・7刑集43-7-607）。往々にして帰属が不明確になりがちな本権の実現は民事訴訟等の公的手段によるべきであり，財産秩序を維持する見地からは，私的実力による現状変更を一律に禁止して，財物に対する事実的支配それ自体を保護する必要があるというのが占有説の基本的な発想である。事例4(1)において，Aの自転車に対する占有は本権による裏付けを欠くため，本権説からは242条の「占有」に該当しない。その結果，所有者Xの取戻し行為は，本権説からは「他人の財物」の窃取に該当しないが，占有説からは「他人の財物」の窃取と評価されることになる*。

* 学説には，占有が平穏に開始されたことを要求する見解，正当な権原に基づくような外観を要求する見解等の中間的な見解も主張されている。

もっとも，占有説を貫いて自己物の取戻しを常に犯罪とするのは所有者の保護にあまりに欠ける。そこで判例は，行為の相手方に「社会通念上……受忍を求める限度を超え〔ない〕」場合に違法性が阻却される余地を認めている（前掲最決平成元・7・7参照)。このような立場に従うと，事例4(1)では違法性が阻却される余地があるが，事例4(2)におけるXの車引き揚げ行為は，引き揚げ時期に関するAの合理的な期待を裏切るものである上，車庫に侵入して密かに作成していたスペアキーで引き揚げる悪質な態様のものであり，直ちに引き揚げなければ権利保全が困難になるという緊急性も看取されないことから，Aが社会通念上受忍すべき限度を超えていると評価でき，違法性阻却は否定されよう。

2　禁制品・盗品の窃取

本権者による権利実現行為以外に保護法益との関係で議論があるのが，事例4(3)①違法薬物などの禁制品の窃取や，②窃盗犯人からの第三者による窃取であるが，判例はいずれの場合にも窃盗罪等の成立を認めている（最判昭和24・2・15刑集3-2-175，最判昭和24・2・8刑集3-2-83等参照)。①禁制品も所有権の対象になりうる上，剥奪には没収等の正規の手続を要する点で占有自体に要保護性を肯定しうること，②盗品の盗取は本来の所有者の所有権を侵害している上，窃盗犯人の占有も，被害者に返還する機会を残すという意味でなお要保護性があることから，いずれも「他人の財物」の窃取に該当しうる等の説明がなされている。

本講のポイント

- □1　「窃取」は，占有者（被害者）の意思に反する占有移転をいう。ここでいう占有とは，財物に対する事実上の支配をいう。
- □2　不法領得の意思として，①軽微な一時使用を処罰対象から除外する見地から権利者排除意思が，②毀棄罪との区別の見地から利用処分意思が要求される。
- □3　242条の「占有」の意義については，占有の要保護性をめぐって，占有説と本権説が対立している。判例は占有説に立つが，行為の相手方が社会通念上受忍すべき限度を超えない占有移転については，違法性が阻却される余地がある。

第27講 強盗罪

事例1
(1) Xは，Aに対し，次の手段を用い，金銭を得た（各事例は独立したものとする）。
（ア） 刃渡り15cmのサバイバルナイフを突きつけ金銭の要求をした。
（イ） 一人暮らしのA宅に侵入し，就寝中のAを起こし，口を押さえつけ「動くな，殺すぞ」と述べ，金銭の要求をした。
（ウ） 仲間数名とともに，無抵抗になるまでAを手拳で激しく殴打した上でそのポケットから財布を抜き取った。
（エ） Aが不倫をしている事実をばらすと述べて，金銭の要求をした。
（オ） 電話で「金を払わなければぶっ殺す」と執拗に怒鳴りつけた。
(2) Xは，1人で車を走行させ，白昼路上で，自転車に乗っていたAに道を尋ねるふりをして声をかけ停車させ，その自転車の前かごに入っていたハンドバッグを奪おうとしたが，留め金がかごにひっかかり，Aは転倒した。起き上がったAは，バッグを摑んで引っ張り返して奪われまいとしたが，Xは，そのまま車を発進・加速してAを引きずりながら走行し，路上，車体，電柱などにその身体を激突させ，Aが手を離したバッグを奪い去った。
(3) Xは，自己に対する金銭債務（300万円）をいつまでも返済しない債務者Aからそれを取り立てるべく，Aを拉致監禁して，激しい殴打を加えるなどして返済を約束させて解放した。Aは3日後，その債務を全額弁済した。

1 強盗罪の基本要件

強盗罪（236条1項）が成立するには，①他人の財物を，②暴行・脅迫を用いて，③強取する必要がある。このうち，②暴行・脅迫については，一般的に反抗抑圧に足る程度の暴行・脅迫である必要があり（最判昭和24・2・8刑集3-2-75：具体的被害者の主観ではなく客観的基準によるべきとする），この点の判断を通じて，同じく暴行・脅迫を手段とする恐喝罪（249条），有形力を行使するひったくり型の窃盗罪（235条）と区別されることとなる。また，その暴行・脅迫は③強取に向けられていることが必要であり，財産取得のためのものではなく，強盗の犯意のない場合には，強盗罪との評価はできない。

2　恐喝との区別――事例1(1)

一般論としては，暴行・脅迫の態様，それが行われた時間的・場所的状況，被害者の抵抗能力などの考慮要素を勘案し，その程度が反抗抑圧に足る程度であったか否かにより強盗と恐喝は区別されることとなる。ただし，事例1(1)のうち，(エ)のように，脅迫により告知された加害内容が名誉（ほか信用や財産）等にとどまる場合，および(オ)のように，直接加害の可能性がない遠隔からの脅迫の場合は，被害者がそれに対し，抵抗しがたい強い恐怖を抱いたとしても恐喝にとどまる。客観的に反抗抑圧に足るとの評価ができないからである。

他方で，(ア)のように，暴行・脅迫の態様として，生命・身体に対する強い加害能力を有する凶器等を用いて行われた場合には，それ以外の考慮要素はあまり問題とならず，強盗となる。本物と感じられるおもちゃの凶器が用いられた場合も，被害者の受け止めにおいて等しいという観点から，同様である。ただし，判例によれば，これらの手段で被害者の反抗が実際に抑圧されず，畏怖程度にとどまったとしても，強盗既遂となるが，学説の多数は，実際に被害者が反抗抑圧された上で，財物等が奪われなければ，強盗未遂にとどまるとする点は注意をしたい。被害者が対抗可能と考えた場合や凶器がおもちゃであるか半信半疑であった場合などには，学説によれば，強盗罪所定の因果関係や強取を欠くなどの理由から，結論が異なる可能性がある。

また，凶器を用いずとも，前記考慮要素を総合して，(イ)のように，被害者に強い心理的恐怖を与える場合や，(ウ)のように，被害者の物理的な抵抗能力を奪ってしまう場合にも，通常は強盗となる。(イ)のような場合には，周囲の助けがありうる時間帯・場所であるか否かの点や，行為者と被害者の年齢・性別・身体能力の相違を，具体的に検討していくことになる。(イ)の場合，多くは強盗を肯定することが可能と思われるが，事例を変え，白昼に人通りのある公園のベンチで寝ている男性に対して同様のことが行われたとしても容易には強盗とはなりえない。また，(ウ)の場合，前記考慮要素のほか，実際の状況の推移も重要となろう。多数人に囲まれて少し小突かれた時点で被害者が金銭を差し出したり，被害者が早々に行為者らを撃退・鎮圧したりした場合には，恐喝にとどまることが多いと思われる。

以上の意味で，生命・身体等への直接加害の可能性のある状況下で，それらが脅かされると被害者において強く感じうる手段が実際に用いられたか否かが「反抗抑圧に足る」か否かの判断のポイントであるといえよう。

3　窃盗（ひったくり）との区別——事例1(2)

ひったくりの場合にも，被害者に対し，財物を奪う有形力が行使されており，その点を見れば，暴行により財物を得たと評価して，強盗となるのではないかと思われる。しかし，有形力の行使の対象が専ら財物に向けられ，その作用が人に及ばない場合，あるいは及んでいたとしてもその作用が大きくない場合には，「反抗抑圧に足る暴行・脅迫」があるとはいえない。

(2)の事例において，仮に，前かごに入っていたバッグを，スムーズにXが奪い去ることに成功した場合には当然に窃盗にとどまるし，また，Aを転倒させた後に，スムーズに奪えたという場合も，転倒させることが反抗抑圧に足る暴行かという問題があるのはもちろん，その点を認識・予見していない場合のXに強盗の犯意があるとはいいがたく，強盗は成立しがたい。

もっとも，ひったくり中の財物をめぐる闘争が発展し，財物にとどまらず，被害者の身体に対して直接加えられた有形力が，反抗抑圧に足る程度との評価をできる場合には，強盗罪が成立する（最決昭和45・12・22刑集24-13-1882）。事例1(2)の後半において，Xが車を発進してAを引きずる行為はバッグを通じてAに作用する暴行に当たり，かつ各所に身体をぶつけていることから反抗抑圧に足る程度との評価は可能であり，それらをXが認識している以上は故意もあり，強盗既遂が成立する。なお，最初の転倒と後半の引きずりにより，それぞれAに負傷が生じたとしても，引きずりによる負傷（と証明できた部分）についてのみ強盗致傷（240条）が成立する点には注意したい（→第29講参照）。

4　解放と「強取」——事例1(3)

正確には「強取」の問題（→事例3）であるが，(3)のような解放後の財産取得を「強取」と解しうるか，またそのような財産取得に向けられた暴行・脅迫が「強取」に向けられたものと評価でき，強盗の実行行為と解しうるかという問題もある。裁判例では，解放された場合や，解放後の取得を予定した暴行・脅迫の場合には，その程度がかなり強度でも強盗（既遂）を認めることに慎重なものがある。暴行・脅迫による影響下の財産取得と評価できない，あるいは反抗抑圧状態下での財産取得のみ「強取」と評価されるなどの理解が基礎にあると思われる。

ただし，解放後も，行為者側の関係者が付き添い監視し続けるなど被害者の反抗抑圧状態が継続しているといえる場合，あるいは反抗抑圧状態の継続を可能とするような（＝一般に強盗が認められる以上に強力な）反抗抑圧に足る暴行・脅迫があったといえる場合には，強盗が認められる可能性はある。

(3)の場合には，解放後，数日間にわたり反抗抑圧状態が継続するほど強力な暴行・脅迫であるとの評価が可能と考え，かつ強盗としてはそれで足りると解すれば強盗罪が成立する。それに対して，そこまでの暴行・脅迫と評価できない，あるいは「強取」は少なくとも行為者の暴行・脅迫状態下でなされる必要があると解すれば，強盗は成立せず，恐喝罪にとどまることになる。その場合，傷害を生じさせていれば，別途傷害罪（204条）が成立する（行為が恐喝罪と共通していれば，観念的競合となる)。

なお，Xが意図しているのは債権の取立てであり，違法性阻却が問題となりえなくはないが，このような態様の取立てが社会的に許容されるものとは評価できないであろう。

事例2
(1) Xは，Aから個人的に300万円を借りていたところ，その返済期限が来ても返すあてがなく，Aから強く返済を督促されていたが，それを免れるにはAを殺害するほかないと考え，返済を名目にA宅を訪れ，Aを殺害した。Aは親族とも交流を有しない一人暮らしで，300万円の金銭貸借を証明する書類等は一切なかった。
(2) Xは，A宅で，就寝中のAのキャッシュカードを盗んで確保した後，Aを起こしてナイフを突きつけ，そのカードの暗証番号を教えるよう要求し，それを聞き出した。
(3) Xは，警察官に職務質問を受け，それから逃走するためにAの運行するタクシーを止め，Aにナイフを突きつけて運賃1000円分の運行を強いた後，信号待ちの際にドアを開けて逃走した。
(4) Xは，相続財産を得るために父である被相続人Aを殺害した。
(5) 某風俗店の店長Xは，その店舗の経営権を握るため，その経営者Aを殺害し，殺害後の幹部会での協議を経て，同店の経営者となった。

1 2項強盗と「財産上の利益」

強盗罪には，2項が規定されており，財物の強取に限らず，財産上の利益を取得した場合も処罰されている。事例2(1)の場合には，財産上の利益を客体とした2項強盗殺人（240条）が問題となる。

前提として，Aを殺害したとしても，Aの300万円の債権が消滅するわけではないが，事実上，それを免れた場合には，財産上の利益を得たと評価しうる。また，かつて判例は，2項強盗が成立するためには，被害者の処分行為が必要であると解していたが――(1)の事例に即していえば，殺害するのではなく，債務免除の意思表示を強制する場合は処分行為がある――，判例変更（最判昭和32・9・13刑集11-9-2263）により，この点も，事実上の免脱で足りるとされている。暴行・脅迫による心理的抑圧から被害者に処分行為を強いれば利益の取得・移転が見出しやすいが，その場合に限られず，物理的抑圧（殺害等）により債務を免れる場合も利益の取得・移転を見出すことは可能である。

2 2項強盗殺人（具体性と確実性）

しかし，債務の履行督促を暴行・脅迫で免れることや，債権者を殺害することが直ちに2項強盗（殺人）に当たると解されているわけではない。債権者あるいはその関係者を殺害し，その督促を免れたとしても，事実上，債務を免脱したと直ちに評価できるわけではないからである。例えば，金融業者の督促担当職員を殺害し，その日の督促を免れたとしても，翌日には別の職員が督促に来るような場合には，財産上の利益を得たとは評価できない。その意味で，債権・債務関係に関する被殺者以外の認識状況や客観的にそれを証する資料の残存状況などが重要となり，事例2(1)のように，A以外誰の認識もなく，かつ証拠資料も残存しない債務の場合には，債務免脱という利益を確実に得ていると評価できる（利益取得の「確実性」が明確）。

しかし，一部有力な異論はあるが，完全な免脱に至ることが不可欠と解されているわけでもない。債権を承継する相続人や管理者がおり，一定の残存資料から後の請求が可能という場合でも，履行請求が相当に困難化するといえれば，免脱ではなく，相当期間の履行猶予という財産上の利益を得たという評価が可能である。前述の金融業者の督促担当職員殺害の事例では，せいぜい1日の猶予にとどまるが，個人的な債権・債務関係の場合には，事情により，相当長期間の履行猶予がありえ，その場合には，利益として質量十分であるという評価が可能であろう（利益の「具体性」が明確）。そして，債権・債務関係に関する被殺者以外の認識状況や客観的にそれを証する資料の残存状況を検討して，困難化の程度を具体的に明らかにして，（免脱利益ではなく）その猶予利益を確実に取得しているとの評価ができれば，2項強盗（殺人）が成立しうる。なお，行為者・被害者間の金銭のやり取りに，返済期限や履行督促がない場合には，免脱に至れば別論，猶予利益の内容確定は困難になるといえよう。

3　殺人によらない2項強盗

また，殺人によらない場合――暴行・脅迫で履行請求を断念させる場合，逃走する場合――，その後，被害者が気を取り直して履行請求した場合にはもちろん，そうでない場合でも，その後の履行請求断念状態まで，暴行・脅迫の作用が強盗と評価できる程度に及んでいるか，という問題がある。心理的抑圧により，被害者に処分行為を行わせれば比較的肯定しやすいが，殺害以外の物理的抑圧で債務を免れる場合には，利益の取得・移転をどのような点に見出しうるか慎重な検討を要する。

もっとも，事例2(1)のような面識のある者の間の継続的な債権・債務関係の場合には，利益の取得・移転を見出すことに困難があるが，それとは異なる，1回限りのタクシーの利用料金，散髪代などの支払を暴行・脅迫で免れる場合には，暴行・脅迫によるその場での請求断念や逃走が，事実上の債務の免脱を客観的に意味しうる（前述2のとおり，そこまで認められなくとも請求困難化による相当期間の猶予でも足りる）。そのような場合には，それぞれの代金請求権の免脱という具体性のある利益を，暴行・脅迫により，確実に得ていると評価することができ，殺人によらずとも2項強盗が成立する。同様のことは，先行する犯罪で得た財物の返還請求を免れる場合にも妥当する（→第30講）*。

* なお，禁止薬物の販売代金やその返還の免脱，売春代金の免脱，薬物購入代金として預かった金銭の返還免脱等の場合には，その利益の不法性により2項強盗が成立しないのではないかという問題がある（→第35講）。

4　2項強盗の限界例――事例2(2)～(5)

以上のとおり，先行して債権・債務関係がある場合には，それが客体となること自体に問題はなく，利益の具体性・確実性があれば，2項強盗が成立しうる。しかし，それ以外の場合には，時系列的に正確に事例の分析をして，暴行・脅迫により何を得たかを特定しつつ，丁寧に検討をする必要がある。

事例2(2)の場合には，ナイフを突きつける行為により，直接的には暗証番号という無形の情報を得ている。しかし，情報を得たとしても，Aのもとからその情報が失われるものではないことから，それを直接の「財産上の利益」と評価することは慎重に考えられている。もっとも，先行してキャッシュカードを取得していることから，それと暗証番号を併せ持つことが，当該口座の「預貯金の払戻しを受け得る地位」という財産上の利益になるとして2項強盗を認めた裁判例がある（東京高判平成21・11・16判タ1337-280）。情報はAのもとから失われないが，キャッシュカードが先行して奪われていると，Aは「預貯金の払戻しを受け得る地位」を（相対的に）失い，それに対してXは暗証番号を併せ得ることで，その地位を得ていると評価したものと思われる。

事例2(3)の場合には，タクシーの運行提供後，降車時に暴行・脅迫があれば，その代金請求権の免脱と構成する余地がある（→3参照）。しかし，この事例では，暴行・脅迫なしに逃走しており，請求権自体は利益窃盗的に免れているにすぎない。そうすると，この事例で財産犯の成立を認めるためには，乗車時からの運行強要を，役務提供という利益を得た2項強盗と構成するほかない。この点については，役務は被害者のもとから失われないという理解や他人への行為強制一般が2項強盗となりかねないとの理解から反対もあるが，有償役務であれば認められるという理解が有力である。代金相当分という具体性があり，Xが同乗し続けることでその分を確実に得ているという評価をして2項強盗を認める余地はあろう。ただし，仮に，Xが停止させ運行強要をしたのが一般車両である場合には，そのような構成は困難となる。その場合，車両に対する1項強盗を問題とすべきこととなり，運転者に運行をさせている状況でもXが車両の占有を取得したと評価できるか，一時的な運行強要に不法領得の意思を認めることができるか等の別の論点を検討する必要が出てこよう。

事例2(4)の場合には，殺害をすることで，被相続人Aが支配していた財産の事実上の支配を直ちに取得すれば，それら個別財産を客体とする1項・2項の強盗が成立しうる。問題は，そのような支配の取得をしていない（それを目指していなかった）場合に，「相続人の地位」を客体として，2項強盗（殺人）を認められるかという点である。その点については，否定的な裁判例があり（東京高判平成元・2・27高刑集42-1-87），その結論は支持されている。「相続人の地位」自体は，被害者が保有していたものでも，被害者から得たものでもないという点（相続手続により付与される），このように抽象的な地位では財産的利益としての具体性を欠く点などが理由と考えられる。

事例2(5)の場合には，同店を経営し，収益を上げる「経営上の権益」を客体とした2項強盗殺人が成立しうるか問題となる。しかし，この事例でXは，殺害を契機として経営者としての地位を得ているが，それは殺害によるというよりも，幹部会での協議の結果得たものにすぎず，2項強盗殺人とすることは(4)と同じく困難と解されている（神戸地判平成17・4・26判タ1238-343）。殺害行為を，直接に，店舗の什器取得や，（経営者に支払うべき）当該店舗の売上金の返還免脱などの個別財産の取得による1項・2項強盗と評価できる場合であれば，その範囲での成立可能性はある。しかし，経営上の権益という包括的な利益では，なおその具体性を欠いており，かつ本事例においては前記の事情から取得の確実性を欠いたものと評価すべきという点が否定される理由と考えられる。

事例３

Ｘは，恋人ＡがＢと浮気していることを知り，不良仲間数名とともに両名を呼び出し，集団で激しい暴行を加えて，Ａ・Ｂを負傷させ，Ｂを気絶させた。その後，慰謝料名目で，両名から金銭を奪おうと考え，Ａに対して「気が済まんから慰謝料払って」と申し向け，３万円の現金を支払わせた。さらにＸは，次の行為を行った（各事例は独立したものとする）。

(1)　Ａを帰したのち，気絶しているＢのポケットから財布を抜き取り，5000円の現金を得た。

(2)　Ａの目の前でＢのポケットから財布を抜き取り，現金をとろうとしたところ，「待って」と止めるＡを睨みつけ，黙らせ，5000円の現金を得た。

1　「強取」の要件

強盗罪は，反抗抑圧に足る暴行・脅迫が行われるのみではなく，それによって財物等を得なければ「強取」とは評価できない*。客観的に暴行・脅迫と財産の取得が所定の因果関係で結びついていることが必要であると同時に，その点の認識も暴行・脅迫時から不可欠であり，財産取得のためではない，強盗の犯意を有しない暴行・脅迫を強盗罪として評価することはできない（→事例1）。

*　窃盗が先行する場合，多くは事後強盗（238条）となるが，財物取得後間もない時点で，窃盗は既遂に達しているが「未確保」と評価できる段階であれば，その確保も強取に当たり，それに向けられた暴行・脅迫を１項強盗と解する余地もある（→第30講参照）。

事例３においては，先行する浮気に対する制裁としての暴行は，Ａ・Ｂの反抗抑圧に足り，実際に反抗を抑圧しているが，金銭奪取の意思が生じる前のことであり，各現金を客体とした強盗の実行行為と解することはできない。ゆえに後述のように，後の行為に強盗が成立するとしても，この暴行により生じた負傷を捉えて強盗致傷まで成立させることはできない。

2　反抗抑圧後の領得意思

このような場合に，強盗が成立するためには，財産獲得のために「新たな暴行・脅迫」が行われる必要があると解するのが通説および現在の裁判例で有力な立場である。ただし，その際の「新たな暴行・脅迫」は，すでに被害者の反抗を実際に抑圧していることから，その反抗抑圧状態を維持・継続する程度の，通常の強盗の場合に比して弱い程度の暴行・脅迫でも足りると解するのが有力な理解である。

そのような理解からは，本事例の「気が済まんから慰謝料払って」というAに対する発言は，それだけで行われた場合には恐喝にとどまりそうだが，本事例の状況の下では，払わない場合には同様の加害を行うという告知とも解釈でき，「新たな暴行・脅迫」として十分であり，Aに対する3万円の強盗は成立しうる。明確な発言や金銭要求がなくとも，睨みつけるなどの挙動によって被害者に同様の趣旨が伝わる場合にも同じである。

それに対して，(1)では，Bは気絶しており，さらに殺害にでも及ばない限りは，「新たな暴行・脅迫」を認めることは困難であり，窃盗にとどまる。Bが気絶したふりをし，Xらの言動に脅え続けていた場合も，Xにその認識がなく，強盗の犯意を欠いており，同様に窃盗である。ただし，(2)のような場合には，Bの財物を，Aを脅迫して，得たという構成で強盗を認める余地がある。なお，強盗罪において，暴行・脅迫の対象者は，犯行の障害になりうる者であれば足りるとするのが判例（最判昭和22・11・26刑集1-28）の立場であり，財物の占有者ではないAに対する脅迫であっても成立しうる（ただし，限定を主張する学説も有力である）。

本講のポイント

□1　強盗罪は，恐喝罪・窃盗罪と区別するために，「反抗抑圧に足る暴行・脅迫」が要件と解されており，その検討は，暴行・脅迫の態様，周囲の状況，被害者の抵抗能力などを類型に応じて重点の置き方に注意をして検討する必要がある。また，暴行・脅迫は「強取」に向けられているものである必要がある。

□2　2項強盗を検討するにあたっては，暴行・脅迫により確実に得たといえる利益を確定し，その内容が利益として具体性を持つものであるか否かを検討する必要がある。典型例の説明と，成立が問題となる限界例を適切に理解しておくことが重要である。

□3　強盗を肯定するためには，財産取得に時系列的に先行して，かつそれに向けられた暴行・脅迫が行われる必要がある。強盗の犯意を欠いた行為で被害者を反抗抑圧したとしても，犯意を有した後に「新たな暴行・脅迫」がなければ強盗とはなりえない。

第28講 事後強盗罪

事例 1

Xは，現金を盗むために，家人が留守のA宅に侵入し，机の中に現金3万円を見つけ，それをジャケットのポケットに入れた。ほかにも現金がないかと玄関付近を捜していたところ，Aが帰宅し，Xに出くわし，何をしているか詰問した。Xは，逃走するべく，玄関のドア前にいるAの肩に手をかけて引き寄せ，どかせてドアを開け，A宅を歩いて立ち去った。呆気にとられたAは，すぐに気を取り直し，Xの後を追ってA宅前で追いつき，ジャケットの裾を摑み引っ張り，「泥棒！　何を盗んだ？」と問い詰めた。Xは，Aが手を離さないので，ジャケットを脱いで走って逃走したところ，Aは転倒した。Aは，ジャケットの中に現金を見つけ，やはりXは泥棒だと思い，逃げるXを100mほど「泥棒！」と叫びながら追いかけた。そこに自転車で巡回中の警察官Bが通りかかり，Aと一緒にXをさらに100mほど追跡し，BのみがXに追いついたところ，Xは，護身用に持っていた刃渡り15cmのナイフを取り出し，振り回したが，護身術の心得があり，防刃ジャケットも着ていたBは意に介さず，格闘の末，Xを逮捕した。

1　事後強盗罪の基本要件

事後強盗罪（238条）が成立するには，①窃盗犯人が，②暴行・脅迫を行うことが必要であり，その暴行・脅迫は，②-1反抗抑圧に足る程度のものであること，②-2「窃盗の機会」に行われること，②-3財物取り返し防止，逮捕免脱，罪跡隠滅のいずれかの目的で行われることが必要である。

事例1では，Xは，A宅で3万円を窃取し，ポケットに入れ，占有を得ており，窃盗既遂になっており，①の窃盗犯人である要件は充たしている。この時点において窃盗が既遂であるか未遂であるかにより，本罪の未遂・既遂が決せられる。その上で，②について，暴行・脅迫を特定した上で②-1の評価をして，それが②-2・②-3の要件を充たしているか否かを検討するとよい。

2　暴行・脅迫の特定

本罪の暴行・脅迫は，通常の強盗と同じく，反抗抑圧をするに足る暴行・脅迫でなければならない。どのような有形力行使による暴行でも当たるわけではない。本事例の場合には，A宅玄関で，出くわしたAの肩に手をかけてドアの前からどかせた行為や，ジャケットを脱ぎ捨てAを転倒させた行為は，有形力の行使かもしれないが，本罪の暴行には当たらない。それに対して，殺傷能力の高い，ナイフを振り回す行為は，②-1 反抗抑圧に足る暴行に当たる。

注意したいのは，通常の強盗（で争いがあるの）と異なり，本罪では，暴行・脅迫により実際に反抗抑圧をする必要はないことである。本事例でも，Xは，Bに逮捕されているが，そのことは本罪の成否に無関係で，反抗抑圧に足る暴行・脅迫が行われた時点で，（その他の要件を充たしていれば）本罪は成立するし，既遂・未遂にも影響しない（前掲1参照）。

3　その他の要件

上記で特定したナイフを振り回す行為について，②-2「窃盗の機会」は，窃盗現場と時間的・場所的に若干の離隔はあるが，窃盗直後に現場から継続して追跡を受けており充たされる（→事例2)。また，この時点では，財物はAに取り戻されており，取戻し防止目的ではないが，逮捕をしようとするBの逮捕を免れるために暴行は行われており，②-3 逮捕免脱目的が充たされる。注意したいのは，「目的」があればよいので，逮捕免脱に失敗し逮捕されているが，そのことも本罪の成否とは関係ない。また，暴行・脅迫の相手方は窃盗の被害者に限られない。

また，本事例では，Xは，結局，財物を得ていない。そのことも，判例・多数説によれば，本罪の成否には関係ない。本罪の既遂・未遂は先行する窃盗の既遂・未遂で決まるため，事後的な財物の得喪は影響がない。ゆえに先行する窃盗が既遂である本事例の場合には，事後強盗既遂が成立する*。

＊　逆に，物色中に見つかるなど窃盗が未遂の場合には，反抗抑圧に成功して，逮捕を免脱できたとしても未遂にとどまる。しかし，致死傷が生じた場合は別である（→第29講)。とはいえ，本事例で，仮にAの転倒時に負傷が生じていても未だ強盗となっていないXに強盗致死傷罪（240条）は成立せず，ナイフの振り回しや格闘によりBに負傷が生じた場合に限られる。

事例2

Xは，A宅に食品と現金の窃盗目的で侵入して，次の時点で，刃渡り15 cmのナイフを突きつけてAを脅して，逃走した（各事例は独立したものとする）。

(1)　財物の物色を始める前に玄関先でAに発見された際。

(2)　食品と現金を得たが，外は寒いので，A宅の天井裏でしばらく過ごそうと考え，食品を食べながら潜んでいたところ，帰宅したAが異変を感じ，窃盗から3時間後に天井裏を点検した際。

(3)　食品と封筒入りの現金を得て，A宅を立ち去り，誰からも追跡等されることなく，1 km離れた公園で封筒を確認したが，現金がもう少し欲しいと思い立ち，（立ち去りから）30分後に再度，A宅に侵入しようとしたところ，玄関先で帰宅したAに見つかった際。

(4)　食品と封筒入りの現金を得て，A宅を立ち去り，翌日，近所で買い物をしようと封筒から現金を出そうとしたところ，たまたま通りかかったAに見つかり，封筒の返還を要求された際。

1　「窃盗の機会」の前後――事例2(1)(4)

前記のとおり（→事例1），事後強盗罪は「窃盗の機会」に行われる必要がある。そのためには，少なくとも窃盗の着手は認められる必要がある*。ゆえに事例2(1)の場合には，事後強盗罪は成立しえず，脅迫罪（222条）等にとどまる。

＊　あらかじめ，窃盗の時に見つかった場合には相手に暴行・脅迫を加え逃走しようと考え凶器等を用意していた場合には，窃盗の着手に至っていなくとも事後強盗の予備罪（237条）が成立するとするのが判例である（最決昭和54・11・19刑集33-7-710）。とはいえ窃盗着手前に暴行・脅迫を行ったとしても，（予備罪は別論）事後強盗罪は既遂も未遂も成立しない。

また，(4)のように，完全に窃盗が終わった後には，窃盗犯人であったとしても事後強盗罪は成立しない*。

＊　この場合には，「財産上の利益」であるAの財物返還請求権を免れる2項強盗（236条2項）の成立可能性のみがある（→第27講，第30講）。

以上の中間で，(2)(3)のように，窃盗に着手したが，時間的・場所的に離隔が生じた時点で暴行・脅迫が行われた場合に，「窃盗の機会」であるか否かが問題となる。

2 「窃盗の機会」の判断基準――事例2(2)(3)

判例において，(2)類似の事案につき，「窃盗の機会」が肯定され（最決平成14・2・14刑集56-2-86），(3)類似の事案においては否定されている（最判平成16・12・10刑集58-9-1047）。そこで採用されている「窃盗の機会」の判断基準は，「被害者等から容易に発見されて，財物を取り返され，あるいは逮捕され得る状況が継続」（追及可能性の継続）していたか否かである。

3 具体的判断

被害者の追跡が実際に行われ，それが継続していた場合には，時間・場所の離隔が生じていたとしても「窃盗の機会」は肯定される（→事例1）。その際に，短時間見失ったという事情があったとしても結論は同様である。

また，私人に現行犯逮捕等されたとしても，その状態になお不安定さがあれば，「窃盗の機会」と認められる。しかし，逆に，警察官に連行され，警察署に至った後に暴れたとしても「窃盗の機会」とは認められない。

検討の際には，窃盗からの時間・場所の離隔を第一次的には見ることとなるが，窃盗犯人の状況と被害者側の状況を客観的・主観的に検討し，窃盗直後の緊迫した状況が継続していたか否か，特に窃盗犯人が安全圏に離脱をしていたかどうかを中心に判断することとなる。

ゆえに，(2)では，時間的離隔が生じていたとしても，現場に滞在し続けており，窃盗犯人であるXの側には逃走する必要性やその認識があり，追及可能性が窃盗直後から継続しており，「窃盗の機会」が認められる。

それに対して(3)においては，再度の侵入窃盗は着手に至っておらず，これを基礎として事後強盗を認めることはできない。また，当初の窃盗は既遂となっており，時間的には(2)より短く，場所も当初の窃盗現場であるが，Xは，当初の窃盗後，何ら追跡等を受けることなくいったん安全圏である公園に離脱をしており，少なくともその時点で，先行する窃盗との関係では「窃盗の機会」の継続性は切れることとなる。そして，いったん途切れた場合には，新たな窃盗に着手しない限り，「窃盗の機会」が再度認められることはない。

事例３

友人Ｘとともにスーパーマーケットを訪れたＹは，Ｘを車に残して，同店でビールを万引きして店舗外に出たところ，同店警備員のＡに声をかけられ，同店事務所に同行するように言われた。Ｙは，逃走し，Ｘの待つ車に戻って乗り込んだが，Ａは車の前に立って阻止しようとした。Ｙは，ビールを窓から捨て，運転席のＸに，構わず車を発進させるよう指示をしたため，Ｘは，クラクションを鳴らしながら車を急発進させてＡの前で急制動を行い，衝突させるふりをしてＡを退避させ，その場から逃走した。

1　事後強盗罪の共犯

事例３で，Ｙには事後強盗罪が成立する。その際に，Ｘがどのような意図であったとしても，その罪責が変わることはない。

他方で，Ｘについては，本件万引きについてあらかじめ共謀を遂げていれば，①見つかった際には逃走の際に暴行・脅迫で逃れることをもあらかじめ共謀している場合も，②そのような共謀はなかったが，Ｙが逃げてきた時点で状況を察し逃走のための暴行・脅迫を新たに共謀した場合でも，Ｙとの間で事後強盗罪の共同正犯が成立する。いずれにせよ，Ｘも窃盗犯人であり，特に本罪の成立に障害はないといえる。それに対して，Ｘが，事前にＹと窃盗の共謀を遂げていない場合には，窃盗犯人でないＸにも事後強盗罪が成立するか否か問題となる。

2　窃盗に関与しない者の事後強盗罪の共犯の成否

この問題について，最高裁判例はなく，裁判例・学説の間で，その処理につき，理論構成のレベルとその適用のレベルのいずれにおいても争いがある。

理論構成のレベルでは，本問題を共犯と身分の問題と考え，65条の適用により解決しようとする構成と，自己の関与しない先行する窃盗を引き継いで事後強盗罪が成立するか否かという承継的共犯の問題として解決しようとする構成が対立している。

窃盗犯人という身分が構成要件要素であると解すると前者の構成が，窃盗はあくまで本罪の実行行為であると解すると後者の構成がなじむといえる。*

＊　両者の構成が相互排他的なものであるかどうかも争いがある。実行行為であ

り65条が適用可能な「身分」でもあるとの理解もありえなくはない。

3　それぞれの解決

本問題を65条で解決する場合には，その「窃盗犯人」という身分が，連帯性を定める65条1項の身分（構成的身分など）であるか，個別性を定める65条2項の身分（加減的身分など）であるかを決する必要がある。暴行・脅迫の加重身分であるか，そうではないかを，共犯と身分の1項・2項振り分けの一般論に従い区分することとなる（→第17講参照）。裁判例では，65条による解決が散見されるが，1項の身分とし事後強盗の共犯とする判断，2項の身分とし暴行・脅迫罪（の刑にとどまる）とする判断のいずれも存在する。

承継的共犯と解する場合には，窃盗を承継するか否かを検討することとなる。承継については，最高裁判例の一般論（→第16講）を踏まえ，一体の行為として共謀したといえるか否かを判断することとなる。その際には，窃盗とその後の暴行・脅迫の客観的な一体性やYによる当初の計画における予定からの一体性を検討することとなろうが，（あらかじめ関与が予定されていた）詐欺や恐喝の承継的共犯よりは慎重な判断が必要となることが多いであろう。

判例・学説上，理解が多数に分岐をし，未だ結論を含め決着をみない問題であり，自己の理解から一貫した検討が行えれば足りよう。

本講のポイント

□1　事後強盗罪は，強盗として論じられるものであるが，その要件や既遂・未遂の判断は通常強盗とは異なる点が多い。

□2　事後強盗罪の，「窃盗の機会」は，窃盗後の窃盗犯人側と被害者側の双方の行動や意図に着目し，追及可能性の有無の観点から判断する。

□3　事後強盗犯人に，その暴行・脅迫段階から加功した共犯者の罪責につき，どのような理論構成で，どのような帰結を導くか争いがあるため，整理し，理解を確認すること。

第29講 強盗致死傷罪

事例1

Xは，深夜に一人暮らしのA宅に侵入し，就寝中のAを起こし，ナイフ（刃渡り15cm）を振り回しながら，現金のありかを尋ねた。その際，次の事実が生じた（各事例は独立したものとする）。

(1) Aが大人しく金品のありかを教えたため現金を得たが，振り回したナイフの背がAの頬をかすめ，頬を発赤（加療5日）させた。

(2) Aが防犯のために備え置いていたゴルフクラブを手に反撃してきたため，Xは，何も財物を得られなかったが，その争いの際に，ナイフを振り回し，Aの頬に切創（同上）を負わせた。

(3) Aが大人しく金品のありかを教えたため現金を得た後，Xは，顔を見られたAを生かしてはおけないと考え，殺意をもってAの腹部を刺しAを死亡させた。

1　強盗手段による致傷の場合——事例1(1)

強盗犯人（＝強盗に着手した者）が，「強盗の機会」（最判昭和24・5・28刑集3-6-873）に，その行為により，致死傷結果を生じさせれば強盗致死傷罪（240条）が成立しうる。

(1)においては，ナイフを振り回し，現金を得ており，強盗は既遂となっている。そして，その手段である暴行・脅迫から，発赤が生じており，「強盗の機会」に関するどのような見解からも，Xには強盗致傷罪が成立する。また，傷害結果に対する故意の有無は問わないが，故意がなければ強盗致傷罪，故意があれば強盗傷人（傷害）罪が成立する（ただし，殺意〔致死か殺人か〕の場合と異なり，致傷か傷人かの区別はあまり厳密にはなされていない）。

なお，(1)においては，負傷が比較的軽微であるが，判例上は，その負傷の程度は問わないと解されている一方，学説では，本罪の刑の重さ（下限が6年の懲役）に鑑み，軽微な負傷は除くべきであるという主張も有力ではある。

2　強盗が未遂の場合――事例1(2)

(1)と異なり，強盗は未遂に終わっているが，着手している以上は，本罪の主体となりえ，本罪が成立する。また，(1)と異なり，被害者Aの反抗を全く抑圧できていないが，本罪の成立には，反抗抑圧に足る程度の暴行・脅迫が行われ，着手に至っていれば足り，被害者の反抗抑圧状態も，強取行為（の開始）も，強取が成功し強盗が既遂であることも必要はないので，それらの点は，本罪の成否に直接には影響を及ぼさない*。強盗致傷罪・傷人罪は，傷害結果が生じれば成立し，致傷・傷人罪の未遂は存在しない。観念上は，傷害結果を発生させようと意図して，生じなかった場合に未遂が想定しえなくはないが，その場合には，通常の強盗罪（236条）の罪責を負うにとどまる。よって，(2)のXには，強盗致傷／傷人罪（既遂）が成立する。

*　ただし，強取の成否については罪名に影響はないが実務上通常認定される。

3　罪跡隠滅目的殺人の場合――事例1(3)

(1)と同様に強盗は既遂となっているが，その成功後にAを殺害している。本罪は結果的加重犯のみであるとは解されないため（「よって」という文言が使われておらず，法定刑が重く傷害・死亡結果の故意犯を含むのが合理的と解されることが理由である），このように強盗が一見終了した後の，罪跡を隠滅するための被害者等の殺害についても「強盗の機会」に当たり，本罪が成立しうると一般に解されている（→事例2・事例3参照）。(3)では故意でAを殺害しているので，強盗殺人罪（既遂）となる。

ただし，殺害しようとして着手し，失敗した場合には，本罪の未遂（強盗殺人未遂罪。243条）が成立する。この場合，強取の成否は問わず，常に未遂である。他方で，故意を有しない致死には未遂は考えられない。本罪の未遂は，殺人の故意を有し，死亡結果を生じさせるに至らなかった強盗殺人未遂の場合に限られる。*

*　「A殺害後に財物を奪う意図」で，いきなりAを殺害する場合も強盗殺人罪となる。この場合には，殺人行為が，同時に強盗罪の反抗抑圧に足る暴行にも当たり，着手時点で強盗殺人未遂，Aが死亡すれば既遂となる。

事例２

Ｘは，通行人のＡと口論になり，Ａの顔面を殴打して転倒させ，負傷させた（負傷①）。その際，Ａの腕時計が高価なものであることに気づき，Ｘはナイフを突きつけて脅し，腕時計を外して持ち去り逃走したがナイフを取り落とした。Ａはすぐ起き上がってナイフを拾いＸを見失うことなく追跡し，付近の河原で追いついたため，Ｘは時計を投げ返した。そこでＡがＸを捕まえようとしたため，Ｘは，それを免れるべく，河原のこぶし大の石を次々と拾って，Ａに投げつけたところ，Ａに当たりＡは負傷した（負傷②）。Ａは，Ｘが石を投げ続けたことから恐怖を感じ，逃げようとしたが逃げ道を失って川に飛び込み，溺れて負傷した（負傷③）。

Ｘは，その場から逃走したが，その際に，たまたま散歩中の知人のＢに顔を見られた。Ｘは帰宅後，５時間たって，Ｂの口封じをしなければと思い立ち，Ｂを電話で自宅に呼び出して，殺害した。

1 「強盗の機会」の始期と終期

強盗致死傷罪の成否は，致死傷結果を生じさせた原因行為が，「強盗の機会」において行われたか否か，それと結果との間に因果関係があるか否かにより決せられる。

事例２の負傷①は，未だＸが強盗に着手せず，強盗と評価される前（＝「強盗の機会」より前）に行われた殴打（暴行）により生じたものであり，強盗致傷を基礎づけるものではない。たとえその暴行が後の強盗に役立ったとしても，その点は，暴行による傷害罪（204条）が成立するにとどまる。

また，Ｂの殺害も，罪跡隠滅のためであり強盗との関連性を有するが，強盗殺人とは評価できない。河原での強盗の状況（→2）から離脱し，安全圏への逃走に成功した後，殺害を思い立ち，５時間後，呼び出して殺害をするのは，別個の機会における，新たな殺人と評価されるからである。「強盗の機会」が終了した後の殺人といえる（最判昭和23・3・9刑集2-3-140）。

このように原因行為と強盗の関連性を判断する必要があり，判例上は，時間的・場所的な状況の継続性，被害者の同一性，犯行意図の継続性等の総合判断で判断されているともいわれる。本事例のＢ殺害行為は，時間・場所も隔たり状況を異にし，Ｂは強盗の被害者でもなく，殺害意図を継続していたともいいがたいため，「強盗の機会」における行為とはいえない。

他方で，仮に，X が，河原で目撃直後の B を罪跡隠滅のため殺害した場合には，強盗殺人が成立しうる。また，同じく仮に，罪跡隠滅のため河原から A を拉致して自宅まで連れ帰り，監禁等を継続した後，かなり長時間後に殺害した場合も，同様に成立しうる。被害者と同行を継続し，強盗犯人が支配する状態が継続している場合には，「強盗の機会」も，(「窃盗の機会」の追跡の場合〔→第 28 講〕と同様に）継続延長されることとなる（東京高判平成 23・1・25 高刑集 64-1-1)。その意味で，強盗といえる客観的状況の継続が検討の出発点となる。

2 「強盗の機会」における行為と致死傷結果の関連性

以上に対し，A に対する負傷②，負傷③には強盗致傷が成立しうる。強盗直後からの逃走と追跡が継続しており客観的に「強盗の機会」と評価でき，かつその際の，当該強盗に対する逮捕免脱目的の反抗抑圧に足る暴行（＝石を投げる）から，生じているからである（→さらに原因行為に制限があるのではないかという点については事例 3 参照）*。

* 学説上は，原因行為が，強盗と密接関連性がある行為である必要がある，事後強盗と類似目的による暴行・脅迫である必要がある，全体として強盗行為と評価できる行為である必要があるなどの見解が唱えられている（→事例 3)。なお，「強盗の機会」という「機会」による致死傷該当性判断は，強盗にのみ用いられるものであり，他の致死傷罪では，議論の枠組みが異なる点に注意したい（→第 22 講，第 23 講参照)。

A の負傷③は，A が自ら川に飛び込み生じたものであり，行為と結果の因果関係（危険の現実化）が問題となりうる。しかし，強盗犯人の強力な攻撃に直面して，被害者等が，畏怖等のため，危険な逃走行為を選択して負傷したとしても――その状況との見合いで著しく異常でない限りは――因果関係は否定されないであろう（→第 1 講参照)。

本事例の罪数は，負傷①には A に対する傷害罪，負傷②③については A に対する強盗致傷罪が成立し，包括一罪（もしくは併合罪）となり，それと B に対する殺人罪（199 条）は併合罪となろう。なお，A に対する負傷①から③が，どの暴行によるか特定できない場合には，傷害罪と強盗罪の混合的包括一罪となろう。

事例3

バイクに2人乗り走行をしているA（運転者）・Bに対し，鞄を奪う目的で，X（助手席）・Y（運転者）は車で並走して，Xが精巧なモデルガンを突きつけ，転倒するように指示をした。Aが転倒したところ，AとBは投げ出されてAは負傷した（負傷①）。また，転倒したバイクが車の前方にスライドしたため，Yは車に急ブレーキをかけ縁石に乗り上げ，Xはフロントガラスに頭をぶつけて負傷した（負傷②）。車から降りたYは，降車の際，Bの足を誤って踏みつけ，負傷させた（負傷③）。その後，XとYは，Aの鞄を取得し，投げ出されたバイクで逃走しようとしたが，AとBが追いすがってきて，Aがバイクを蹴って転倒させ，それに巻き込まれたBがさらに負傷した（負傷④）。

1 「強盗の機会」の限定論

判例上は，240条の成立には，「強盗の機会」における行為から致死傷結果が生じれば足りるとされているが，学説上は，成立が広範にすぎるという観点から，必ずしも明確でない判例の外延を限定する議論も有力である。特に，致死傷の原因となった行為（原因行為）の主観的・客観的性質等から，限定を志向する見解が有力である。それら類型に対する判例の立場は必ずしも明確に示されていない。

事例3では，前提として，XとYは車で並走し，モデルガンを突きつけ転倒するよう指示をすることで，危険性が高く，反抗抑圧に足る脅迫を行っており（＝強盗に着手），かつその直後・現場で①〜④の負傷は生じたものであり，「強盗の機会」が直ちに否定される状況にはない（財物も強取している）。

2 原因行為の性質からの限定

負傷①は，強盗の手段としてのモデルガンの突きつけから生じた結果である。原因行為を暴行に限定する見解もあるが，反抗抑圧に足るというその強度による危険性に鑑み，脅迫でも足りるとする理解が有力である（大阪高判昭和60・2・6 高刑集38-1-50）。

他方で，暴行・脅迫の「故意がある」行為から，致死傷結果が生じる必要があるとする理解もあり，その立場からは，負傷③につき，あくまで過失行為であるとして，否定する帰結もありうる。しかし，財物強取のために降車して生じた点を重視すれば，強盗を構成する強取行為から生じたと解し，肯定をする余地もあろう。

さらに，強盗の手段たる暴行・脅迫もしくは事後強盗類似の暴行・脅迫に限るとする見解をとると，手段行為以外の場合，原因行為の動機が，事後強盗所定の3つの目的（財物取り返し防止，逮捕免脱，罪跡隠滅）である場合に限られ，負傷②③④は除外されよう。

3　原因行為の客体からの限定

客体は巻き込まれた通行人等でも足りるが（最判昭和53・7・28刑集32-5-1068参照），共犯者は除かれるとする見解もある。本条の保護客体には共犯者は含んでいないという説明となり，負傷②が除かれることになる。X・Yともに本罪が成立しないとするか，負傷者本人であるXのみ成立しないとするかいずれもありえよう。他方で，仲間割れなど強盗とは別の動機での「行為」が除かれるという説明からは，直ちに負傷②の罪責は否定されない。

4　原因行為の存否あるいは因果関係

負傷④のように，被害者側の積極的な追跡行為に起因して生じた致死傷については，本罪の成立を否定する裁判例が複数ある。犯人に殴り返そうとして壁に手をぶつけた，犯人を追跡して転倒したなどの事案である。強盗犯人側の原因行為がない（逃走行為にとどまる），専ら被害者の行為に起因しているなどの説明がなされ，結果帰属の対象となる行為もしくは因果関係の否定に基づくとの説明が可能であろう。

本講のポイント

☐1　240条の罪は，既遂・未遂，故意，罪名に関する特殊な基礎的解釈がある。

☐2　「強盗の機会」は，時間的・場所的状況により否定される典型例がある一方，その枠内では諸事情を考慮して判断される。

☐3　「強盗の機会」の限界については，判例上なお必ずしも明確ではない点も多いが，学説から提起されている限界問題があり，一定の説明に基づき，帰結を導けるようにすることが必要である。それぞれの議論は，必ずしも排他的なものではない点にも注意したい。

第30講 強盗の相互関係

事例

(1) XとYは，通行人Aから金品を強取することを共謀し，Xが素早くAの鞄を奪い取り逃走し，直後に追いすがってきたAをYがナイフで脅して反抗を抑圧した。

(2) XとYは，絵画取引を偽り，ホテルの部屋に画商Aを呼び出した上で，XがAに対して，隣の部屋にいる取引相手に絵を見せる必要があると偽り，Aから絵画を受け取った後，部屋の外でYに渡してYは逃走した。しばらくして，XはAの部屋に行き，絵画の返還を免れるためにAを殺害した。

1 相互関係の問題

強盗罪には1項強盗（236条），2項強盗（同条），事後強盗（238条）（ほか昏酔強盗〔239条〕）が規定されており，事例によっては，そのうちのいくつかが重なって成立要件を充たしているように思える場合がある。そのような場合に，成立につき，何らかの優先劣後，排他的な関係があるか否か問題となる。

2 排他的関係？——事例(1)

(1)においては，強盗の共謀をしているが，鞄に対して（ひったくりに近い）財物奪取が先行し，その後に反抗を抑圧する（に足る）脅迫が行われている。一見，事後強盗となりそうであるが，このような経過で，まず財物を奪取し，その上で暴行・脅迫により奪取を確保した場合には，1項強盗を構成し，事後強盗ではないとする判例がある（最判昭和24・2・15刑集3-2-164）。これは，①財物の占有を取得しても，それを確保するまでの間は，なお1項強盗が成立しうる，②その場合に事後強盗は排除されるという判断である*。

* この判断は，強盗の犯意がある（共謀が先行する）場合に限られ，先行する財物奪取が窃盗の犯意にとどまる場合は妥当しない可能性もある。なお「確

保」の限界は難しいが，占有取得（既遂）後も未確保状態は続くが，被害者において手出しできない状態になれば「確保」といえよう。

①については，占有取得後はもはや1項強盗は成立しないという異論もあるが，占有取得が十分には確定していない段階で，それを確定させることを1項強盗と解する余地があると解すれば，十分に成り立つ理解である。それに対して，②については，(1)では相違は生じないが，仮に，反抗抑圧に足る脅迫が行われたものの，反抗抑圧に失敗して鞄を取り返された場合，事後強盗であれば既遂となるが，1項強盗としては未遂になるため，②を採ると，より重い処罰が排除されることとなる。そのような理解の妥当性を疑問視し，①については肯定しつつ，②を否定し，事後強盗既遂，1項強盗未遂いずれの成立可能性も認め，いずれか片方でのみ処罰されるという理解もありうる*。

* 返還請求権免脱の2項強盗の可能性も理論的にはある。なお後掲最決昭和61・11・18の調査官解説において②は傍論との指摘もある（安廣文夫・最判解昭和61年度319頁)。

3　非排他的関係——事例(2)

(2)においては，絵画が未確保といえれば1項強盗殺人，先行する絵画の取得が窃盗である場合には事後強盗殺人，詐欺である場合には返還請求権免脱の2項強盗殺人のそれぞれ可能性がある。判例は，類似の事案において，財物を確保済みといえるので，暴行・脅迫が占有奪取の手段となっておらず，1項強盗とは評価できないとした上で（＝本事案では1項強盗は理論的な成立可能性すらない)，先行する財物取得が窃盗であっても，詐欺であっても*，2項強盗殺人が成立するとしている（最決昭和61・11・18刑集40-7-523。本決定の事案では未遂)。このことは，窃盗が先行し事後強盗の理論的成立可能性があったとしても，2項強盗殺人が成立し，両者は排他的関係にはないことを意味する（事後強盗の要件を充たせば，それを認めることもでき，いずれか一方で処罰することとなる)。

* 事例問題においては，先行する財産取得が窃盗か詐欺か確定をする必要があり，交付行為，それに向けられた欺く行為の有無を検討する（→第31講)。なお，先行する窃盗罪または詐欺罪は，2項強盗殺人罪と包括一罪となる。

4　強盗の相互関係

結論として，強盗罪全体としては前記2②の制約（＝1項強盗による事後強盗の排除）の採否のみが問題となる。それを採用する場合には，確保による1項強盗の可能性を先行して判断する必要がある。しかし，財物を確保済みで確保による1項強盗の成立可能性がない場合には残りの強盗の成立可能性を，あるいは，2②の制約を採らない場合には，すべての成立可能性を念頭に置きつつ検討をして，基本的に重いほう（既遂となる／致死傷が成立する）での処罰を認めればよい。

強盗の相互関係パターン

強盗の成立を見落とすと，派生して強盗致死傷罪の論点をも見落とすこととなるため，特に注意深く判断をしたい。事例(1)に関する前記2②の制約を採用するかが問題となるが，基本的には，財産取得に関係して暴行・脅迫（殺人含む）が行われている場合には，1項強盗，2項強盗，事後強盗の成立可能性を念頭に置いて頭の中でシミュレーションすべきであろう。その際には，窃盗と評価できる可能性がある行為が先行しているか否かを入口として分けて検討すると誤りは減ると思われる。その際の留意点として，

1）窃盗が先行していない場合には，事後強盗の可能性はない
2）被害者以外が暴行・脅迫の相手方であるときは，1項・2項の構成は慎重にする
3）1項では財物，2項では利益の強取がないと既遂とはならないが，致死傷があれば既遂・未遂の判断と財産取得の判断は連動しなくなる

という3点には特に気をつけたい。

窃盗の先行がない場合　→2つの可能性（1項／2項強盗）のみ

①Xは，Aに対してナイフを示して金銭を要求し，それを得た。
　→1項強盗のみ成立する。

②Xは，A宅で金員を盗もうとA宅のドアを開錠して侵入したところ，すぐAに見つかった。そこでAを脅して，金員を得た［得損なった］。
　→窃盗は未着手であり，事後強盗は成立可能性がなく，1項強盗［未遂］が成立する。

③Xは，Aに対してナイフを示して金銭を要求し，それを得た直後，返還を求めて

追いすがるAを，返還免脱のため，ナイフで刺殺した。

→後半部分は返還請求権免脱による2項強盗殺人の理論的可能性もなくはないが，先行する1項強盗の「強盗の機会」における強盗殺人罪と評価すれば足りる。なお，事後強盗の「窃盗」には1項強盗を含むとする理解もあり，それによれば事後強盗の可能性もあるが，さしあたり，窃盗に限る理解が条文上は自然であろう。

④Xは，事前の計画どおり，債権者であるAをナイフで刺殺し，債務を免れるとともに，その手持ち現金を得た。

→現金と債務免脱（財産上の利益）という異なる客体を侵害しており，1項・2項あわせた強盗罪一罪が成立する。

⑤Xは，Aに対してナイフを示して金銭を要求し，それを得た。翌日，Xが町を歩いていると，Aと出会い，その返還を要求されたが，再びナイフで脅して逃走した[逃走に失敗し捕まった]。

→前半に1項強盗，後半に返還請求権の免脱による2項強盗［捕まった場合は未遂］が成立しうる。時間的・場所的離隔が大きくなれば併合罪となる可能性もあるが，それほどでもない場合には，包括一罪となろう。いずれかで負傷等を生じさせているような場合には，より重い240条が成立するほうに包括されるであろう（なお，③と異なり，翌日の脅迫を，前日の1項強盗の「強盗の機会」とは評価しがたいであろう）。

⑥Xは，Aに対してナイフを示して金銭を要求し，それを得た。翌日，Xが町を歩いていると，Aから通報を受けた警察官Bと出会い，緊急逮捕されそうになったが，Bをナイフで脅して逃走した[逃走に失敗し捕まった]。

→⑤に経過が類似しているが，後半については，返還請求権を有する被害者ではなく警察官が相手であり，2項強盗は成立しがたい。1項強盗のみが成立し，後半は，逃走の成否を問わず公務執行妨害罪のみが成立し，併合罪となる（なお，後半の脅迫は，1項強盗の翌日であり，③と異なり，その「強盗の機会」と評価することは困難であるため，後半の脅迫で負傷させたとしても傷害罪等にとどまる）。

⑦XはAを欺罔して金銭を得た。翌日，Xが町を歩いていると，Aと出会い，騙されたことに気づいたAにその返還を要求されたが，ナイフで脅して逃走した[逃走に失敗し捕まった]。

→前半は詐欺罪，後半は返還請求権の免脱による2項強盗［捕まった場合は未遂］が成立する。2項強盗［未遂］の包括一罪が成立する（→事例(2)参照）。

窃盗の先行がある場合　→3つの可能性（1項／2項／事後強盗）あり

⑧Xが，A宅で金員を窃取するため財物を物色していると，Aが帰宅した。そこでXは，金員を諦め，逃走のためAを脅した結果，逃走に成功した［逃走に失敗し捕まった］。

→逃走の成否にかかわらず事後強盗未遂のみが成立する。財物・利益の獲得に向けた脅迫ではないので1項・2項ともに強盗の可能性はない。

⑨Xが，A宅で金員を窃取するため財物を物色していると，Aが帰宅した。そこでXは，金員を諦め，貴金属を摑み，Aの追跡をかわして逃走した。翌日，Xが町を歩いていると，Aと出くわし盗んだ物の返還を求められたので，Xはナイフで脅した結果，逃走に成功した［逃走に失敗し捕まった］。

→窃盗の機会，貴金属獲得に向けての暴行・脅迫がないので，事後強盗，1項強盗の可能性はない。返還請求権免脱の2項強盗の可能性のみがある（窃盗の点は包括一罪）。

⑩Xが，A宅で金員を窃取するため財物を物色していると，Aが帰宅した。そこでXは，Aに金員を要求して（あわせて通報を防止するため），Aをナイフで脅した結果，金員を得た［失敗して金員を獲得できなかった］。

→金員を得た場合には1項強盗既遂，得られなかった場合にはその未遂が成立する。窃盗に着手しているので事後強盗の可能性もあるが，脅迫時には窃盗未遂であるので，金員の入手の有無にかかわらず事後強盗未遂にとどまり，1項強盗と別に検討する意義は乏しい。2項強盗の成立可能性はない。

⑪Xが，A宅で金員を窃取するため財物を物色し金員を見つけポケットに入れたところ，Aが帰宅した。Aは泥棒だと思い，捕まえて盗んだ物を取り返そうとしたところ，Xは，それを防ぐためナイフを出してAを脅した結果，金員を得た［失敗して金員を取り返された］。

→財物確保のための脅迫と解することができれば，1項強盗となり，金員の入手の成否により既遂・未遂が決せられる。事後強盗として見た場合には窃盗既遂であるので，金員の入手の有無にかかわらず事後強盗既遂が成立する。事例(1)の判例の射程を広めに理解すると，事後強盗の成立可能性は排除される。そうすると金員を取り返された場合にも，事後強盗既遂の成立可能性が排除され，1項強盗未遂のみしか成立しないが，事例(1)解説のとおり，異論の余地もある。なお，得た金員の返還請求権免脱による2項強盗の理論的可能性もあるが，既遂・未遂の結論等に影響するものではなく，独立に検討する意義は乏しい。

⑫Xが，A宅で金員を窃取するため財物を物色していたところAに見つかった。Xは，慌ててAの貴金属を摑み逃走したが，Aは捕まえて盗んだ物を取り返そうと追跡した。追跡1時間後，5km離れた場所で，Xは，ナイフを出してAを脅した結果，貴金属を得た［失敗して貴金属を取り返された］。

→事後強盗として検討されるのが通例で，最終的な貴金属入手の有無にかかわらず既遂となる。財物確保のための1項強盗（やや微妙ではある），返還請求権免脱のための2項強盗の成立可能性はあるが，常に既遂となる事後強盗に比し，貴金属を取り返されるといずれも未遂となるため，独立に検討する意義は乏しい。

⑬Xが，A宅で金員を窃取するため財物を物色していたところAに見つかった。Aが通報して警察官Bが駆けつけたため，Xは，慌ててAの貴金属を摑み逃走したが，Bは追跡した。追跡1時間後，5km離れた場所で，Xは，ナイフを出してBを脅した結果，貴金属を得た［失敗して貴金属を取り返された］。

→⑫と同じ。ただし，警察官が相手であるので2項強盗は理論的な成立可能性すら乏しい（さらに警察官に対する行為につき成立する罪は⑥参照。事後強盗と観念的競合となろう）。

本講のポイント

□1　強盗罪には1項強盗，2項強盗，事後強盗がある。財物奪取後に暴行・脅迫が行われた場合，財物確保のための暴行・脅迫による1項強盗の成立可能性から事後強盗の成立を排除する判断もあるが，その射程・妥当性に争いがある。

□2　2項強盗と事後強盗については，事後強盗の成立可能性があっても2項強盗の成立を排除しないとする判断があり，相互に排他的な関係にはない。

□3　事案の経過により，1項強盗，2項強盗，事後強盗の複数の成立可能性がある場合があり，それぞれの強盗固有の成立限界，相互関係による排他性（この点は採否による），いずれが重くなるかの観点から見落としがないよう，必要かつ自然な判断をする必要がある。

第31講 詐欺罪・恐喝罪

事例 1

(1) Xは，Aに対し，返済の意思がないのに，「10万円貸してくれ。月末までに必ず返す」旨嘘を言い，10万円を借り受けた。

(2) Xは，古着屋で，代金を支払わずに上着を取得しようと考え，試着を装い，店主の許可を得て試着室に持ち込んだ上で，店主の隙を見て持ち逃げした。

(3) Xは，自動車販売店で，乗り逃げの意図を秘して，試乗を希望し，公道での15分程度の単独試乗の許可を受け，そのまま乗り逃げした。

1 1項詐欺罪の構成要件――事例1(1)

「人を欺いて財物を交付させた」(246条1項) ものとして1項詐欺罪が成立するには，客観的には，①人を欺く行為（欺罔行為）により②相手を錯誤に陥れ，それに基づいて③交付行為を行わせ，それにより④財物（の占有）を取得したことが必要である。主観的には，⑤故意（①から④の認識。①の時点から必要）および⑥不法領得の意思（→第26講）を要する。

事例1(1)は，1項詐欺罪の典型的な事例である。欺く行為とは，財物の交付の判断の基礎となる重要な事項を偽る行為をいい（最決平成22・7・29刑集64-5-829参照)，返済意思がないのにあると偽ることは当然にこれに当たる(①)。これにより，Aにその旨誤信させ（②)，10万円という財物を交付させて取得している（③④)。最初から返済の意思がないので故意等にも問題なく(⑤⑥)，構成要件該当性が肯定される。*

* 欺く行為をしたが，財物の交付・取得に至らなかった（③④が欠ける)，または，交付・取得に至ったが，相手が同情心から交付した（③が②に基づかない）といった場合は，詐欺未遂罪（250条，246条1項）となる。特殊詐欺で，被害者が警察の捜査に協力し，騙されたふりをして，現金入りに見せかけた紙袋等を犯人に交付するような場合も，詐欺は未遂である。

2　交付行為の有無（1項詐欺罪と窃盗罪の区別）――事例1(2)(3)

詐欺罪を特徴づける特に重要な要件が，交付行為である（処分行為ともいう）。

事例1(2)では，Xは店主を騙して上着を取得しているが，交付行為を行わせたわけではないから，詐欺罪は成立しない。交付行為とは，被害者がその意思に基づいて財物の占有（事実的支配）を（行為者側に）移転することをいう。本事例の店主は，店の監視が及ぶ範囲内での試着を許可したにすぎず，意思に基づく占有移転としての交付行為をしたとはいえない。この場合，Xが逃走により，店主がなお有していた占有をその意思に反して自己に移転したことが「窃取」に当たり，窃盗罪（235条）が成立する*。

＊　この場合，交付行為がないだけではなく，Xの騙しは店主の交付行為に向けられていないために，詐欺罪における「欺く行為」自体がない。したがって，詐欺既遂罪のみならず，未遂罪も成立しないことに注意。

これに対し，事例1(3)では，Xは店の従業員に単独試乗を許可させている。店内での試着とは異なり，単独で車を運転して公道に出てしまえば，店側の目は届かず，約束の時間に戻って返却するかは事実上Xの意思に委ねられる。とすると，車の占有はすでにXに移転することになり，その状態を店側が容認している以上，意思に基づく占有移転としての交付行為（およびそれに向けられた欺く行為）が認められる。したがって，詐欺罪が成立すると考えられる（類似事案に関する東京地八王子支判平成3・8・28判タ768-249参照）。

以上のように，相手を騙して財物を取得する場合，その騙しが相手に交付行為を行わせる，すなわち，相手の意思に基づいて，財物の占有（事実上の支配）を移転させるものであるか否かにより，1項詐欺罪と窃盗罪が区別される。

なお，古い判例には，被害者が，自宅に来訪した行為者に欺罔され，自ら持参するつもりで，現金入りの風呂敷包みを玄関上り口に置き，トイレに赴いた際に，行為者が持ち逃げした事案で，詐欺既遂罪とした原判決を維持したものがある（最判昭和26・12・14刑集5-13-2518）。しかし，客体を行為者の前に置いてごく短時間その場を離れただけで占有移転までは認めにくい。窃盗罪とすべきであったとの評価が支配的で，この判例の先例性は疑問視されている。

事例 2
(1)　X は，飲食店で，無銭飲食の意図を秘して注文し，料理を提供させた。
(2)　その後，同店にしばらく滞在した X は，店員から支払を請求されるや，次の各行為に出て，支払を免れた。
（ア）「自動車で帰宅する知人を店先まで見送る」と偽り，許可を得て店先に出て，そのまま逃走した。
（イ）「財布を忘れたから家に取りに行ってくる」と偽り，許可を得て外出し，そのまま逃走した。

1　挙動による欺罔――事例 2(1)

事例 2(1)では，欺いて料理を提供させており，1 項詐欺罪となる（料亭等で不正にサービスを受けた点も評価する必要があれば，2 項詐欺罪とあわせ，246 条の包括一罪として立件する)。

支払意思の有無は，店が料理を提供する判断の基礎となる重要な事項である。そして，飲食店での注文は，「代金は支払う」などと言わなくとも，社会通念上当然に支払意思の表示を含むと評価されるために，無銭飲食の意図でそれを行えば，欺く行為として認定される（「挙動による欺罔」という）*。

＊　欺く行為には，作為と不作為の場合がある。作為には，明示的な虚言のほか，挙動による欺罔も含まれる。挙動を含む作為として構成できると，不作為の場合に要求される作為義務（真実告知義務）の認定を要しない実益がある。なお，不作為による詐欺の例として，最決平成 15・3・12 刑集 57-3-322（自己の口座に誤振込みされた金銭の払戻しを銀行係員から受けた事案〔→221 頁〕)。

2　処分行為の有無（2 項詐欺罪と不可罰の利益窃盗の区別）――事例 2(2)

(1)　利益の支配の移転が意思に基づいていること

事例 2(2)では，2 項詐欺罪（246 条 2 項）の成否が問題となる。同罪の成立には，欺く行為→錯誤→処分行為（利益の交付行為）→財産上の利益の取得を要する。

客体が財物である場合，交付行為の有無は，1 項詐欺と窃盗の振り分けの問題にすぎないが，客体が利益である場合，この要件が欠けて 2 項詐欺の成立が否定されると，利益窃盗として不可罰となるので，問題はよりシビアである。

財産上の利益の処分行為が認められるには，利益の支配が，被害者の意思に基づいて移転することを要する。事例2(2)で問題となる，支払を請求する／免れる利益の支配は，被害者（債権者）側の目の届くところに行為者（債務者）がおり，事実上支払を迫ることができる状態である間は被害者側にあり，その状態を脱すれば行為者に移転すると考えられる。そうすると，単に逃走する行為のほか，事例2(2)(ア)のように，許可を得て（店の目が届く）店先に出てから逃走する行為も，利益の支配を，被害者の意思に基づいて移転してはいない（逃走により，被害者の意思に反して移転している）から，2項詐欺にならないと解される。それに対し，(2)(イ)のように，外出，すなわち戻って支払うかが事実上行為者に委ねられた状態になることが許可されていれば，被害者の意思に基づく利益の支配の移転がある。そうすると，「家に財布を取りに行く」という欺く行為により，その旨誤信させて，支払を一時猶予して外出を許可する処分行為を行わせ，それにより支払を免れる利益を得た行為につき，2項詐欺罪が成立する（先行する詐欺罪〔事例2(1)〕とは，法益侵害の一体性などから，246条の包括一罪となる)。

(2)　厳格な処分意思の要否（無意識的処分行為の可否）

注意を要するのは，事例2(2)(イ)の被害者は，支払を一時猶予する意思で，免れさせてしまったのであり，処分する利益の内容を正確に認識して意識的に処分したわけではないことである。正確な認識に基づく厳格な処分意思を要求し，無意識的処分行為を否定するならば，処分行為が否定されることになるが，それでは，支払済みと偽る，会計をごまかすなどの典型的な詐欺行為も不可罰となりかねず妥当でない。そこで通説は，処分する利益の正確な認識がなくとも，利益の支配の移転と評価できる状況の認識があれば足りるとする（そうした認識すらない，例えば，別の文書と偽って借用証書に署名させるような場合には，2項詐欺は成立しない)。この立場によれば，やはり2項詐欺罪が成立する。

なお，古い判例（最決昭和30・7・7刑集9-9-1856）は，事例2(2)(ア)に似た事案で，2項詐欺の成立には，被害者に「債務免除の意思表示をなさしめることを要する」と判示した。2項詐欺を否定した結論は支持されるが，この一般論は，厳格な処分意思必要説に親和的で，現在の通説とは異なる。この判例は，先行する飲食・宿泊行為が詐欺罪に当たるとして有罪の原審を維持しており，2項詐欺に関する判示は傍論にすぎないとの見方が有力である。

事例３

(1)　Ｘは，市販のマッサージ器（市価２万円）を，「一般に入手困難であり，中風や小児麻痺等に特効のある高価な特殊治療器であるが，特別に安価で提供する」と偽って販売し，購入客から代金２万円を受領した。

(2)　Ｘは，銀行の窓口で，第三者に譲渡する意図を秘して預金口座の開設を申し込み，これに応じた係員から預金通帳の交付を受けた。

(3)　カナダ行きの航空券を正規に購入したＸは，密入国を企てトランジットエリアで待機しているＡを搭乗させる意図を秘して，国際線チェックインカウンターで搭乗券の発行を申し込み，係員からその交付を受けた。

(4)　暴力団員Ｘは，宮崎県内のゴルフ場をビジター客として自ら予約し，利用したが，その際，暴力団員であることを申告しなかった。同ゴルフ場では，暴力団員の拒絶を定め，立看板を設置するなどしていたが，それ以上に，申込みの際の誓約等の確認措置はとっていなかった。

(5)　暴力団員Ｘは，銀行窓口で，「反社会的勢力でないことを確約して申し込みます」との記載のある申込書を提出して口座開設を申し込み，係員から預金通帳の交付を受けた。

1　相当対価の提供と詐欺罪における財産的損害——事例３(1)

伝統的には，詐欺罪は財産犯であるから財産的損害が成立要件となることを前提に，その内容が議論されてきた。事例３(1)類似の事案において，判例（最決昭和34・9・28刑集13-11-2993）は，「価格相当の商品を提供したとしても，事実を告知するときは相手方が金員を交付しないような場合において，ことさら商品の効能などにつき真実に反する誇大な事実を告知して相手方を誤信させ，金員の交付を受けた場合は，詐欺罪が成立する」とする。この結論につき，詐欺罪は個別財産に対する罪であるから，個別の財物（金銭）の喪失自体が損害であるとの理解（形式的個別財産説）も示されたが，それでは，真実を知ったら交付しなかった場合に常に損害が肯定されることになり，詐欺罪の成立範囲が広がりすぎるきらいがある。そこで，個別財産の喪失に財産的被害としての実質が伴うことを要求しつつ（実質的個別財産説），その有無を，被害者が当該取引を通じて目指した経済的目的を達成できているか否かで判断する立場が有力となった。これによれば，事例３(1)では，被害者は高価な特殊治療器を安価で得る目的を達成できていないために実質的損害が肯定されるのに対し，医師資格はないものの知識はある者が派遣医を装って（無償で）診察し，売薬を定価で販売した事案で財産上の損害を否定した判例（大決昭和3・12・21刑集7-772）は，病状に合った薬を適正価格で購入するという患者の経済的目的は達成されているという観点から整合的に説明されることになる*。

＊　さらに，工事業者が（正当な）請負代金を虚偽申告により不当に早く受領した事案で「欺罔手段を用いなかった場合に得られたであろう……支払とは社会通念上別個の支払に当たるといい得る程度の期間支払時期を早めた」のでなければ詐欺罪は成立しないとした判例（最判平成13・7・19刑集55-5-371）も，実質的な財産損害を要求したものと説明されることもある。

2　平成期の判例の展開——事例3(2)～(5)

もっとも，判例は，平成期以降，他人になりすましてその他人名義で銀行口座を開設し（最決平成14・10・21刑集56-8-670），あるいは他人に譲渡する意図を秘して自己名義で口座を開設し（最決平成19・7・17刑集61-5-521），通帳の交付を受ける場合，また，正規に航空券を購入した者が他人に譲渡する意図を秘して搭乗券の交付を受ける場合（前掲最決平成22・7・29）のように，当該取引により相手が直ちに経済的実害を被るとはいえないが，重要な取引条件への違反がある事例で，詐欺罪の成立を認めるようになった。

そうした事案において，判例は，詐欺罪の成否を，欺く行為，すなわち①交付の判断の基礎となる重要な事項を②偽る行為が認められるかを事案ごとに慎重に評価することにより判断する態度を示している。

有力な理解によれば，問題となる取引条件に関する事実が①重要事項に当たるかは，ⓐ相手がその事項を重視する目的・理由に客観的合理性があるか，ⓑその事項を確認する体制・運用等を通じて，関心を寄せていることが外部的に表示されているか，ⓒ現に本当のことを知れば交付しなかったといえるかによって判断される。ⓒだけでは詐欺罪の成立範囲が広がりすぎるとの認識の下，ⓐⓑによる客観的限定が図られていることが注目される。

また，秘したにすぎないのに②偽ったといえるかの判断では，申込みが社会通念上当然に一定の表示を含み「挙動による欺罔」に当たるかが問われる*。

＊　挙動（作為）該当性が否定されても，不作為による欺罔として構成する余地はあるが，その場合，当該事項についての真実告知義務（作為義務）の認定を要することになる（→212頁）。

上記①②を具体例でみると，事例 3(2)では，銀行は申込者本人が口座を利用するのでなければ開設に応じない取扱いとしているところ，それは，近年，不正利用（マネーロンダリング，振り込め詐欺等）の防止という観点から，口座売買が法令上禁止され，金融機関に厳重な本人確認が義務づけられていることを背景とする。銀行として，こうした公的規制を遵守しようとすることは合理的である（ⓐ）。また，約款の内容や厳重な本人確認等の手続の存在から，銀行が上記規制を現に重視していることは外部的にも表示されている（ⓑ）。そして現に係員が真実を知れば交付しなかったといえる（ⓒ）*。そのため重要事項性が肯定される（①）。その上，ⓑの事情や譲渡禁止が社会常識化していることから，「口座の開設等を申し込むこと自体……本人がこれを自分自身で利用する意思であることを表している」（前掲最決平成 19・7・17）ために，挙動による偽りといえる（②）。こうして認められる欺罔行為により係員を錯誤に陥れ，財物である通帳**を交付させたものとして***1 項詐欺罪が成立する。

*　以下，ⓒの事情の指摘は省略する。なお，係員が嘘に気づきながらあえて交付した場合，詐欺既遂罪は成立しないが，行為者は重要事項を偽ろうとしている以上，詐欺未遂罪は成立することになろう。

**　不正手段で証明文書の発行を受ける場合，その文書が①純然たる証明手段としての文書（例えば，旅券や運転免許証）であれば詐欺罪は成立せず，免状等不実記載罪（157 条 2 項）の余地があるにとどまるが（最判昭和 27・12・25 刑集 6-12-1387 参照），②それを超えた独立した財産的価値・効用を有する文書（例えば，保険証）であれば詐欺罪が成立する。預金通帳に関し，判例（前掲最決平成 14・10・21）は，「これを利用して預金の預入れ，払戻しを受けられるなどの財産的な価値を有する」から，口座開設に伴って銀行から交付される場合でも「刑法 246 条 1 項の財物に当たる」とした。

***　それに加えて，判例が財産的損害を独立の要件とみているかは定かでないが，要件とする場合も，重要事項について欺かれて財産を交付させられれば，基本的に損害の発生も肯定することになろう。

次に，事例 3(3)のような搭乗券の取得について 1 項詐欺罪の成立を認めた判例（前掲最決平成 22・7・29）では，航空会社として，運航の安全や，不法入国防止のためにカナダ政府に適切な発券を義務づけられていたことから，他の者を搭乗させないことが経営上重要性を有していたこと（ⓐ），旅券・航空券による本人確認措置がとられていたこと（ⓑ）などに鑑み，「搭乗券の交付を請求する者自身が航空機に搭乗するかどうかは，本件係員らにおいてその交付の判断の基礎となる重要な事項である」とされた（①）。また，自ら搭乗する旨の挙動による偽りであること（②）も，ⓑの事情などから十分に認められる。

暴力団員によるゴルフ場利用に関しては，施設利用のサービスを客体とする2項詐欺罪が問題となるが，同じ日付で有罪と無罪の最高裁判例が出され，注目を集めた。有罪判例（最決平成26・3・28刑集68-3-646）は，入会の際に暴力団員を同伴しない旨の誓約書に署名していた会員が暴力団員を伴ってプレーした事案で，暴力団関係者の利用の拒絶は，快適なプレー環境の阻害による利用客減少や信用，格付けの低下の防止という経営上の観点からの措置であること（ⓐ），入会の際の誓約や暴力団排除情報のデータベース化による確認措置がなされていたこと（ⓑ）などを指摘し，①重要事項性・②挙動該当性を肯定している。これに対し，無罪判例（最判平成26・3・28刑集68-3-582）は，事例3(4)類似の事案で，誓約等の確認措置が講じられていなかったことなどに言及しつつ，ビジターとしての利用申込みは，「当然に暴力団関係者でないことまで表しているとは認められない」として，②挙動による欺罔を否定した。「暴力団おことわり」の施設を暴力団員が利用しても，それだけで詐欺罪を構成するわけではなく，個別具体的な評価を要することになる。

暴力団員による口座開設に伴う通帳取得（事例3(5)）について1項詐欺罪の成立を認めた判例（最決平成26・4・7刑集68-4-715）は，銀行は反社会的勢力排除に企業の社会的責任の観点から取り組んでいること（ⓐ），申込み時に暴力団員でないことを確約する記載を確認していたこと（ⓑ）などから，口座開設者が反社会的勢力であるかが重要事項であるとした（①）。反社会的勢力でないことを確約する申込書の記載から，偽る行為も当然に認められる（②）。*

＊　このように，口座の不正利用防止や反社会的勢力の排除といった観点を詐欺罪成立の理由とすることに対しては，財産犯としての詐欺罪は，被害者固有の経済的利益を直接害する行為だけに適用すべきで，さもなくば同罪は国家・社会的法益に対する罪に変質してしまうといった批判が，実質的個別財産説を堅持しようとする学説からは寄せられている。そうした批判に対しては，被害者が合理的理由で設定した条件に反する形で財産を交付させられれば，十分当罰的な法益侵害性があるとの反論もなされている。

事例４
(1)　Ｘは，不正に入手したＡ名義のクレジットカードを無断で使用し，ガソリンスタンドで給油を受けた。
(2)　Ｘは，Ａに借金返済の督促をしたところ，「このカードを限度額まで使ってくれ」と言われ，Ａ名義のクレジットカードを渡されたので，同カードを使用して，ガソリンスタンドで給油を受けた。
(3)　Ｘは，利用代金の引落しができる見込みも意思もないことを秘して，自己名義のクレジットカードを使用し，ガソリンスタンドで給油を受けた。

1　他人名義のクレジットカードの不正使用（名義人の承諾なし）――事例４(1)

事例４(1)では，他人名義のクレジットカードを使用して店員を欺き，ガソリンを交付させた行為について，1項詐欺罪が成立する（売上票の署名欄に署名して提出すれば，有印私文書偽造・同行使罪〔→第39講。159条1項，161条1項〕も成立する。偽造と行使，行使と詐欺はそれぞれ牽連犯〔54条1項後段〕となる）。

欺く行為の内容としては，①名義人本人としてカードの正当な利用権限がないのにあるように装う点（名義の偽り）と②カードシステム所定の方法で代金を支払う意思がないのにあるように装う点（決済意思の偽り）が考えられる。①②の双方が判決の「罪となるべき事実」に記載されるのが通例である。

①名義の偽りについては，クレジットカード加盟店は，規約上，利用者が会員本人であることを確認する義務を負っていることを理由に，②決済意思の偽りについては，加盟店は，信義則上，カード利用者に決済意思がないことを知れば取引を拒絶すべきであることを理由に，それぞれ商品の販売交付に応じる判断の基礎となる重要事項に当たるとする説明が有力である。

なお，取得したのが財物でなくサービスであれば，当然，加盟店に対する1項でなく2項詐欺罪が成立する（以下同じ）。

2　他人名義のクレジットカードの不正使用（名義人の承諾あり）――事例４(2)

事例４(2)では，ＸがＡを装う名義の偽りはあるが，Ａにカード使用を許され決済に応じてもらえることになっている以上，決済意思の偽りはない。そうすると，名義の点だけで重要事項の偽りといえるかが問題になるところ，判例（最決平成16・2・9刑集58-2-89）は，行為者が名義人に使用を許されていると誤信していた可能性がある事案で，「名義人本人に成り済まし，同カードの正当な利用権限がないのにこれがあるように装い……ガソリンの交付を受けた」以上，詐欺罪が成立し，「名義人から同カードの使用を許され……利用代金が会員規約に従い名義人において決済されるものと誤信していた……としても，本件詐欺罪の成立は左右されない」とした。名義の偽りだけで欺く行為とする判断であり，これによれば本事例でも1項詐欺罪が成立する*。

*　これに対しては，所定の方法で決済されれば加盟店に経済的実害はない以上，名義の偽りだけで詐欺とすべきではないとの批判もある。しかし，加盟店は本人確認義務を怠ればカード会社に立替払いを拒まれるリスクがあることから，あるいは，そのリスクは低いとしても，譲渡，貸与等の禁止というカードシステムの性質上，加盟店として重大な関心を持つべき事項であるから，名義の偽りだけで欺く行為に当たるとする理解が有力である。

なお，判例の立場を貫くと，家族にカードを借りて使用する行為も，店が黙認するような場合は別として，詐欺罪を構成しうる。ただ，当罰性が著しく低い事案では，実質的違法性阻却の余地もあるなどと説明される。

3　自己名義のクレジットカードの不正使用——事例4(3)

事例4(3)のように，自己名義のクレジットカードを決済意思なく使用して商品を購入する行為も，実務上，加盟店に対する1項詐欺罪とされている。この場合，名義の偽りはなく，決済意思の（挙動による）偽りだけがあるところ，規約の解釈上，加盟店は本人確認義務さえ果たせば立替払いを拒まれるリスクは低いにもかかわらず，決済意思の有無が「重要事項」かが問題となる。カードシステムの運営に携わる加盟店は，自らの経済的利害に直結はしなくとも，カードの適正な利用に重大な関心を抱かざるを得ないから，なお重要事項性を肯定できるといった説明がありうる*。

*　これに対し，学説上は，実際に被害を受けるのはカード会社であり，加盟店が利用者の決済意思に関心を抱くとしても，それはカード会社の財産を処分しうる地位・権能においてであるとして，カード会社を被害者，加盟店を被欺罔者・処分行為者とする三角詐欺の構成による2項詐欺罪とする立場も有力である（例えば，加盟店が商品購入に応じることで，カード会社は立替払い債務を負わされ，これにより行為者は支払を免れる利益を得るなどと説明される）。

事例 5

(1) Xは，Aから窃取した通帳・登録印またはキャッシュカードを用いて，次の各方法で預金の払戻しを受けた（それぞれ別の事例とする）。

（ア） 銀行の窓口で係員に払戻しを請求し，現金の交付を受けた。

（イ） ATMで現金を引き出した。

（ウ） ATMでAの口座から自己の口座に振込送金した。

(2) Aが振込先を誤り，100万円をXの口座に振り込んでしまった。ゼロであるはずの残高の増加に気づいたXは，銀行窓口で，係員に誤振込みである旨告げずに払戻しを請求し，100万円の交付を受けた。

1 他人の通帳・カードの無断使用による預金の払戻し——事例5(1)

事例5(1)で，無権限で預金の払戻しを受ける行為は，銀行に対する次の各財産犯を構成する（Aに対する通帳等の窃盗罪とは併合罪の関係となる）。

(ア)では，1項詐欺罪が成立する。正当な払戻権限の有無は，払戻しに応じるか否かの判断の基礎となる重要事項である。そして払戻請求は払戻権限を当然の前提とするから，Xのような無権限者が行えば，挙動により払戻権限の存在を偽る行為に当たる（なお，A名義で払戻請求書を作成・提出すれば，有印私文書偽造・同行使罪も成立し，偽造と行使，行使と詐欺は各牽連犯となる）。

(イ)では，人を欺いていないので，詐欺罪は成立しない。ATM内の現金の占有を，払戻権限を有する者の請求にのみ応じるという銀行（支店長等）の意思に反し，移転させる行為が「窃取」に当たり，窃盗罪が成立する。

(ウ)では，人を欺いていないので詐欺罪にならず，振込みはシステム上の残高を動かすだけで現金の占有を移転させないので窃盗罪にもならない。こうした場合を捕捉するのが電子計算機使用詐欺罪（246条の2）である。(ウ)におけるXの行為は，ATMという「人の事務処理に使用する電子計算機」に，権限ある者の請求にのみ応じるというシステム上予定される事務処理の目的に照らして真実に反する「虚偽の情報」を与え，残高記録を変動させることで，「財産権の得喪若しくは変更に係る不実の電磁的記録」を作り，財産上の利益を得ていることになる（被害者はAではなく銀行であることに注意）。*／**

* これらの事例と異なり，Aの口座の出納管理を委ねられ，正当な払戻権限を有することでいわゆる預金の占有が認められるXが不正に費消する意図で引

き出せば，Aに対する横領罪（252条1項）を構成する（→第32講）。その場合，銀行との関係では制約のない払戻権限がある以上，現金の占有を移転させたことについて詐欺罪等は成立しないというのが一般的理解である。

＊＊　電子計算機使用詐欺罪は，他人のキャッシュカードで無権限で送金しても，現金の移動がないので窃盗罪にならないという解釈を前提とする。もっとも，例えば，被害者に金銭交付の手段として振込みを利用させる振り込め詐欺や恐喝は，入金により事実上自由に処分できる状態になることを現金の占有移転とみて，1項詐欺罪・1項恐喝罪として処理するのが一般的な実務である。理論的整合性については様々な理解がありうるが，結論を把握しておきたい。

2　誤振込みにかかる預金の払戻し――事例5(2)

事例5(2)では，原因関係のない誤振込みによっても受取人Xは有効な預金債権を取得する（最判平成8・4・26民集50-5-1267）。しかし，誤振込みであると告げずに窓口で払戻しを受ければ，告知義務違反（不作為）[*]が銀行に対する1項詐欺罪を構成するというのが判例（最決平成15・3・12刑集57-3-322）である。銀行は，誤振込みと知れば，受取人の承諾を得て振込み前の状態に戻す「組戻し」を行うところ，この措置は安全な送金制度の維持や紛争防止といった観点から有意義であるから，払戻請求を受けた預金が誤振込みによるものかは，銀行が「直ちにその支払に応ずるか否かを決する上で重要な事柄」（傍点筆者）であり[**]，また，受取人は継続的な預金取引を行っている者として信義則上の告知義務が認められるというのである。[***]

＊　払戻請求に「誤振込みではない」旨の表示が黙示的に含まれているとはいえないことなどから，挙動による欺罔ではなく，不作為としての構成を要する。

＊＊　払戻権限の存在を否定しにくいため，銀行が重視する組戻しの照会・説得の機会を奪われるという別の観点から重要事項性が根拠づけられている。なお，「詐欺罪等の犯行の一環を成す」払戻請求を権利濫用とする最判平成20・10・10民集62-9-2361によれば，前掲最決平成15・3・12で詐欺罪とされた誤振込金の引出しは権利濫用に当たる余地があるが，これは詐欺罪と評価された結果であって，詐欺罪と評価する根拠として直接援用することはできない。

＊＊＊　事例5(2)とは異なり，振り込め詐欺の被害者が犯人の口座に振り込んだ金を犯人が引き出す場合，その口座は振り込め詐欺救済法による凍結措置が予定され，口座管理者でも実質的に払戻権限が否定されるという説明で，銀行に対する1項詐欺罪や窃盗罪の成立を認める立場が有力である。

事例6

Xは，Aが返還を約した30万円を返還しないので，知人らとともに計4名で，Aに対し，身体に危害を加えるような態度を示し，「俺たちの顔を立てろ」などと申し向けて，50万円を交付させた。

1　恐喝罪の構成要件

「人を恐喝して財物を交付させた」（249条1項）ものとして1項恐喝罪が成立するには，恐喝行為→相手方の畏怖→交付行為→財物の取得を要する。「恐喝」とは，財物の交付に向けて，人を畏怖させるに足りる脅迫（加害の告知）または暴行をすることをいう（→強盗罪〔236条〕との区別について，第27講）。

2　権利行使と恐喝

事例6の問題は，恐喝行為が権利行使のために行われていることである*。

＊　権利行使でも，他人が占有する行為者の所有物（特定物）を取り返すための恐喝行為であれば，242条（251条で準用）の問題（→第26講）となるが，本事例のような金銭債権の取立てについては，242条の適用は問題にならない。

古くは，このような場合，債権の範囲を超えた分（本事例では20万円）についてだけ恐喝罪が成立し，債権の範囲内での請求にとどまれば，脅迫罪（222条）が成立しうるにすぎないと解されていた。しかし，戦後の判例（最判昭和30・10・14刑集9-11-2173）は，「権利の範囲内であり且つその方法が社会通念上一般に忍容すべきものと認められる程度を超えない限り」違法でないが，その「範囲程度を逸脱するときは違法とな」るとし，本事例に類似した事案で，債権額にかかわらず，交付させた全額について恐喝罪が成立するとした。債権者であっても，恐喝手段により金銭を交付させれば構成要件該当性は否定できないことを前提に，権利の範囲内で社会通念上許される手段で取り立てた場合に限り，違法性が阻却されて不可罰となるとの枠組みを示したものであり*，これによれば，本事例でも50万円全額の恐喝罪となる。交付させた全額が被害額となるのは，債権相当額も含めて，違法な恐喝手段を用いたからこそ支払が受けられているからと考えられる。

＊　社会通念上許される手段の限界は明らかでないが，暴力や身体に危害を加える旨の脅迫について違法性が阻却されることは，一般的には考えにくい。これ

に対し，不誠実な態度をとる債務者に対し，法的手段に訴えることを告知するなどの場合であれば，違法性が阻却されうる。

本講のポイント

□1　詐欺罪には，財物を客体とする 1 項詐欺と，利益を客体とする 2 項詐欺がある。同罪の成立要件は，人を欺く行為→錯誤→交付（処分）行為→財物（利益）の取得，故意，不法領得の意思である。

□2　交付（処分）行為とは，被害者がその意思に基づき，財物（利益）の占有（支配）を行為者側に移転する行為をいう。交付（処分）行為に向けられていない騙しを手段とする財物（利益）取得行為は，客体が財物であれば，窃盗罪を構成し，客体が利益であれば，利益窃盗として不可罰となる。利益の支配の移転といえる状況の認識があれば，処分する利益の内容を正確に認識していなくとも，処分行為が認められる（処分意思不要説，無意識的処分行為肯定説）。

□3　欺く行為とは，交付の判断の基礎となる重要な事項を偽る行為をいう。偽る態様には，積極的作為，挙動，不作為がある。判例は，譲渡意図を秘しての口座開設，搭乗券の受交付，暴力団員の身分を秘してのゴルフ場利用，口座開設といった事案で，欺く行為における重要事項性・挙動該当性の判断を通じて詐欺罪の成立範囲を画している。

□4　他人名義のクレジットカードを使用する行為（名義人の承諾なし・あり），自己名義のクレジットカードを決済意思なく使用する行為のいずれも，加盟店に対する詐欺罪とするのが判例・実務である。

□5　払戻権限を有しない通帳やキャッシュカードで，銀行窓口で現金を引き出せば 1 項詐欺罪，ATM で現金を引き出せば窃盗罪，ATM で口座内の資金を別口座に振り込めば電子計算機使用詐欺罪である（払戻権限を有する行為者に預金の占有が認められ横領罪が成立する場合との違いに注意）。

□6　誤振込みによっても受取人は預金債権を取得するが，誤振込みであることを秘して銀行窓口で現金を引き出せば，告知義務違反（不作為）が 1 項詐欺罪を構成する。

□7　権利行使（債権取立て）のために恐喝行為が行われた場合，交付させた全額について構成要件該当性を認め，権利の範囲内で社会的に相当な手段を用いた限りで違法性を阻却するのが判例の立場である。

第32講 横領罪

事例 1

(1) Xは，友人Aが海外留学に行く間，Aの所有するマウンテンバイクを借りていたが，生活に困ったため，それを売ってしまった。

(2) Xは，自宅の宅配ボックスに隣家のA宛てのタラバガニ10kgが誤って届けられていることに気づいたが，Aに届けず食べてしまった。

(3) A社の従業員Xは，同社の製品保管庫の管理を任されていた。Xは，Yに製品の転売を持ちかけられ，2人で倉庫から製品を持ち出し転売した。

1 横領罪の基本

横領罪は，行為者自身が自ら占有している物を不正に自分のものにする犯罪である。移転罪（窃盗，強盗，詐欺，恐喝）とは異なり，占有侵害の要素はない。横領罪の客体は原則として有体物のみであり（ただし預金について後述），保護法益は所有権である。賃借権や質権などの所有権以外の本権を侵害しても横領罪は成立しない（大判明治44・10・13刑録17-1698）。

2 横領罪の各類型

横領罪には3つの類型がある。委託物横領罪（252条1項）は，行為者が，①他人の所有物を，②委託を受けて占有している場合に，③その物を横領すれば成立する。事例1(1)において，Xは，Aの所有物であるマウンテンバイク（①）を，Aとの使用貸借契約に基づいて引渡しを受けて占有（②）しながら，それを自身の生活費のために売却（③）しており，同罪が成立する。委託物横領罪の成立のためには，行為者の占有が委託信任関係に基づくものであること，行為によりその委託信任関係が侵害されたことが必要である*。

* 「委託信任関係」が認められるのは，委託者の利益のために物を利用・保管する場合に限られず，事例1(1)のような使用貸借の場合でも認められる。

他方，事例 1(2)のように，行為者に占有があってもそれが委託に基づかない場合，委託物横領罪は成立せず，占有離脱物横領罪（254 条）が成立する。同罪の客体は「占有を離れた他人の物」だが，委託関係によらずに行為者の占有下にある物もこれに含まれるためである。

業務上横領罪（253 条）は，委託物横領罪の加重類型で，委託に基づく占有が業務上行われている場合に成立する。この「業務」は，社会生活上の地位に基づいて反復・継続して行われる事務のうち，他人の物を占有することを内容とするものに限られる。事例 1(3)の X の行為は，同罪に当たる。他方，X と共同した Y は，製品を業務上占有しておらず，253 条の身分（業務上の占有者）を有していない。この類型のみ，判例（最判昭和 32・11・19 刑集 11–12–3073）は，非身分者が 65 条 1 項により業務上横領罪の共犯（共同正犯）となり，65 条 2 項によって委託物横領罪の刑を科されるという特殊な取扱いをしている（→第 17 講）が，罪名と科刑の分離を認めることになるとして，批判も多い*。

* 有力説によれば，65 条 1 項により非身分者に委託物横領罪の共同正犯が成立し，2 項により業務者にのみ業務上横領罪が成立するとされる。

3 横領罪の実行行為——「横領」

委託物横領罪の実行行為である「横領」の意義については，権限を越えた行為（権限逸脱）であれば足り不法領得の意思は不要とする越権行為説と，不法領得の意思を必要とする領得行為説とが対立するが，判例・通説は後者の見解である。領得行為説に立つ場合，不法領得の意思を実現するためのあらゆる事実的・法律的行為が横領に当たり，客観的な横領行為としては，所有権の侵害の危険が認められるのであれば，不法領得そのものでなくともよく，その前段階の行為でも横領行為と認められる。横領行為が認められる時点で横領罪は成立する（なお，未遂処罰規定はない）。また，委託物横領罪の場合，行為が委託信任関係に反したことが必要である。事例 1(3)では，製品の管理という（業務上）委託された任務に背いて，転売目的という不法領得の意思で持ち出した時点で，所有権侵害の危険があり横領行為が認められ，業務上横領罪が成立する*。

* ただし，X に製品を倉庫から持ち出す何らかの権限が与えられている場合，持ち出し時点では X に不法領得の意思があったと判断することは難しい。その意味で，横領行為が認められる場合は，権限逸脱が認められる場合が多い。

事例２
(1)　Ｘは，Ａ社の人事部長としてＡ社の人事に関する機密資料（紙媒体）を自己の机の鍵付き引き出し内において管理しており，その資料は社外への持ち出しを禁止されていた。Ｘは，ライバル会社のＹから，「Ａ社の機密資料を見せてくれたら報酬を払います」と言われたので，上記資料を持ち出し会社を出ると，近くの喫茶店にいたＹに見せ，一部の資料については写真を撮らせたりなどした上で，予定どおりすぐに机に戻した。
(2)　(1)のＸが，仕事上のストレスが溜まり，Ａ社に対して嫌がらせをしようと考えて，上記資料を持ち出して，河川敷で燃やした場合はどうか。
(3)　学校法人Ａの経営するＢ高校には，高価な美術品が所蔵されており，校長Ｘがその管理・保全を任されていたが，売却等の処分のためには，定款上Ａの理事会の承認が必要であると定められていた。Ｘは，管理する美術品を無断で質入れし，得た金銭を市役所職員で職員採用を担当するＣに贈与した。Ｃへの賄賂は，Ｂ出身者を優遇して採用してもらうためで，Ｘは，Ｂの就職実績を上げ，入学志願者を増やすことを目的としていた。

1　一時使用目的

横領罪の不法領得の意思の中身について，判例（最判昭和24・3・8刑集3-3-276）は，「他人の物の占有者が委託の任務に背いて，その物につき権限がないのに所有者でなければできないような処分をする意思」と，移転罪の場合（→第26講）とは異なる表現をする。この違いが，移転罪の場合と結論の違いをもたらすのかを検討する必要がある。

事例２(1)において，Ｘは業務上保管を委託されていた機密資料の持ち出しを禁止されている以上，持ち出しの段階で横領行為と認められうる。しかし，Ｘは，資料をいったん持ち出したものの，再び元の場所に戻しており，一時使用にすぎないといいうる点が問題となる。このような一時使用は，移転罪では，不法領得の意思のうち，権利者排除意思の問題とされていた（→第26講）。この「権利者排除」に当たる表現が，横領罪では「委託の任務に背いて……権限がないのに」とされているという違いがあるが，これは占有侵害を要件としない横領罪の構造からくる違いで，一時使用については移転罪と同様不法領得の意思の問題として検討するとされている。本事例のＸは，機密資料自体は即座に返還するつもりであったものの，資料の情報を部外者に漏えいすればその財産的価値は大きく損なわれることから，不可罰の一時使用とは評価されない。

2　毀棄目的

事例 2(2)では，X は嫌がらせ目的で資料を毀棄しようと持ち出している。判例による横領罪の不法領得の意思では「利用」の意思は必要とされておらず，実際に隠匿の事案において横領罪の成立を肯定したものもある（大判大正 2・12・16 刑録 19-1440）。それに従えば，本事例のような毀棄目的の持ち出しにも（業務上）横領罪が認められる。他方，学説の多数は，横領罪も領得罪である以上利用処分意思を必要とすべきと考えており，それによれば，事例 2(2)の持ち出しは，委託には反しているものの不法領得の意思の実現と評価されず横領ではない。その後の毀棄が私用文書毀棄罪（259 条）として処罰される（背任罪〔247 条〕の成立も問題になる）。

3　専ら本人のためにする処分

事例 2(3)の X は，業務上占有していた A の美術品につき処分権限がないのに贈賄資金を調達するために勝手に質入れしている。したがって，一見すれば業務上横領罪の成立が認められそうである。ただし，判例（最決平成 13・11・5 刑集 55-6-546）によれば，処分行為が専ら本人（本事例では A）のために行われたものと評価されれば，不法領得の意思が欠けるとされている*。

*　不法領得の意思のどの要素が欠けるのかは争いがある（権利者排除意思，利用処分意思，あるいはそれ以外の要素とする理解もある）。また，処分がそもそも委託の趣旨に反しない，または，委託者に（推定的）同意があると評価されることを理由に横領罪が否定される事例も想定される。

その際，処分の目的である贈賄が刑法典の犯罪行為であり，本人が行うことも許されていないという理由のみで「専ら本人のため」ではないと評価することはできず，X の他の動機や，実際に A の利益となる可能性の高低などの事情を考慮して「本人のため」かどうかを判断することになる。事例 2(3)の X は A の利益のみを考えていたといえるので，不法領得の意思は否定される*。

*　「専ら」とあるが，他の動機が皆無であったことまでは必要とされていない。また，「本人のため」の処分であれば，通常，背任罪の図利加害目的も否定される（→第 33 講）。

事例3
(1) アパレル会社A社のB支店には店長Xと従業員Yが勤めていた。Yは，Xが不在の際には1人で接客販売の業務を行っていたが，商品の仕入れや売上げの管理等には関わっておらず，商品を店外に持ち出す権限もなく，これらの権限はXのみが有していた。XとYは，それぞれ店に1人でいる際に，自己のためにBの商品を無断で質入れした。
(2) (1)のYが，Xから封印された商品の配達を依頼されたが，その封印を解き商品の一部を無断で転売した。
(3) 個人で宝石店を経営するAは，従業員Xに商品の仕入れを任せ，現金100万円を預けた。しかし，Xはその金をすべて遊興費に費やした。
(4) (3)のXが，Aから商品の売却を委託されたが，その売却代金を自分のものにして逃亡することにした。Xは，Bに商品を売却して代金を受け取ったが，その金額をAへ渡すことなく外国へ高飛びした。

1 上下者・主従者間の占有の帰属

複数人が物に対して事実上の支配をしている場合，その複数人に上下主従の関係があれば，下位者は上位者の占有の補助者として理解され，下位者に独立した事実上の占有は認められない*。事例3(1)の場合，XとYはそれぞれの犯行時，店に1人であったが，B支店の店長であるXがB支店の管理者として店舗内の商品に対して事実上の支配を有しているため，従業員Yに占有を認めることはできない。したがって，Yの持ち出し行為には窃盗罪（235条）が成立する。一方，占有が認められるXには，質入れ行為（あるいは，質入れ目的の持ち出し行為）について業務上横領罪が成立する（仮にYが店舗内にいた場合に持ち出した場合も同じである)。

* 下位者に店舗内の物の管理権限が委ねられているなどの事情があれば，例外的に同人に事実上の占有が認められる可能性がある。もっとも，この場合でも，上位者にも権限が併存するなどの理由でなお占有が認められるのであれば，共同占有の侵害として窃盗罪が成立する。したがって，下位者に横領罪が成立しうるのは，店舗の営業を全面的に委ねられているなど，上位者の支配が否定され，下位者単独の占有が認められる場合に限られる。

2 封緘委託物

下位者であっても，上位者から離れて独立に商品を保管していると認められれば，下位者単独の占有が認められる。もっとも，事例3(2)のように，商品が容器等に封印されて委託されている場合（封緘（ふうかん）委託物という），判例は，封緘物全体を領得したときは横領罪となるが*（大判大正7・11・19刑録24-1365），開封して内容物を領得したときは窃盗罪になるとする（大判明治45・4・26刑録18-536）。封緘による開封禁止措置を通じて支配意思が外部に明示され，内容物の自由な処分が制限されていることが，内容物の占有を委託者に認める根拠になっているといえよう。

＊　封緘物全体を領得した後の内容物の取り出しは，通常，不可罰的事後行為と解されている。

本事例の場合，Yには，封緘物全体の占有が認められるが，その中身の占有は委託者であるXになお帰属しているため，封印を解いて中味を領得したYの行為には業務上横領罪ではなく窃盗罪が成立する。

3 「他人の物」――被害客体が金銭の場合

事例3(3)のように，一定の使途を定めて，あるいは，自由な処分を禁止する趣旨で委託された金銭について，判例（最判昭和26・5・25刑集5-6-1186）は，「他人の物」に該当するとしている*。一方で，金銭については，民法上，その所有権は占有者に帰属するとされているので，民法上の評価としては，所有権は占有者＝受託者にあることになり問題が生じる。学説では，金銭についての民法上の「所有と占有の一致」は取引の安全のためのものであり，委託者と受託者間の金銭の静的関係を問題とする刑法においてはそのルールは妥当しない（他の物と同じ所有権帰属ルールが妥当する）と説明されている。したがって，Xの費消行為には金銭を客体とする業務上横領罪が成立する。

＊　これに対して，使途を定めずに，あるいは，費消を許す趣旨で委託された場合には，「他人の物」に該当しないと解されている。委託の趣旨の評価が決定的である。

さらに，金銭の受領を伴う一定の行為を委託された者が，その行為により受け取った金銭についても，判例（最決昭和28・4・16刑集7-5-915）は，その所有権は委託者に帰属するとする。事例3(4)のXがBより受け取った商品の売却代金は，刑法上，委託者Aに帰属し，その金銭をAに渡さず持ち出した行為（拐帯行為）の時点で，金銭を客体とする業務上横領罪が成立する。

事例４
(1)　Ｘは，①Ａとの間でＸ所有の土地の売買契約を締結した。しかし，Ｘは，ＢがＸの土地を高値で買ってくれると聞き，ＸからＡへの所有権移転登記が済んでいなかったことから，②Ｂとの間で土地の売買契約を締結し，③Ｂへの所有権移転登記を了した。Ｂは，Ｘ・Ａ間の契約を知っていた。
(2)　(1)と同じ経緯で，①と②の間に，①'Ｘは，本件土地にＣのための抵当権を設定し登記を了した，という事情があった場合はどうか。

1　二重譲渡――事例４(1)

事例４(1)は，売主（X）が不動産を第一譲受人（A）に売却後，対抗要件である所有権移転登記の前に第二譲受人（B）に売却し，登記を備えたという二重譲渡の事案である。XとAの売買契約締結時点で，民法上土地の所有権はAに移転するので「他人の物」となる*。次に，「自己の占有する」について，移転罪の「占有」が侵害の対象であるのに対し，横領罪の「占有」は所有権侵害の基盤であることから，行為者の処分可能性が重要であり，事実的支配に限られず，法律的支配も含む（大判大正4・4・9刑録21-457)。登記済不動産の場合，登記名義の存在こそが不動産の処分可能性を基礎づけることから，事実的支配の所在に関わらず**，登記名義人であるという法律上の占有が当該不動産の占有と評価される***。以上より，本事例のXはA所有の土地を登記名義人として占有しているといえる。なお，XにはAに対する登記協力義務があるため委託信任関係もある。

*　一方，売買代金の支払や必要書類の授受等がなければ刑法上「他人の物」とはいえないという見解も有力である。

**　これに対して，未登記不動産の場合，事実上の支配の有無が重要になる。

***　登記名義人自身でなくても，所有者から不動産の処分権限を与えられている場合にも占有は認められる（典型例は法定代理人や会社の代表権者)。所有者から登記手続のための一定の権限を与えられ，そのための必要な書類を預けられている場合にも占有が認められるが，単に書類を預かっているにすぎず権限がない場合には争いがある。

横領は，前述のとおり，不法領得の意思を実現するための行為で足りるため，動産の処分の場合，売却の申込み段階（②より前）で横領罪が認められた事案がある（大判昭和22・2・12刑集26-2)。しかしながら，不動産の場合，横領成立時期は登記が備わった時（③）と解されている。その根拠は，文字どおり動かせない不動産について，対抗要件である移転登記が完了しない段階では，なお確定的な所有権侵害が存在しないと考えられているためである。Xには③の段階で横領罪が成立する。

そして，X・A間の契約を知りながら移転登記を受けたBには，横領罪の共犯の可能性がある*。もっとも，不動産の二重譲渡を知るにとどまる場合，横領罪の共犯は否定されている（最判昭和31・6・26刑集10-6-874)。民法上，単純悪意の第二譲受人は，第一譲受人に所有権の取得を対抗しうるので，民法上許容された行為を処罰できないという理由で共犯の成立を否定したものと解される**。他方，いわゆる背信的悪意者の場合は共犯の成立が認められる***。

＊　客体が動産の場合，対抗要件である引渡しの前に横領が成立するので，第二譲受人には横領の共犯ではなく盗品等関与罪（256条2項）が問題となる。

＊＊　この場合，要件論としては，法秩序の統一性を理由とする違法性阻却や，対向関係の場合の共同正犯の成立要件の不充足として処理される。

＊＊＊　Bが何も知らない場合，Xには，土地の売却代金を客体とした詐欺罪（246条1項）の成立可能性がある（第一譲受人の有無が交付の判断の基礎となる重要な事項といえるかが問題となる。→第31講)。

2　横領後の横領――事例4(2)

事例4(2)では，第一譲渡後，第二譲渡の前に抵当権設定が行われている。抵当権設定は本来所有者でなければできない処分なので，その旨の登記を備えた時点で委託物横領罪が成立する。その後の第二譲渡について横領罪が再度成立するかという点について，最大判平成15・4・23刑集57-4-467は，成立を否定した前掲最判昭和31・6・26を明示的に変更し，これを肯定する。一度横領を行った場合でも，当該客体の占有が行為者にそのまま残存し，それがなお被害者の物であれば，委託に基づく占有があり，抵当権設定（と登記）は所有権の価値の一部しか侵害していない，もしくは，所有権侵害の危険性のみが発生しているため，その後の売却（と登記）によって同一不動産を横領することは可能であると考えられている*。2つの横領の関係について判例は明らかにしていないが，学説上は包括一罪として評価する立場が有力である。

＊　抵当権設定は交換価値という所有権の一部しか侵害しないので横領に当たらないという見解もある。

事例 5
(1)　X は，A から現金 100 万円を 1 か月保管しておくことを頼まれ，現金で持っていることに不安があったので，B 銀行で自己名義の普通預金口座を新たに開設してそこに預金した。しかし，翌日お金が必要になった X は，100 万円を引き出して費消した。
(2)　X は，株式会社 A 社の経理担当として，B 銀行にある A 社名義の普通預金口座を管理する権限を与えられていたところ，B 銀行窓口において A 社の普通預金口座から 100 万円を愛人 C の普通預金口座に振込送金した。

1　預金による金銭の占有(1)——自己名義の預金口座に金銭を預ける場合

横領罪の法律上の占有の重要な例として，預金による金銭の占有がある。事例 5(1)の X のように，他人の金銭の保管を委託された者が，保管の方法として預金した場合，「預金口座に保管された金銭」の占有が認められ，自己のために費消する目的で口座から引き出した時点で（業務上）横領罪が認められる（大判大正元・10・8 刑録 18–1231）。この場合，物である金銭は X の手元にはなく，X は B 銀行に対する預金債権を有しているにすぎない。しかし，X は，預金口座の名義人として預金をいつでも自由に引き出すことができることから，預金口座内の金銭を法的に支配していると評価されているのである。*

*　X が預けた現金と引き出した現金は通常別物であり，預けた金額という観念的な「物」として把握されている。その意味で，預金の占有構成は，有体物概念を実質的に拡張しているのではないかという問題がある。なお，委託者 A に金銭の（刑法上の）所有権があることは，使途を定めて委託された金銭であることに基づく（→事例 3 参照）。

なお，事例 5(1)の場合，引き出した現金について X が A から委託を受けて占有しており，それを費消したという横領罪の構成も可能である。

2　預金による金銭の占有(2)——他人名義の預金の処分権限がある場合

事例 5(2)の X のように，他人名義の預金口座の管理権限を有するなど，預金口座の正当な処分権限を持つ者についても，預金による金銭の占有が認められている（当座預金の小切手振出権限を持つ者に当座預金内の金銭の占有を認めたものとして，東京高判昭和 51・7・13 東時 27–7–83 などがある）*。

*　これに対し，偶然キャッシュカードと暗証番号を入手した場合のように，事

実上預金を処分しうる地位を有するだけの者には法律上の占有は認められない。その場合の引出しや振込みには，銀行を被害者とする窃盗罪，詐欺罪，電子計算機使用詐欺罪（246条の2）が成立する。なお，預金の占有（法律上の占有）が認められる場合，行為者には払戻し権限があるという理由で（「行為者に（法律上の）占有がある」という理由ではない），上記の銀行に対する各犯罪は成立せず，預金者に対する横領罪のみが成立すると通常考えられている。

本事例のXは，預金口座から直接Cに送金しているため，現金に対する横領を認める余地はない。この場合，Xに預金による金銭の占有を認めなければ，刑の軽い背任罪しか成立しえない。一方，Xが，口座から100万円を引き出して，それをCに手渡したり，振り込んだりした場合，引き出した現金100万円を客体とする業務上横領罪が認められることからすれば，不均衡にも感じられる。そのため，本事例のような預金口座間の移動の場合は預金による金銭の占有を認める必要性が強いといえる。

本事例のXの行為は，業務とおよそ無関係の愛人への金銭振込みであり，委託の趣旨に反することは明らかであり，所有者にしかできない金銭の処分である以上業務上横領罪が成立する*。

＊　他方，愛人への資金移動をA社からの業務上の注文と仮装する場合には，横領とは評価されず，背任罪が認められることになる（→第33講参照）。

本講のポイント

□1　不法領得の意思を実現するあらゆる行為が横領であり，客観的横領行為は，不法領得の前段階の，不法領得のための行為でも認められる。

□2　毀棄隠匿目的の場合も，判例によれば横領罪の不法領得の意思が認められる。また，行為者が専ら本人のためにする場合は，同意思は否定される。

□3　行為者が事実上支配しているように見えても，上下主従関係などにより他者に占有が認められる場合がある。

□4　委託された金銭について民法上の所有と占有の一致のルールは妥当しない。

□5　横領罪の占有は法律上の占有でもよく，登記済不動産の場合は登記名義人であれば占有が認められる。また，不動産の場合，横領罪の成立時期は処分行為の登記がなされた時点である。

□6　預金名義人である，または，他人名義の預金の処分権限を有している場合，預金口座内の金銭についての法律上の占有が認められ，預金口座内の金銭の移動が不法領得の意思の発現といえれば横領罪が成立する。

第33講 背任罪

事例1
(1) 公益法人Aの理事Xは，Xの息子Bの経営する会社との間で，Aの所持する特許権についてきわめて低額なライセンス契約を締結した。
(2) Xは，Aから金を借り，その担保として，Aとの間でX所有の土地の抵当権設定契約を締結した。しかし，Xは，さらに借金するため，Aに対し抵当権設定登記に必要な書類を交付する前に，Bとの間で土地の抵当権設定契約を締結し登記を了した。
(3) (2)のBとの抵当権設定契約時に，Xは，Aに対して，抵当権設定登記に必要な書類をすでに交付していた場合はどうか。

1 背任罪の基本――事例1(1)

背任罪（247条）は，他人の仕事を委託された者が，委託の趣旨に反した行為によって本人に損害を与える犯罪であり，①他人のためにその事務を処理する者（事務処理者）が，②自己・第三者の利益を図り，または，本人に損害を加える目的（図利加害目的）で，③その任務に背く行為によって（任務違背），④本人に財産上の損害を与えた場合に成立する。事例1(1)において，Xは，Aの理事としてAの業務という他人の事務を処理する者（①）でありながら，息子Bに利益を得させる動機（②）で低廉なライセンス契約を締結（③）し，通常の契約の場合との差額分の損害をAに与えている（④）ことから背任罪が成立する*。

* 事例1(1)の客体は有体物ではないため委託物横領罪の成立の余地はない。契約が不動産の賃貸借などの場合，後述の横領と背任の区別が問題になる。

2 二重抵当事例と事務処理者――事例1(2)

判例・通説は，背任罪の本質を事実上の信任関係違背とするが，文字どおりに解すれば，債務不履行一般が広く処罰されかねない*。そのため，学説上は「他人のためにその事務」という文言から「他人の事務」を他人に代わって行うことを要求する。それによって，消費貸借契約，売買契約のような当事者が対向関係にある契約の給付義務の不履行を処罰から除外しようとするのである。しかし，判例は，当事者が対向関係にあるように見えても，一定の場合に背任罪の成立を認める。その1つが事例1(2)のような二重抵当事例である。

* 背任罪の本質を法的代理権の濫用とみる権限濫用説によれば，法的代理権を有する者のみが主体となり，背任罪の成立範囲は明瞭となるが，狭くなる。

最判昭和31・12・7刑集10-12-1592は，「抵当権設定者はその登記に関し，これを完了するまでは，抵当権者に協力する任務を有」し「右任務は主として他人である抵当権者のために負う」として抵当権設定者を事務処理者と認める。この場合，対向関係の給付義務の不履行一般と区別を可能にするような規範の内容が問題となるが，有力な見解は，対象となる財産が本人にすでに実質的に移転し，行為者が同財産を処分可能な形式的な地位にあることを基準とする。本事例では，借入金を担保権者から受け取った後に抵当権設定契約をしているので担保権が実質的にAに移転し，登記名義によって同担保権を処分しうる形式的な地位をXが持つことが事務処理者の根拠となる。これによりXは①事務処理者と認められ，②〜④も充たすため，背任罪が成立する*。

* 抵当権の順位が下降しても債務をなお担保できるのであれば，「財産上の損害」が発生していないのではという問題もあるが，判例は，抵当権の順位が下降したこと自体を損害としている。なお，既遂となるのは登記時点である。

3 二重抵当事例の限界（担保権の侵害）——事例1(3)

上記判例は，実際は(2)よりは(3)に近い事案であり，事務処理者の根拠となる「抵当権者に協力する任務」は，登記完成のためになすことをすでに終えている場合にもなお存在するとされている。その意味で，登記への協力義務には積極的に登記に協力する義務だけではなく，消極的に登記を妨害しない義務も含まれ，事例1(3)のXにも同様に背任罪が成立する*。

* そのような義務を事務処理者の根拠とするのであれば，理論上は，担保権者が対抗要件を具備した後にも，設定者に背任罪の成立の余地が出てくる。最決平成15・3・18刑集57-3-356はそのような事案につき背任罪を認める。

事例２
(1)　学校法人Ａの理事長Ｘは，Ａと無関係の息子ＢのＣ銀行に対する債務の担保として，Ａ所有の土地についてＡを代表してＣ銀行に対する抵当権設定契約を締結し，その旨の登記を経た。Ａの定款上，土地の処分については理事会の承認が必要であったが，Ｘは上記行為を理事会に無断で行った。
(2)　Ａ農業協同組合の代表理事Ｘは，以前に融資を決定した組合員Ｂから追加融資を頼まれた。Ｘは，融資金の回収可能性はきわめて低いが皆無ではなく，Ｂが破産すれば融資を決定した自己の立場が悪くなると考え，3000万円の融資をした。数か月後，Ｂの事業は行き詰まり倒産した。

1　横領と背任の区別——事例２(1)

委託物横領罪（252条1項）と背任罪は，ともに委託信任関係違反を内容とする財産犯であり，両罪がともに成立しそうな場面が考えられる。事例２はそのような事例である。一般的に，横領罪と背任罪は法条競合の関係にあるとされ，両者の要件を同時に充足する場合，一方のみが成立する。そして，委託物横領罪のほうが背任罪より法定刑が重いので，前者が優先される*。したがって，上記の横領と背任の一般的関係を最初に示した上で，委託物横領罪の成立要件をまず検討し，それが否定されれば背任罪を検討するという順序になる**。

*　業務上横領罪（253条）の場合も同様である。なお，特別刑法である特別背任罪（会社法960条など）が成立しうる場合は，法定刑の軽重の判断について問題が生じる。

**　客体が物でない場合や所有権が行為者にある場合は，横領罪が成立する余地はないので，背任罪の検討から入ってよい。

事例２(1)では，ＸはＡの理事長としての権限に基づいて，Ａ所有の土地を法律上占有している。問題は，Ｘの行為が「横領」といえるかである。自己のための処分の場合は横領と評価しやすいが，本事例のように第三者のための場合，判断は難しい。判例は，この場合，処分が「行為者の名義」，もしくは，「本人名義だが行為者の計算（実質的利害関係が行為者と第三者にあること）」の場合を，横領（不法領得の意思の実現）の下位基準（の１つ）として用いている。本事例のＸの行為は，息子Ｂの債務を担保するためにＡを代表して理事会に無断で土地を処分したというものであり，形式的には本人名義だが行為者の計算といえる。そのため，業務上横領罪が成立する（背任罪の検討は必要ない）。

2　背任罪の諸問題（財産上の損害，図利加害目的）――事例2(2)

事例2(2)のXは，代表理事として管理するAの金銭をAの名義でBに対して融資しており，行為者の名義・計算とはいえず業務上横領罪は成立しない。次に，背任罪を検討することになる。A農協の代表理事であるXは組合の業務に関する包括的権限があり，事務処理者に当たることは明らかで，また，回収見込みのきわめて低い貸付け（不良貸付け）を行ったことは任務違背に当たる。財産上の損害は，行為前後の被害者の財産状態を経済的見地から評価して判断される（最決昭和58・5・24刑集37-4-437）。本件貸付けによりAはBに対する貸金返還請求権を得ているが，本件貸付けは回収見込みがきわめて低く，経済的見地からは，貸付け時点で財産上の損害が認められる。

判例によれば，図利加害目的の利益と損害は財産的なものに限られず，本事例のような自己保身目的でもよい。また，本人の利益を図る動機があれば同目的が認められず，図利加害の動機と併存する場合は，どちらが決定的かで判断する。本事例では，XにAの利益のための貸付金回収の動機がなかったとはいえないが，その見込みの低さからして願望にとどまるものであり，自己保身の動機が決定的といえる。結論として，Xには図利加害目的が認められる。以上により，本事例のXには背任罪が成立する*。

＊　なお，融資を頼んだBが共同正犯となる可能性がある。もっとも，この場合BはX・Aと本来利害が対立するため，Bが積極的に融資の実現に加担したり，BとXの利害関係が共通化している事情などが共同正犯の成立にとって必要とされている。

本講のポイント

□1　背任罪の事務処理者は，他人の事務を他人に代わって行う者だが，二重抵当事例の抵当権設定者のように，対象となる財産が本人に実質的に移転し，行為者が同財産を処分可能な形式的な地位にある場合もそれに該当するとされている。

□2　委託物横領罪と背任罪の両者が成立しそうな事例については，横領罪が背任罪に優先することに触れた上で，横領罪の検討から始める。

□3　横領罪が否定された場合，背任罪の検討を行う。その際問題になることが多いのは，財産上の損害や図利加害目的の要件である。

第34講 盗品等関与罪

事例 1
(1) X は，13 歳の A から①指輪，②腕時計，③ネックレスをプレゼントされた。①指輪は A が B 店から窃取したもの，②腕時計は A が賭博によって得たもの，③ネックレスは A が C から窃取した現金で購入したものであったが，X はこれらの事情を知りつつ①②③を受け取った。
(2) A が B 店から窃取した貴金属を，A の依頼を受けて，X_1がX_2宅まで運び，X_2がこれを管理している間に，X_3が買受人X_4を探し出し，X_4が事情を知りながらこれを買い取った。

1 盗品等関与罪の保護法益と罪質——追求権と本犯助長性

盗品その他財産に対する罪に当たる行為によって領得された物（盗品等）を譲り受ける等の行為は，盗品等関与罪として処罰される（256 条）。本罪の保護法益につき，判例（最決昭和 34・2・9 刑集 13-1-76）は，前提となる財産犯（本犯）の被害者が盗品等に対して有する法律上の回復請求権（追求権）と解している。また本罪は，本犯を事後的に援助することにより財産犯を一般的に助長・誘発する性格（本犯助長性）も有しており，2 項の有償譲受等罪の法定刑が，1 項の無償譲受罪や窃盗罪等の法定刑より重い理由は，このような本犯助長性による抑止の必要性の高さから基礎づけられると解されている。*

＊ なお，親族等の間の犯罪に関する特例（257 条）については第 36 講参照。

2 盗品等関与罪の客体——事例 1(1)

盗品等関与罪の前提となる本犯は財産犯（のうち領得罪）に限られる。したがって，事例 1(1)のうち，賭博罪（185 条）に当たる行為によって取得された②腕時計は本罪の客体とならない。また本罪の客体は，本犯によって領得された物それ自体であることを要し，直接領得された物との同一性が求められるところ，③ネックレスは，窃取した現金との同一性が欠けることから本罪の客体とならない*。他方，領得された物は，財産犯に「当たる」行為，すなわち構成要件に該当し違法な行為によって領得された物であれば足りる。刑事未成年（41条）であるAに窃盗罪は成立しないが，窃盗罪に「当たる」行為によって領得された①指輪について，Xには1項の盗品等無償譲受罪が成立する。

* 一方で判例は，横領した紙幣を両替して得た金銭（大判大正2・3・25刑録19-374）や，詐取した小切手で支払を受けた金銭（大判大正11・2・28刑集1-82）について領得された物との同一性を認めている。その根拠として，学説では，金銭や小切手の高度の代替性等が挙げられている。

3　盗品等関与罪の実行行為――事例1(2)

本罪の実行行為は，無償譲受け（1項），運搬，保管，有償譲受け，有償処分のあっせん（以上，2項）の5種類である。各行為は，本犯の犯人との間で行われる必要はなく，盗品等関与罪の犯人との間で行われる場合も含まれる。

「譲り受け」とは，盗品等の交付を受け，その事実上の処分権を取得することをいう。取得対価の有無に応じて，無償譲受けと有償譲受けに分けられ，事例1(1)のXの受取り行為は前者，事例1(2)のX_4の行為は後者に該当する。「運搬」とは，委託を受けて，交付された盗品等の所在を移転させることをいい，有償・無償を問わない。被害物の追求を困難ならしめるものであれば，比較的短距離の移動でも足り，X_1の行為はこれに該当しうる。「保管」とは，有償無償問わず，委託を受けて盗品等を保存・管理することをいい，X_2の行為がこれに該当する*。「有償の処分のあっせん」とは，盗品等の有償の処分を媒介・周旋することをいい，処分は有償である必要があるが，あっせん自体は有償・無償を問わない**。X_3の行為は有償処分のあっせんに該当する***。

* 処分権を取得した場合には「保管」ではなく「譲り受け」となる。

** 本犯助長性を重視してあっせん行為の時点で同罪の成立を認める判例に対し，契約成立時点や物の移転時点まで成立時期を遅らせる見解も有力である。

*** なお，各行為を同一の主体が連続的に行った場合には，包括して1個の有償処分あっせん罪が成立すると解されている（大判明治44・5・23刑録17-948）。

事例２
(1)　Ｘは，Ａの約束手形（額面額７億円）を盗んだＢから当該手形の売却先をあっせんするよう依頼され，被害者Ａに8000万円での買取りを持ちかけたところ，Ａがこれに応じたため，当該代金と引換えに上記手形をＡに交付した。
(2)　Ｘは，数日前に知人Ａから預かっていた背広と鞄がＡによって盗まれたものであることを知ったが，そのままＡの依頼どおり保管を続けた。

1　被害者（側）に盗品等が返還される場合――事例２(1)

盗品等関与罪の実行行為に該当する行為によって盗品等が被害者に返還された場合，盗品等の占有を回復した被害者に追求権侵害は認められず，同罪の成立は否定されるようにも思われる*。しかし判例は，被害者に盗品等が返還される場合でも「被害者による盗品等の正常な回復を困難にする」行為については同罪の成立を認めている（最決平成14・7・1刑集56-6-265）。ここでは，追求権が「正常な回復」を求める権利と理解されているところ，多数説は「正常な回復」の意義を「いわれなき負担（特段の理由なき負担）を伴わない回復」と解している。この見解によれば，事例２(1)における8000万円の支払はＡが負担すべき特段の理由がないものであり，Ｘの行為はＡの正常な回復を困難にするものとして有償処分あっせん罪が成立することになろう。

*　このような理解から，被害者に対価等の負担を課した場合には，負担要求の態様等に応じて恐喝罪等の成否を検討すれば足りるとの見解も有力である。

なお，被害者の経済的負担を伴う回復であっても，それが被害者の依頼に基づくような場合には，①被害者が負担に同意していること，②犯罪主体たりえない被害者と同視しうる地位に行為者が立つこと等の理由から，一定の範囲で盗品等関与罪の成立を否定する余地があることが指摘されている。

2　盗品性の認識と途中知情――事例２(2)

盗品等関与罪の成立を認めるためには，故意として，客体が盗品等であることの認識（知情）が必要であるが，判例によれば，その認識は未必的なもので足り（最判昭和23・3・16刑集2-3-227），また，何らかの財産犯に当たる行為により領得されたものであることの認識があればよく，財産犯の内容や本犯者・被害者が誰かを具体的に知る必要はないとされる（最判昭和 30・9・16 集刑 108–485）*。

＊　盗品性について本犯者等との意思連絡は必ずしも要しないと解されている。

客体が盗品等であることを知らずに物品の保管を開始した者が盗品等であることを知るに至った後も保管を継続した場合につき，判例は，「本犯のためにその保管を継続するとき」に盗品等保管罪の成立を認めている（最決昭和 50・6・12 刑集 29–6–365）*。他方学説では，追求権侵害と本犯助長性の評価において盗品等の占有移転を決定的とみる立場から，保管の開始時点で盗品性の認識を必要とする見解も有力である。事例 2(2)の場合，判例によれば，盗品性を知った時点以降の保管行為につき盗品等保管罪が成立するが，前記有力説によれば同罪は成立しない。

＊　例えば，警察への通報や引渡しのための保管は「本犯のため」といえない。

3　盗品等関与罪と共犯

本犯の正犯者（共同正犯者を含む）には盗品等関与罪は成立しない。本犯の正犯者による盗品等の運搬や保管等は，本犯の正犯者としての評価に織り込み済みと解されるためである*。他方で，本犯を教唆・幇助した者には盗品等関与罪が成立しうると解されており，本犯の教唆・幇助と本罪は併合罪となる。

＊　なお判例（最判昭和 30・7・12 刑集 9–9–1866）は，本犯の正犯者と共同して盗品等を運搬した者に（本犯者の運搬分も含め）盗品等運搬罪の成立を認めている。

本講のポイント

□ 1　盗品等関与罪の特徴は，追求権侵害と本犯助長性に求められる。
□ 2　本罪の客体は，構成要件に該当し違法な行為によって領得された物であり，実行行為は，無償譲受け，運搬，保管，有償譲受け，有償処分あっせんである。
□ 3　盗品等が被害者に返還された場合でも，いわれなき負担を被害者が負う場合には「正常な回復を困難にする」として追求権侵害が認められる。
□ 4　保管の途中で盗品性を認識した場合，判例によれば，本犯のためにその保管を継続する知情以降の行為について盗品等保管罪が成立する。
□ 5　本罪は，本犯の正犯者には成立しないが，本犯の教唆・幇助者には成立しうる。

第35講 不法な財産と財産犯

事例 1
(1) X は，乗り気ではない A を賭博に強引に誘い，A から賭博の負け分として 200 万円を受け取った。この賭博は X によるいかさまであった。X は，その金を愛人 Y に事情を話して預けた。
(2) X は，A から売春の申し出を受け承諾し，A と性行為に及んだ。A が代金を請求したところ，X は金を払うのが惜しくなり，持っていたナイフを突きつけ A をひるませ，その場から逃走した。

1 不法原因給付と詐欺

事例 1(1)では，X は，いかさま賭博によって A に賭博の勝敗条件についての錯誤を惹起させ，それにより金銭を交付させている以上，1 項詐欺罪（246 条 1 項）が成立しそうである。もっとも，賭博は違法行為であり，それに基づいて給付された金銭は，不法原因給付（民法 708 条）に該当し原則として返還請求できない。このような場合に詐欺罪を成立させてよいかが問題となる*。

* ここでは，交付された財物の返還が民法上保護に値しないという評価を受けていることが詐欺罪の成立に影響しないかが問題とされているのであって，詐欺罪の財産的損害をめぐる議論とは位置づけが異なる。したがって，欺かれて交付された財物・利益が損害である（すなわち，それ以外に財産的損害の要素を必要としない）という形式的個別財産説（→第 31 講参照）を採るとしても，この問題の検討は別途必要である。

判例（最判昭和 25・12・5 刑集 4-12-2475 等）は，この場合，詐欺罪の成立を認めており，学説の多くもそれを支持する。その論拠としては，交付される財物・利益自体には不法性はなく，それ自体は保護に値する財産である，などといった理由が挙げられている。*

* 民法 708 条ただし書が適用されるような場合に限り詐欺罪を成立させるべきとする見解もある。事例 1(1)の場合，A の不法性は X の不法の程度に比べ

て著しく小さく，民法708条ただし書が適用されるとして，この見解によっても詐欺罪が成立する余地がある。

2　私法上違法・無効な債務の免脱（財産上の利益が不法な場合）

それでは事例1(2)はどうか。XはAに反抗抑圧に足る脅迫を加え売春代金の支払を免れているので，2項強盗罪（236条2項）が成立しそうである。本事例のAはXに何も給付しておらず不法原因給付の問題はない。しかし，売春契約は公序良俗に反し無効（民法90条）であり，Aには民法上支払請求権はなく，このような場合もXが「財産上不法の利益を得」*たといえるか問題となる。**

＊　236条2項などの条文にある「不法」とは，財産上の利益を不法に得るという意味であって，利益自体が不法であることを必要とするわけではない。

＊＊　売春契約の時点でXに代金を支払うつもりがなかった場合，売春というサービスを客体とした2項詐欺罪（246条2項）が別途成立しうる。この場合，売春という違法なサービスが財産上の利益に該当するかを検討することになる。

最決昭和61・11・18刑集40-7-523は，覚醒剤の返還請求権ないしその代金支払請求権を殺害の方法で免れようとした事案について，特に理由を付していないが2項強盗罪の成立を認めているので，同様に考えれば事例1(2)でも同罪が成立することになる。学説上も，行為者が事実上支払を免れていることを理由に判例の結論が支持されているが，ここではそもそも被害者に権利が発生していない以上2項犯罪は成立しないという理解も有力である。*

＊　売春代金の免脱手段が詐欺の場合，裁判例では結論が分かれているが，客体としての財産上の利益の問題であり，強盗と同じ結論でよいと思われる。

3　不法原因給付と盗品等関与罪

事例1(1)のYは，委託を受けて，詐欺の客体である金銭を保管している。この場合，仮に詐欺罪の成立が否定されていれば，盗品保管罪（256条2項）が成立する余地はないが，詐欺罪の成立を肯定しても，不法原因給付であれば被害者に追求権はないとして盗品等関与罪の成立は否定する見解もある。一方で，禁制品の場合との均衡などから盗品等関与罪の成立を一律に認める見解も有力である。この問題については，実例はなく，判例の立場は定かではない。

事例２
(1)　Aは，自己の所有する絵画をXに預け，公務員Bに賄賂として渡すように指示した。金に困っていたXは，その絵画を自己の名前で質入れした。
(2)　Aは，Bから盗んだ美術品①と②をXに預け，①については保管を頼み，②については売却先を探すように依頼した。Xは，②だけでなく①についても第三者に売却した後，その代金すべてを費消した。

1　不法原因給付と横領

事例2(1)では，AがXに預けた絵画*は不法原因給付物に該当する可能性がある。最判昭和23・6・5刑集2-7-641は，民法上返還請求ができなくとも所有権がなお委託者にあることを理由に横領罪を肯定していた。しかし，その後の民事判例（最大判昭和45・10・21民集24-11-1560）が，返還請求ができないことの反射的効果として，不法原因給付物の所有権は受給者に帰属するとしており，上記昭和23年判例の理由づけが成り立たない可能性がある（これ以後，この問題についての刑事の最高裁判例は存在しない）。

＊　事例2(1)の客体が金銭の場合，金銭についてはその占有者に所有権が帰属するという民法のルールに従えば，所有権はそもそもXに移転している。もっとも，使途を定めて金銭を委託する場合は，「他人の物」に該当するという判例（→第32講）に従えば，かなり技巧的ではあるが，（刑法上の）金銭の所有権が委託者にあることを前提に，他の有体物の場合と同様に不法原因給付と横領の問題を検討するということが一般的になされていると思われる（なお，本文の昭和23年判例は客体が金銭の事案だが，金銭に関する「所有と占有の一致」という民法のルールが判例で採用される前のものである）。

学説においては，所有権が受給者にある結果，もはや「他人の物」ではないとして横領罪の成立を否定する見解が有力であるが，刑法と民法の評価は別であるとして横領罪の成立を認める見解もある。また，不法原因給付であれば横領罪は成立しないが，事例2(1)のように不法な目的で物を委託する場合は（おそらく民法708条の解釈として）不法原因給付に該当しないとして，横領罪の成立を認める見解もある。

2　盗品の横領

事例2(2)では，Xに，客体①について盗品保管罪（256条2項）が，客体②

について盗品あっせん罪（同項）が成立する（→第34講）。問題は，それ以外に横領罪が成立するかである。

客体①については，第三者への売却が横領行為に該当しうるが，①の所有権はAではなくBにあるので「他人の物」であることは否定されえず，「不法原因給付と横領」の問題とは異なる状況がある。類似の事案について，大判大正11・7・12刑集1-393は，Aに対する横領罪の成立を否定している（また，Bに対する関係でも，盗品等関与罪の成立を理由に，占有離脱物横領罪〔254条〕の成立を否定している）。学説では，Aの委託が違法で無効であることや，窃盗犯であるAの委託が無権限であることを理由に横領罪の成立を否定する見解がある一方，AとXの委託信任関係に所有権とは独自の保護に値する利益があるという理解を前提に，窃盗犯からの窃盗が認められることと同様であるとして横領罪の成立を認める見解もある（盗品保管罪とは併合罪になると解される）。

客体②との関係では，さらに複雑であり，そもそもAに対する横領罪の客体は②ではなく，その売却代金である。最判昭和36・10・10刑集15-9-1580は，上記昭和23年判例と同様の理由づけでAに対する横領罪の成立を認めているが，売却代金の（刑法上の）所有権の帰属については明らかにしていない。委託された行為によって得た金銭は刑法上委託者の物であるというのが判例（→第32講）だが，盗品の無権限の売却委託の場合の売却代金の帰属については明らかではない。金銭の所有権が窃盗犯Aに帰属する場合は，違法な委託の問題として，窃盗の被害者Bに帰属する場合には，それに加えて客体①と同様に，委託信任関係に独自の保護に値する利益があるかが問題となる。

本講のポイント

□1　欺かれて交付された物が不法原因給付に該当する場合であっても，詐欺罪の成立は否定されない。また，公序良俗違反の契約に基づく請求権を免れることも，判例では，2項犯罪の「財産上不法の利益を得」たと評価されている。

□2　不法原因給付と横領の問題は，現在，「他人の物」に該当するか否かで争われている。一方，盗品の横領は，「他人の物」要件とは別の問題がある。

第36講 親族関係の特例

事例 1

(1) X は，母親 A が B 社から借り出して自宅で使用していた B 所有のパソコンを窃取した。

(2) 家庭裁判所から孫 A の未成年後見人に選任された X は，後見の事務として業務上預かり保管中の A の貯金を引き出して横領した。

(3) (1)において，X はパソコンが A の所有物だと勘違いしていた。

1 総説

刑法は「親族」が協力者や被害者の形で一定の犯罪に関係した場合に刑の免除を認めるなどの特例を定めている。窃盗罪等に関する 244 条，盗品等関与罪に関する 257 条，犯人蔵匿罪等に関する 105 条である。「親族」の範囲は，刑法に定義がなく，民法の規定（民法 725 条）に従って決まると解されている*。

* 内縁関係など親族と同視しうる実体があっても（類推）適用は認められていない（244 条につき，最決平成 18・8・30 刑集 60-6-479）。

2 親族相盗例

244 条は，親族間の窃盗罪および不動産侵奪罪につき，それが「配偶者，直系血族又は同居の親族」との間で犯された場合に刑を必要的に免除すること（1 項），その他の親族との間で犯された場合には親告罪（告訴が公訴提起の条件となる犯罪）になること（2 項）を定める。本条は親族相盗例と呼ばれ，詐欺罪，恐喝罪，横領罪，背任罪に準用される（251 条，255 条）*。

* 本条が親族間の財産犯に対して広く必要的免除という強い効果を認めている点については立法論として批判も強い。

親族相盗例の趣旨について，判例（最決平成 20・2・18 刑集 62-2-37）は，「親族間の一定の財産犯罪については，国家が刑罰権の行使を差し控え，親族間の自律にゆだねる方が望ましいという政策的な考慮に基づき，その犯人の処罰につき特例を設けた」ものであり，「犯罪の成立を否定したものではない」とする*。「法は家庭に入らず」ともいわれる上記の政策的考慮からすれば，犯罪が親族間の紛争にとどまらないと評価される場合には本条は適用されない。

* これに対し，親族内の財産関係の特殊性から違法性または責任が類型的に軽いことに基づく一種の減軽構成要件を定めたものと解する立場も有力である。

窃盗罪に関して，判例（最決平成6・7・19刑集48-5-190）は，犯人と財物の占有者および所有者双方との間で所定の親族関係を要求するところ，事例1(1)において，パソコンの占有者は直系血族である母親Aであるが，所有者は非親族のBであるから，判例の理解に従えば，244条は適用されない*。

* 保護法益に関する占有説（→第26講）によれば，所有者との親族関係は不要にも思われるが，同説は所有権も保護法益であることを否定するものではない。

委託物横領罪と業務上横領罪の違法性は所有権および委託信任関係の侵害によって基礎づけられるから（→第32講），これらの犯罪に本条が適用されるためには，犯人と財物の所有者および委託者双方との間で所定の親族関係が必要である。もっとも，そのような関係を肯定しうる事例1(2)と類似の事案につき，判例（前掲最決平成20・2・18）は，後見人の事務の公的性格を挙げて本条の適用を否定する。当該横領が親族間の紛争にとどまらない性格を有することが否定の実質的根拠といえる。

3 親族関係の錯誤

244条所定の親族関係が客観的には存在しないにもかかわらずその存在を誤信していた場合（親族関係の錯誤）にも何らかの法的効果を認めるべきかは，本条の趣旨をどう理解するかによる。本条は親族間の自律的紛争解決の尊重という政策的な考慮に基づく特例であり，犯罪の成否に関わらないとする判例の理解によれば，親族関係の錯誤は犯罪の成否に関わらない事情の錯誤であって，故意に影響せず，刑の免除等の効果を認める必要はないと解されよう*。事例1(3)では，Xと所有者Bとの間に客観的な親族関係が欠ける以上，本条の効果を認める余地はないことになる。

* 本条を一種の減軽構成要件を定めたものと解する立場から，抽象的事実の錯誤に関する38条2項（→第4講）の趣旨に即し本条の効果を認める見解もある。

事例２

(1)　Ｘは，配偶者Ｙが知人Ａから買い受けた物をＹの依頼に応じて自宅まで運搬した。その物はＡがＢから窃取したもので，Ｘ・Ｙはそのことを知っていた。

(2)　Ｘは，配偶者Ａが知人Ｂと共謀してＣを殺害した事実を知り，犯行の発覚を遅らせる目的で，実行犯だったＡが使用した凶器や衣服等を廃棄した。

(3)　Ｘは，知人Ａが詐欺事件で警察から追われていることを知り，Ａの母親Ｂに事情を話してＡを匿うよう提案したところ，ＢはＡを自宅に匿った。

(4)　Ｘは，息子Ａが殺人容疑で指名手配されているのを知り，知人Ｂに事情を話して，ＡをＢの自宅に匿ってもらった。

(5)　強盗事件の被疑者として警察から追われて困窮していたＸは，祖父Ａに事情を話し，Ａから逃走資金を得た。

1　盗品等関与罪の特例

257条1項は，所定の親族（配偶者，直系血族・同居の親族とその配偶者）との間で盗品等関与罪を犯した者について刑を免除する旨を定めている。免除に必要な親族関係の範囲につき，判例（最決昭和38・11・8刑集17-11-2357）は，本犯の犯人と盗品等関与罪の犯人の間に親族関係を要求し，盗品等関与罪の犯人相互間に親族関係があるにとどまる場合には本条の適用を否定するが，学説では，本条の趣旨を盗品等関与罪の犯人庇護的側面に基づく期待可能性の減少に求める立場を徹底し，後者の場合にも期待可能性の減少を認めうるとして本条の適用を肯定する見解が有力である。事例2(1)のＸは，本犯者Ａと親族関係にないから，判例によれば本条は適用されないが，有力説によれば，運搬の依頼者Ｙと親族関係があることから本条が適用される。

2　犯人蔵匿・証拠隠滅罪の特例

105条は，「犯人又は逃走した者」（犯人等）の親族が「これらの者の利益のために」犯人蔵匿罪または証拠隠滅罪を犯した場合に，刑の裁量的免除を認める。犯人等の親族が庇護に出るのは自然なことであり，期待可能性が減少する点を考慮した規定と解されている。本条にいう犯人等の「利益」とは，刑事責任上の利益，すなわち刑事訴追，有罪判決，刑の執行または拘禁を免れることをいう。判例は，①専ら親族でない他人の利益を図った場合（大判大正8・4・17刑録25-568）のほか，②親族の利益と同時に非親族の他人の利益を図った場合（大判昭和7・12・10刑集11-1817）についても，本条の適用を否定しているが*，②の場合には期待可能性の減少が認められるとして本条の適用を肯定する見解も有力である。事例2(2)のXは，親族Aの利益と同時に他人Bの利益も図っていることから，判例によれば本条の適用が否定されるが，有力説によれば本条が適用される。

*　刑の必要的免除を定めていた旧規定時代の判例である点には注意を要する。

事例2(3)のように，他人が犯人等の親族に犯人蔵匿や証拠隠滅を教唆した場合，期待可能性の減少という本条の趣旨は他人には妥当しないから，教唆犯たる他人Xに本条は適用されない。他方，事例2(4)のように，親族が他人に犯人蔵匿等を教唆した場合につき，学説では期待可能性の減少を理由に本条の適用を肯定する見解が有力であるが，判例は，「庇護の濫用」であるとして，親族Xに教唆犯の成立を認めた上で本条の適用を否定している（大判昭和8・10・18刑集12-1820）。また，事例2(5)のように，犯人等が親族に犯人蔵匿等を教唆した場合については，犯人等に103条・104条の教唆犯の成立を認めた上で本条の適用を否定する裁判例がある一方で（東京高判昭和33・6・2東京高等裁判所刑事裁判速報735号参照），期待可能性の減少を理由に少なくとも本条の適用を認めるべきであるとの指摘が有力である。

本講のポイント

- □1　244条の親族相盗例は，判例によれば，一定の財産犯について親族間の自律的解決に委ねるという政策的考慮に基づく特例である。適用にはすべての被害者と親族関係を要し，また，親族関係の錯誤は罪責に影響しないと解される。
- □2　盗品等関与罪に関する257条1項は，期待可能性の減少を必要的免除の根拠とする。判例は，本犯の犯人と盗品等関与罪の犯人の間に所定の親族関係がある場合に限って本条の適用を認めるが，批判も有力である。
- □3　犯人蔵匿・証拠隠滅罪に関する105条は，期待可能性の減少を裁量的免除の根拠とする。判例は，親族でない他人の利益を図る目的が併存する場合や，他人に同罪を教唆する場合につき，本条の適用を否定する。

第37講 毀棄罪・隠匿罪

事例 1
(1) Xは，Aの壺をその場で叩き割った。
(2) Xは，Aの食器に放尿した。
(3) Xは，Aの養魚池の鯉を川に放流した。
(4) Xは，競売妨害目的で裁判所から競売事件記録を持ち出し，隠した。
(5) Xは，公園の公衆トイレの壁一面にラッカースプレーで「スペクタクル社会」などと大書した。

1 毀棄・隠匿罪の罪質

毀棄・隠匿罪は，財物の効用を害し，その利用可能性を侵害する犯罪と解されている。事例1(1)のように，財物を破壊する行為は毀棄の典型であり，利用可能性の侵害という点では窃盗罪などの領得罪よりも重い被害結果を生じさせる場合を含むが，領得罪よりも法定刑が一般に軽いのは，利欲犯である領得罪に比べ*，毀棄罪のほうが予防の必要性が低い点に求められる。

* 領得罪の要件である不法領得の意思のうち，毀棄・隠匿罪との区別という見地から一般に要求されるのが利用処分意思（利欲動機）である（→第26講）。

刑法は，器物損壊罪（261条）を基本に，その加重類型として建造物等損壊罪（260条）を置くほか，文書の性質を踏まえた特別類型として公用文書毀棄罪（258条）と私用文書毀棄罪（259条），さらに特殊な類型として信書隠匿罪（263条）と境界損壊罪（262条の2）を規定している*。

* このうち境界損壊罪は，土地の権利関係の明確性を保護法益としており，効用の侵害を問題とする他の毀棄罪とは性格が異なると解されている。

2 毀棄の意義

毀棄行為につき，刑法は客体に応じて「毀棄」，「損壊」，「傷害」という語を使い分けているものの，実質的な意味は同じと解されており，判例・通説によれば，毀棄とは，財物の効用を侵害する一切の行為をいうと解される（効用侵害説）。この見解によれば，事例1(2)の行為は，食器を心理的に利用困難にした点（大判明治42・4・16刑録15-452），事例1(3)の行為は，鯉に対する占有を喪失させる形でこれを販売等の用途に利用できなくした点で（大判明治44・2・27刑録17-197），それぞれ財物の効用の侵害が認められ，毀棄に該当する。また，事例1(4)のような隠匿行為も，財物へのアクセスを遮断してその利用を阻害する点において，効用の侵害が認められるから「毀棄」に該当する（大判昭和9・12・22刑集13-1789）*。

＊　このように効用侵害説においては，「隠匿」も毀棄の概念に含まれる。その結果，信書隠匿罪は，信書の効用を害する行為のうち隠匿行為を特に軽く処罰する規定と解されることになる。

効用侵害説に対しては，毀棄の日常用語としての意味を重視して，財物の物理的な損壊を要求する見解も主張されている。この見解によれば，物理的損壊を伴わない事例1(2)(3)(4)の行為はいずれも毀棄に該当しないことになるが，効用侵害の程度を問わず，物理的損壊を伴わない限り一律に不可罰とすることに対しては批判が強い*。

＊　窃盗罪等の領得罪について不法領得の意思を要求する判例の立場を前提にする場合（→第26講），事例1(4)のように，不法領得の意思なく占有を侵害する行為について処罰の間隙が生じうる点が特に問題視されている。

一方で，一般に財物の効用は多様であり，効用侵害の程度も事案に応じて幅がありうることから，毀棄罪としての処罰に値する程度の効用侵害かどうかは慎重な検討を要する。この点が特に問題となるのが建造物の効用侵害についてであり，判例（最決平成18・1・17刑集60-1-29）は，事例1(5)に類似する事案について，「①建物の外観ないし美観を著しく汚損し，②原状回復に相当の困難を生じさせた」ことを指摘して，「損壊」該当性を肯定している（丸数字は筆者）。①汚損の程度は心理面から利用を困難にする事情として，②原状回復の容易さは修繕期間中の利用阻害の程度に関わる事情として，それぞれ効用侵害の程度に影響するものと理解できよう。

事例２
(1)　Ｘは，建築中で屋根のないＡ宅の柱の一部を斧で破壊した。
(2)　Ｘは，市営住宅のＡの居室の出入口に設置された金属製のドアをバットで叩いて凹ませた。
(3)　Ｘは，Ａとの間で建物を売却する契約を締結し，所有権移転登記がなされたが，契約の条件に関してＡに詐欺行為があったとして売買契約の取消しを主張し，引渡しを求めるＡの面前で建物の一部を破壊した。

1 「建造物」の意義

建造物等損壊罪は，建造物または艦船という客体の重要性と人を死傷させる危険性に鑑みて設けられた器物損壊罪の加重規定であり，「建造物」とは，屋根があり壁または柱で支持されて土地に定着し，少なくともその内部に人が出入りすることができるものをいう（大判大正3・6・20刑録20-1300）。したがって，事例２(1)のように，屋根を有するに至っていない物件は「建造物」に該当せず，これを損壊しても，器物損壊罪が成立するにとどまる*。

＊　建造物の意義については，建造物等侵入罪や放火罪における「建造物」と共通した解釈論が展開される傾向にある。

敷居・鴨居のように建造物を損壊しなければ取り外すことができない物は建造物の一部を組成するものとして「建造物」に該当する。議論があるのは，事例２(2)のドアのように，建造物を損壊しなくても取り外しが可能である物が「建造物」の一部として本罪の客体に当たりうるかである。その判断方法について，判例（最決平成19・3・20刑集61-2-66）は，「当該物と建造物との接合の程度のほか，当該物の建造物における機能上の重要性をも総合考慮して決すべき」と判示した上で，事例２(2)のようなドアについて「住居の玄関ドアとして外壁と接続し，外界とのしゃ断，防犯，防風，防音等の重要な役割を果たしている」ことを重視して，建造物損壊罪の客体に当たると結論づけている。「接合の程度」においては，接着の強度のほか取り外しの容易性が，「機能上の重要性」においては，当該建造物の使用目的との関係における役割の重要性が，考慮されよう*。

＊　接合の程度が低い物についてはより高い機能上の重要性が求められるが，機能上の重要性が高くても，雨戸のように，取り外しがきわめて容易であるよう

な物については建造物の一部とは評価しえない（大判大正8・5・13刑録25-632参照）。

2　財物の「他人」性

毀棄罪の保護法益は所有権であり，各毀棄・隠匿罪における「他人の」とは，原則として，他人の所有権に属することをいう*。

＊　したがって，自己の所有する物を損壊等する行為は原則として毀棄に当たらないが，所有者以外の利害関係者を保護する262条の特則には注意を要する。

問題が生じるのは，財物の所有権の帰属が争われている場合における毀棄行為である。判例（最決昭和61・7・18刑集40-5-438）は，建造物の「他人」性の意義に関し「他人の所有権が将来民事訴訟等において否定される可能性がないということまでは要しない」と判示した上で，詐欺を理由に所有権移転の原因が取り消される結果として建造物の所有権が自己に帰属すると主張していた被告人の損壊行為について，「詐欺が成立する可能性を否定し去ることができないとしても」当該建物は「他人の」建造物に当たるとしている。民事法と異なり，刑事法では私的実力による現状変更を禁止して法秩序を維持することが特に重視される等の理由が挙げられている*。このような理解に従えば，事例2(3)のXの行為は，「他人の」建造物を損壊するものと評価されよう。

＊　民事法上の所有権を否定すべき事由が明白な場合（前掲最決昭和61・7・18の長島補足意見参照）には「他人」性を否定すべきとする見解も有力である。

本講のポイント

□1　毀棄とは，物理的損壊に限られず，財物の効用を害する一切の行為をいい，利用阻害の可能性を物心両面から評価して判断する。

□2　「建造物」とは，屋根があり壁または柱で支持されて土地に定着し，その内部に人が出入りすることができるものをいう。建造物に取りつけられた物が建造物の一部となるか否かは，当該物と建造物の接合の程度のほか，当該物の建造物における機能上の重要性をも総合考慮して決せられる。

□3　毀棄・隠匿罪における財物の「他人」性は，他人の所有権が将来民事訴訟等において否定される可能性があっても，肯定されうる。

第38講 放火罪

事例1

(1) XとYは，AとBの夫妻が住む一軒家の居間で両人を殺害し，犯跡を隠蔽するため，同家屋に放火して，これを全焼させた。

(2) (1)で，別室に帰省中の子Cがいたが，Xらは気づいていなかった。

(3) Xは，D宅に延焼させる意図で，隣接する誰もいない空き家に放火した。空き家が焼損したが，D宅への延焼には至らなかった。

(4) 福岡県に所在する自己所有の家屋の競売妨害のため，経営する会社の従業員らを交替で寝泊まりさせていたXは，保険金詐欺を企て，従業員らを2泊3日の沖縄旅行に連れ出した上で，共犯者Yに放火させ，同家屋を全焼させた。当時，生活設備は残され，従業員らは旅行後は寝泊まりを続けるものと認識していた。

(5) Xは，現住建造物の畳に油を撒いてライターで火をつけ，火が壁に燃え移り壁板約30 cm四方を燃焼させたところで，翻意し，火を消し止めた。

1 現住建造物等放火罪と非現住建造物等放火罪

現住建造物等放火罪（108条）の成立には，①「現に人が住居に使用し又は現に人がいる建造物」等に②「放火」し，これを③「焼損」することと，それらの④故意を要する。客体が現住・現在いずれにも当たらない建造物等であると，非現住建造物等放火罪（109条）の問題となる。109条は客体が他人所有（1項）と自己所有（2項）の場合に分かれ，前者が重い（自己所有でも，保険が付されていたりすると，他人所有扱いになる〔115条〕）。

現住建造物等放火罪の要件①にいう「人」は，犯人（共犯者を含む）以外の人をいう。事例1(1)のような居住者全員の殺害後の放火は，非現住建造物等放火罪に該当する。

事例1(2)では，家屋内にCがいるから，客観的には現在建造物に放火しているが，Xらは気づいていない以上，現住または現在建造物等に放火する故意を欠き，現住建造物等放火罪は成立しない。Xらには非現住建造物等放火罪の故意しかなく，抽象的事実の錯誤の問題（→第4講）となり，構成要件が重なり合う限度で，軽い同罪の成立が認められる。

「放火」は，客体に直接火を放つ行為のほか，媒介物への着火でも該当しうる*。事例1(3)では，空き家への放火によりD宅への延焼の危険を生じさせれば，現住建造物等放火の着手が肯定され，対応する故意もあるので，同未遂罪（112条，108条）が成立する（非現住建造物等放火既遂罪はそれに吸収される）。

＊ それらの準備としてのガソリン等の散布時にすでに放火の実行の着手が認められることもある（横浜地判昭和58・7・20判時1108-138）。

2 現住性の判断

「現に人が住居に使用」するとは，人の起居の場所として日常使用されている状態をいう。生活の本拠である必要はなく，交替で使う宿直室等でもよい。判例（最決平成9・10・21刑集51-9-755）は，事例1(4)類似の事案で上記定義にあてはまるとした上で，旅行中も「使用形態に変更はなかった」とし，現住建造物等放火罪の成立を認めている*。

＊ これに対し，居住意思が放棄され居住の実態が失われれば現住性は否定される。同居者の家出のような場合，経緯，翻意する可能性，家出からの時間，荷物が残されているかなどを考慮して判断することになろう（前掲横浜地判昭和58・7・20参照）。

3 既遂時期——焼損の概念

建造物放火が既遂となるには，建造物の「焼損」を要する。判例（最判昭和23・11・2刑集2-12-1443）は，火が媒介物を離れ客体が独立して燃焼を開始すれば焼損に当たるとの立場（独立燃焼説）から，天井板30 cm四方を燃焼させた事案で既遂とした。これによれば，事例1(5)では壁板が燃焼しているために既遂となる*（そのため消火行為につき中止犯〔43条ただし書。→第13講〕は問題にならない）。学説の多数も，放火罪の公共危険犯としての性質を重視して，早い段階で既遂を認める独立燃焼説を支持している。

＊ 毀損せず取り外せるために建造物の一部とはされない畳の燃焼のみでは未遂にとどまること（最判昭和25・12・14刑集4-12-2548）に注意。

事例2
(1) Xは，夜間，平安神宮の祭具庫板壁付近に放火した。平安神宮社殿は，広場を囲むように配置され，回廊で接続された複数の木造建物により構成されていた。火は，誰もいない祭具庫等を焼損するにとどまったが，そこから宿直員がいる社務所・守衛詰所までは回廊経由で230m余であり，回廊づたいに延焼する可能性もあった。宿直員らは夜間も社殿全体を巡回していた。
(2) Xは，夜間，誰もいない裁判所本館庁舎に放火し，同舎を焼損した。同じ敷地内の離れた場所に別館があり，宿直員が随時本館にも巡回していた。
(3) Xは，集合住宅建物のエレベーターのかご（人が乗るところ）の床の上に置かれたガソリンが染みた新聞紙に点火した。同かごの側壁は，厚さ1.2mmの鋼板の内側に化粧シートを貼った化粧鋼板でできており，新聞紙の火気による高温にさらされた同シート約0.3 m^2 が燃焼した。

1 複合建造物の現住建造物としての一体性の判断

ひとまとまりとして存在する複数の建物の一部に現住性（以下，現在性も含む意味でいう）が認められる場合に，全体を1個の現住建造物として扱うことができれば，単体でみれば現住性のない建物の焼損をもって現住建造物の焼損を肯定できることになる。

この問題に関するリーディングケースが，事例2(1)同様の平安神宮事件に関する最決平成元・7・14刑集43-7-641である。同決定は，平安神宮の社殿は「一部に放火されることにより全体に危険が及ぶと考えられる一体の構造であり，また，全体が一体として日夜人の起居に利用されていたもの」で，「物理的に見ても，機能的に見ても，その全体が1個の現住建造物であつた」として，現住建造物等放火罪（108条）の成立を認めた。これについて，108条の重罰根拠である建物内の人への危険は，①火が人（がいる領域）に近づいていく危険と，②人のほうから放火された領域に近づいてくる危険を含むところ，①を基礎づける延焼可能性を考慮して物理的一体性を，②を基礎づける利用上の一体性を考慮して機能的一体性を判断しているとの理解が有力である。

2 物理的一体性・機能的一体性の内容・関係

平安神宮事件は，①ⓐ回廊により接続している構造に基づくⓑ延焼可能性としての物理的一体性と②機能的一体性がいずれも認められる事案であったが，事例2(2)では，①ⓐ構造上の接続を欠く複数の建物を1個の現住建造物として扱うことの可否が問題となる。古い判例には，類似事案で②機能的一体性を重視して全体としての現住建造物性を肯定したとみられるものがある（大判大正3・6・9刑録20-1147)。しかし，近時は，①ⓑ延焼可能性と②機能的一体性については一方のみでも108条の重罰を根拠づけうるとしても，その前提として，1個の建造物として扱う以上，①ⓐ最低限の接続・連結という意味での構造上の一体性は必須であるとの理解が有力である*。

*　逆に，外観上不可分でも，内部の非現住区画と現住区画が不燃性・難燃性の耐火壁等で隔てられた建造物の非現住区画に放火した場合，現住区画への延焼可能性が乏しく居住者に（有毒ガス等によるものも含む）危険が及ぶおそれがなければ，非現住建造物等放火罪にとどまる余地もないわけではない（仙台地判昭和58・3・28判タ500-232)。ただし，危険が皆無である場合はきわめて例外的である。

3　集合住宅のエレベーターでの放火──建造物性・現住性・焼損

事例2(3)では，(ⅰ)エレベーターのかごは建造物の一部か，(ⅱ)エレベーターと居室部分は現住建造物としての一体性があるか，(ⅲ)焼損が認められるかが問題となる。類似事案の判例（最決平成元・7・7判タ710-125）は，かごの取り外しには解体して搬出するなど1日がかりの作業を要し，毀損しなければ取り外せない状態に該当することを理由に(ⅰ)を，エレベーターと各居室は住宅として一体的に機能することを理由に(ⅱ)を，可燃物である化粧シートが燃焼していることを理由に(ⅲ)を，それぞれ肯定した原判決を是認した。

不燃性・難燃性の建材が使われた建造物については独立燃焼を待たずに火力による毀損をもって焼損を認めるべきだとする新効用喪失説も一時期主張されたが，裁判実務は独立燃焼説を堅持しており，上記(ⅲ)はそれを反映した判示といわれる*。

*　一方で，独立燃焼説においてもある程度の燃焼継続可能性は要求されるべきであるとの理解から，上記判例はその認定が不十分ではないかとの指摘もなされている。

事例３

Ｘは，Ａに恨みを持つＹから「Ａの自動車を燃やせ」と指示され，夜間，市街地の駐車場でＡの自動車にガソリンをかけて放火した。火炎は同車を焼損させ，高さ約１ｍに達したところで消防隊により鎮火された。炎上によりＡ車から数ｍ離れたB，Ｃの各自動車やごみ集積場の可燃性ごみ約300 kgへの延焼の危険が生じたが，周辺の建物への延焼の危険はなかった。Ｙは，「Ｘはもっと安全な場所で燃やすと思っていた」と弁解している。

1　公共の危険の発生――非限定説の採用，危険の内実

事例３では建造物等以外放火罪（110条。1項は他人所有，2項は犯人の自己所有）が問題となるが，同罪と自己所有非現住建造物等放火罪（109条2項）では，放火と各客体の焼損に加え，「公共の危険」の発生が要件となる（具体的危険犯）。

公共の危険は，108条・109条1項の客体への延焼の危険をいうとした古い判例があったが，理由に乏しかった。新判例（最決平成15・4・14刑集57-4-445）は，上記客体に限らず，「不特定又は多数の人の生命，身体又は……財産に対する危険も含まれる」とし（非限定説），学説に支持されている。これによれば，建物への延焼の危険がなくても，公共の危険が認められうる。

その上で，問題は，本事例でいかなる意味で「不特定又は多数の人の生命，身体又は財産」の危険が認められるかである。類似事案で上記判例は，「市街地の駐車場において，被害車両からの出火により，第1，第2車両〔＝B，C車〕に延焼の危険が及んだ等の本件事実関係の下では」公共の危険を肯定できるとし，110条1項の罪の成立を認めた。これは，B，C車の存在は偶然的で，誰の財産に危険が及んでもおかしくなかったという意味で，不特定の人の財産への危険を認めたとも解しうる。しかし，それだけで，例えば放火の客体のほかは車2台しかない広野での放火でも同じ結論とすべきかは疑わしく，本件ではむしろ，車2台（や大量のごみ）の燃焼により大規模化しうる火災を市街地で生じさせた事実が，不特定多数人を巻き込む危険を認定する上で重要であったとの分析も有力に行われている。

2　公共の危険の認識の要否

学説上の多数説は，110条・109条2項の故意の内容として，放火・焼損の認識に加えて，公共の危険を発生させる認識を要求する。これによれば，本事例で背後者Yに建造物等以外放火罪の共謀共同正犯が成立するかは，その弁解を事実認定として排斥して，公共の危険の認識を認定できるかにかかっている。これに対し，判例（最判昭和60・3・28刑集39-2-75）は不要説に立つので，Yの弁解は同罪成立の妨げにならない。

学説の多数が認識必要説に立つのは，放火罪としての（物の損壊にとどまらない）犯罪性を根拠づける公共の危険を主観的にも認識していなければ，同罪の故意非難はなしえないという責任主義の見地からである。これに対しては，客体に一定の規模等を要求し，あるいは「放火」を火を制御できないおそれのある状態に置く行為として理解すれば，放火と客体焼損の故意をもって放火罪の非難を基礎づけうるから，公共の危険の認識不要説が直ちに責任主義に反するわけではないという趣旨の指摘もなされている*。

*　不要説の論拠として，公共の危険の認識は108条・109条1項の故意と重なり，それが認められると108条・109条1項の未遂罪が成立してしまうため，より軽い109条2項・110条に存在意義を持たせるには，公共の危険の認識を不要とすべき旨が説かれてきた。しかし，この論拠は，公共の危険を108条・109条1項の客体への危険に限定しない新判例の下，妥当性を失っている。

本講のポイント

- □1　放火の罪は，客体や故意に応じて，現住建造物等放火罪（108条），非現住建造物等放火罪（109条1項・2項），建造物等以外放火罪（110条1項・2項）に分かれる。
- □2　現住とは，犯人以外の人の起居の場所（生活の本拠でなくてもよい）として日常使用されていることをいう。一時旅行中でも現住性は失われない。
- □3　ひとまとまりの複数の建物の物理的一体性（構造上の一体性，延焼可能性），機能的一体性を考慮して，全体を1個の現住建造物と認めうる。
- □4　焼損の概念について判例は独立燃焼説をとり，早い段階で既遂を認める。
- □5　109条2項・110条で要件となる公共の危険は，108条・109条1項の客体への延焼の危険に限らず，不特定または多数の人の生命，身体または財産に対する危険をいう。故意の内容として公共の危険の認識は不要とするのが判例である。

第39講 文書偽造罪

事例 1
(1) Xは，Aの汚職告発の証拠にする目的で，Aに無断で次の行動に出た。
(ア) Aを装って「私はBから現金を受領した」との声を録音した。
(イ) Bからの現金書留の受領印として，所定の紙片にAの印鑑を押した。
(ウ) 公衆トイレの壁に「AはBから現金を受領していた」と落書きした。
(2) Xは，公安委員会から交付されていた駐車禁止除外指定車標章の有効期限欄等の数字部分に，期限を偽装する目的で異なる数字が印字された紙片を置いて密着させ，ビニール製のケースの間に挟み込んで固定した上で，これを公道上に停車中の自動車内のフロントガラス付近に置いた。

1 保護法益と有形偽造・無形偽造

文書偽造罪の保護法益は文書に対する公共の信用である。文書偽造には一般に文書の名義を偽る有形偽造と文書の内容を偽る無形偽造の2つがあるが，刑法は有形偽造の処罰を原則とし（形式主義），無形偽造が処罰される場合を限定している。文書の内容が虚偽でも，文書の作成主体すなわち名義人に偽りがなければ，名義人に対して文書作成の責任を追及できる点で最低限の信用を確保しうるが，有形偽造は，そうした責任追及を困難にする点で文書の証拠としての機能を害する程度が大きいからである。刑法典上の「偽造」は有形偽造を指し，これとの区別から無形偽造は虚偽作成と呼ばれる*。

* 無形偽造を処罰する規定として，156条（虚偽公文書作成等），157条（公正証書原本不実記載等），160条（虚偽診断書等作成）がある。

2 文書

「文書」とは，①文字等の可読的符号を用いて物体上に固定された，②意思・観念の表示であって，③名義人が特定できるものをいう。事例1(1)(ア)

の音声データは知覚による情報の直接的な認識可能性がなく[*]，(1)(ウ)の落書きは現金受領の事実を主張する主体を特定できないため，文書に該当しない。一方，(1)(イ)の紙片は書式と印影等から現金受領の意思表示が読み取れるため文書に該当する。

＊ 「電磁的記録」(157条1項，161条の2）に該当しうる（7条の2参照)。

文書は，公務所または公務員が作成すべき文書（公文書）とそれ以外の文書（私文書）に分かれる。一般的な信用性の高さから，公文書を客体とする罪は私文書の場合よりも法定刑が重く，また無形偽造（虚偽作成）についても処罰の対象となっている（156条，157条)。また刑法は，「印章」または「署名」のある文書（有印文書）とそれ以外の文書（無印文書）を区別し，前者の偽造等をより重く処罰している。事例1(1)(イ)の文書は，公務所・公務員が作成すべき文書ではなく，また印影を用いていることから，有印私文書である。[*]

＊ 「署名」に自署のほか記名も含むと解する通説（公文書につき，大判大正4・10・20新聞1052–27）によれば，無印文書とされる場合は事実上限られよう。

3 行使罪と行使の目的

公文書偽造等罪（155条)，虚偽公文書作成等罪（156条)，私文書偽造等罪（159条）は，故意とは別に，「行使の目的」を要求する。「行使」とは，偽造文書を真正の文書として，内容虚偽の文書を真実の文書として使用することをいい，ここでいう使用とは，人に文書の内容を認識させ，またはそれを認識可能な状態に置くことをいう（最大判昭和44・6・18刑集23–7–950)。事例1(2)のXは，警察官等に確認させる目的で当該標章を偽造しているから，「行使の目的」が認められ，有印公文書偽造罪（155条1項）が成立するほか[*]，当該標章をフロントガラス越しに警察官等が確認しうる状態に置いていることから，実際に確認されたか否かにかかわらず，偽造有印公文書行使罪（158条1項）も成立する[**]。

＊ 文書の本質的部分を変更しているため「変造」ではなく「偽造」となる。なお，Xが真正な文書の外観を作出しているか（→事例3(1)）は別途問題となりうる（東京地判平成22・9・6判タ1368–251参照)。

＊＊ 他方で，偽造された運転免許証等を携帯して運転しているだけでは「行使」に該当しないと解されている（前掲最大判昭和44・6・18)。

なお，偽造・虚偽作成の罪と行使罪は牽連犯（54条1項後段）となる。

事例 2

(1)　無免許運転中に取締りを受けた X は,「免許証は家に忘れた」と述べて,道路交通法違反(免許不携帯)の交通事件原票の供述欄に,あらかじめ使用の許諾を受けていた A の氏名,生年月日,住所等を記載した。

(2)　私立 A 大学の学生 X は,A 大学の志願者 B の依頼を受けて,B になりすまして入学試験を受け,B の氏名で各科目の解答用紙に答えを記入した。

(3)　密入国者である X は,A 名義の外国人登録証明書を入手してから 30 年間,公私にわたり A という氏名を使い生活を続けていたが,再入国許可を得て外国に出国するため,「A」と署名した再入国許可申請書を作成した。

(4)　指名手配されていた X は,A という偽名を用いて就職しようと考え,虚偽の氏名(A)と経歴を記載し,X の顔写真を貼付した履歴書を作成した。

(5)　学校法人 A の理事である X は,A の理事会を代表する権限がないのに,代表権があるかのように見える「理事録署名人」という肩書きを用いて,末尾に「理事録署名人 X」と記載した理事会決議録を作成した。

(6)　弁護士資格のない X は,第二東京弁護士会に所属する同姓同名の弁護士がいることを利用し「弁護士 X」と記載した弁護士報酬金請求書を作成した。

(7)　A 市役所の市民課係長として印鑑証明書の発行事務を担当していた X は,自分で使う目的で,申請書提出等の正規の手続を経ずに,A 市長名義の X 宛の印鑑証明書を発行した。なお,印鑑証明書の発行事務は,発行の翌日に一括して A 市長の代決者たる課長 B の決裁を受けることになっていた。

1 「偽造」の意義

155 条および 159 条の「偽造」とは,伝統的には,権限なく他人名義の文書を作成することと定義されてきたが(定義①),近年は,「文書の名義人と作成者との間の人格の同一性を偽る」ことという定義が一般化しており(定義②),両者は実質的に同義と解されている(最判昭和 59・2・17 刑集 38-3-336 参照)。作成者とは,文書に表示された意思・観念が帰属する主体をいい,名義人とは,作成者として文書上認識される主体をいう。

2 作成者の特定——意思・観念の帰属主体

作成者(意思・観念の帰属主体)の特定にあたっては,作成行為の直接的実行の有無，意思表示の代行に係る許諾や権限の有無・内容，「文書の性質」に照らした意思表示の代行の許容性等が勘案される。

例えば，社長 X が部下 A に指示して社長名義の業務命令文書を作成させた場合，A による代行を X が許諾しており，文書の性質上も代行が許されない特段の事情がないことから，その文書上の意思表示は，X に帰属する。これに対し，事例 2(1)の交通事件原票中の A 名義の供述書に示された免許証不携帯を認める旨の意思表示は，A の許諾に基づくものではあるが，判例（最決昭和 56・4・8 刑集 35-3-57）は類似の事案につき，私文書偽造罪の成立を認めている*。「交通事件原票中の供述書は，その文書の性質上，作成名義人以外の者がこれを作成することは法令上許されない」ことから，供述書で示された前記意思を A に帰属させることはできず，直接の記入者である X が作成者になる。そのため，名義人（A）との間に人格の齟齬が生じると理解できよう**。***

*　交通事件原票中の供述書は，公務所または公務員が作成すべき文書ではないから，公文書ではなく私文書に該当する。

**　事実として許諾があることを重視して意思表示を A に帰属させ，「(車を運転していない) A」を作成者としつつ，文書の性質から，文書上作成者として認識される主体たる名義人を「実際に車を運転していた A」とすることで，人格の齟齬を認め，私文書偽造罪の成立を認める見解も有力である。

***　なお，許諾を与えた A には偽造罪の共犯が成立しうる（事例 2(2)も同じ）。

同様に，事例 2(2)で解答用紙に表示された答えは，B の許諾に基づいて X が代わりに記入したものといいうるが，入学試験の解答用紙は志願者以外の者による記入が許されない性質のものであるから，そこで示された答えを B に帰属させることはできず，直接の記入者である X が作成者となる。それゆえ X の行為は，名義人（B）との間に人格の齟齬を生じさせるものであり，「偽造」に該当する（東京地判平成 4・5・28 判タ 806-230）*。**

*　許諾を重視して，「(受験していない) B」を作成者，「実際に受験した B」を名義人とみて，私文書偽造罪の成立を認める見解も有力である。

**　私文書偽造罪の客体は，権利，義務または事実証明に関する私文書である。「事実証明に関する文書」とは，社会生活に交渉を有する事項を証明する文書をいい，私立大学の入学試験の答案は，入学志願者の学力の証明に関するものであることから，これに該当する（最決平成 6・11・29 刑集 48-7-453）。

3　名義人の特定――文書上作成者と認識される主体

名義人の特定にあたっては，文書に記載された氏名，生年月日，住所，顔写真等の本人識別情報のほか，当該文書の一般的な使用方法や流通範囲等を踏まえた「文書の性質」も考慮される*。

＊　なお判例は，架空の人物・団体も名義人たりうると解している。

事例 2(3)では，通称の使用が問題となっている。自己の通称を使用した文書作成は，自己が作成者となる。そして，通称が作成者本人を識別する情報として広く通用し，文書に記載された通称から作成者本人の人格を認識できる場合には，名義人と作成者の人格が一致するため偽造に当たらない。しかし，その性質上，本名の使用が要求される文書については，なお「偽造」に当たりうる。(3)と類似の事案において，判例（前掲最判昭和 59・2・17）は，再入国許可申請書の性質につき，再入国の許可という「申請人が適法に本邦に在留することを前提としている」公的手続において用いられることから「本名を用いて……作成することが要求されている」とした上で，「本件文書に表示されたAの氏名から認識される人格は，適法に本邦に在留することを許されているAであつて，密入国をし，なんらの在留資格をも有しない被告人とは別の人格であることが明らかである」として私文書偽造罪の成立を認めている。

事例 2(4)では，偽名の使用が問題となっている。偽名を使用する場合でも，顔写真など他の識別情報から作成者本人の人格を認識できる場合には，名義人と作成者の人格が一致するように思われるが，その性質上，本名を用いることが重視される文書では，偽名として記載された氏名を本名とする別人格が作成者として認識され，名義人と作成者の人格に齟齬が生じうる。(4)と類似の事案において，判例（最決平成 11・12・20 刑集 53-9-1495）は私文書偽造罪の成立を認めているが，履歴書は雇用者による採否判断の基礎となる文書であり，一般に本名が記載されることは経歴の真否等を確認する上で重要であることから，「Aを本名とする人物」が名義人として特定されたものと考えられる*。

＊　ただし，経歴等が重視されない職種・雇用形態に関する履歴書では，偽名が用いられた場合でも作成者本人が名義人として特定されうるとの指摘がある。

事例 2(5)では，代理・代表名義の冒用が問題となっている。前提として，XはA理事会の代表権を有しないため，理事会決議録に示された意思はA理事会ではなくXに帰属し，作成者はXとなる*。ここで名義人もXとなれば偽造は否定されるが，類似の事案につき，判例（最決昭和45・9・4刑集24-10-1319）は，「普通人をして他人を代表もしくは代理するものと誤信させるに足りるような資格」を表示して作成した文書の名義人を「代表もしくは代理された本人」と解し，無印私文書偽造罪の成立を認めている。「理事録署名人」という記載は「普通人をして，同理事会を代表するものと誤信させるに足りる資格の表示」と評価でき，決議録の一般的な読み手はA理事会が作成者であると考えるのが通常であるから，A理事会が名義人として特定されるのである＊＊。

＊　これに対し，代理権・代表権を有する者がその範囲内でこれを濫用したにとどまる場合は，権限に基づく文書作成として偽造に該当しないと解されている。

＊＊　「理事会の代表権を有するX」を名義人とする見解も主張されている。この見解によれば，判例とは異なり，Xに有印私文書偽造罪が成立する。

事例2(6)では，肩書・資格の冒用が問題となっている。名義人を特定する上で肩書や資格が重視されるか否かは文書の性質による。判例（最決平成5・10・5刑集47-8-7）は，(6)と類似の事案につき，Xの作成した文書が「弁護士としての業務に関連して弁護士資格を有する者が作成した形式，内容のものである」ことを理由に，名義人を「第二東京弁護士会に所属するX」とし，「弁護士資格を有しない被告人とは別人格」であるとして偽造を認めている。

4　公文書の偽造――公務員の文書作成権限

公文書偽造等罪（155条）の「偽造」は，定義①（→262頁）に従い，「公文書の作成名義人以外の者が，権限なしに，その名義を用いて公文書を作成すること」と定義されることが多い。公文書に関与する公務員の文書作成権限に関し，判例（最判昭和51・5・6刑集30-4-591）は，名義人の決裁を待たず自らの判断で公文書を作成することが一般的に許されている代決者だけでなく，一定の手続を経由するなどの特定の条件の下において公文書を作成することが許されている補助者も「その者への授権を基礎づける一定の基本的な条件に従う限度において」作成権限を有するとした上で，事例2(7)と類似の事案につき，「申請書の提出は，主として印鑑証明書の内容の正確性を担保するために要求されている」等の理解から，文書内容の正確性の確保を授権の基本的条件と解し，当該条件に従うXの行為は「補助者としての作成権限を超え」ていないとして，公文書偽造罪の成立を否定している。

事例3

(1) Xは，融資を得る目的で，X名義の運転免許証の上に他人の免許証の写しから切り抜いた氏名等の紙片を置き，テープを貼付して固定し，これをA銀行の無人店舗のイメージスキャナを通しディスプレイに表示させた。

(2) Xは，本人確認に使う目的で，(1)で作成した免許証のコピーを作成した。

(3) 私人Xは，A村役場で証明書発行担当の係員Bに兵役等に係る虚偽の事実を記載した証明願を提出し，A村長名義の虚偽の証明書を作成させた。

(4) A地方事務所で建築審査等の業務とこれに関連する文書の起案を担当していた係員Xは，事務所長Bに対し建築の進行状況に関する虚偽の報告書を提出し，権限を有するBに内容虚偽の現場審査合格書を作成させた。

1 偽造の程度——事例3(1)

偽造を認めるには，作成された文書が一般人からみて真正な文書だと誤信しうる程度の外観を有する必要があり，その判断にあたっては，当該文書の客観的形状のほか，その種類・性質や社会的機能から想定される行使形態等が考慮される。運転免許証は，免許事実の証明のほか身分証明書としての役割も果たしており，事例3(1)のような電子機器を通しての呈示も通常想定される行使形態に含まれる。この行使形態を前提にすれば，(1)の文書は真正な文書と誤信しうる程度の外観を有すると評価できる（大阪地判平成8・7・8判タ960-293)。

2 コピー文書——事例3(2)

原本の写しは，一般に「同内容の原本が存在する」という複写者の意思・観念を表示するが，電子複写機などの機械的方法により原本を複写して作成されたコピー文書は，手書きによる写しなどと異なり，複写した者の意思が介在する余地がなく，内容のほか形状に至るまで原本の外観を正確に再現する特質があり，原本と同程度の社会的機能と信用を有している。そこで判例（最判昭和51・4・30刑集30-3-453）は，コピー文書を原本と同一の意識内容を表示するものと捉え，原本の名義人をコピー文書の名義人とし，公文書性や有印性も原本を基準とする。これによれば，事例3(2)のXの行為*は，権限なく，公安委員会を名義人とする有印公文書を作成する「偽造」と評価される。

＊　運転免許証は，公安委員会が名義人であり，有印公文書である。

3　虚偽公文書作成罪の間接正犯——事例3(3)(4)

公文書の作成権限を有する公務員を利用して，内容虚偽の文書を作成（無形偽造）させる行為について，虚偽公文書作成罪（156条）の間接正犯が成立するかが争われている。判例（最判昭和27・12・25刑集6-12-1387）は，事例3(3)のXのような私人について同罪の成立を否定する。無形偽造の処罰一般に対して限定的な態度を採る刑法が，虚偽の申立てにより公務員に公正証書原本等の不実記載をさせる行為を157条で特に軽く処罰しているのは，私人による無形偽造の間接正犯の処罰を157条の要件を充たす場合に限定する趣旨の表れであるという理由による。一方で，判例（最判昭和32・10・4刑集11-10-2464）は，事例3(4)のXのような文書の起案を担当する公務員については，虚偽公文書作成罪の間接正犯が成立する余地を認めている。私人と異なり，156条における「公務員」という身分のほか「職務に関し」という構成要件を充足しうること等が理由として指摘されている*。

＊　補助公務員にも文書作成権限の余地を認める立場（→事例2(7)）の下，Xに当該権限を認めうるとの理由から，判例の結論を説明する理解も有力である。

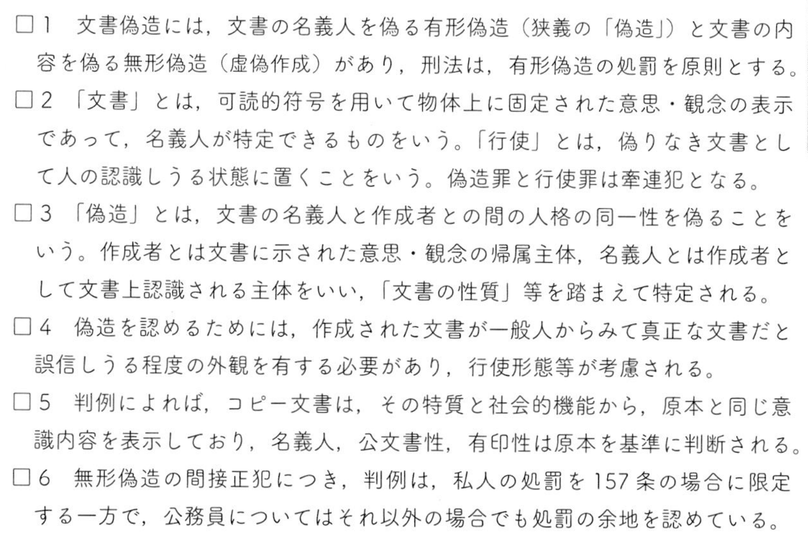
本講のポイント

□1　文書偽造には，文書の名義人を偽る有形偽造（狭義の「偽造」）と文書の内容を偽る無形偽造（虚偽作成）があり，刑法は，有形偽造の処罰を原則とする。

□2　「文書」とは，可読的符号を用いて物体上に固定された意思・観念の表示であって，名義人が特定できるものをいう。「行使」とは，偽りなき文書として人の認識しうる状態に置くことをいう。偽造罪と行使罪は牽連犯となる。

□3　「偽造」とは，文書の名義人と作成者との間の人格の同一性を偽ることをいう。作成者とは文書に示された意思・観念の帰属主体，名義人とは作成者として文書上認識される主体をいい，「文書の性質」等を踏まえて特定される。

□4　偽造を認めるためには，作成された文書が一般人からみて真正な文書だと誤信しうる程度の外観を有する必要があり，行使形態等が考慮される。

□5　判例によれば，コピー文書は，その特質と社会的機能から，原本と同じ意識内容を表示しており，名義人，公文書性，有印性は原本を基準に判断される。

□6　無形偽造の間接正犯につき，判例は，私人の処罰を157条の場合に限定する一方で，公務員についてはそれ以外の場合でも処罰の余地を認めている。

第40講 風俗に対する罪

事例 1
(1) Xは，Yが管理・運営するウェブサイトAの映像配信システムを利用して，第三者との性行為の様子を無修正で即時配信した。
(2) Xは，(1)のAに，第三者との性行為の様子を無修正で記録した動画データをアップロードし，国内にあるAのサーバーコンピュータに保存させ，Aを訪れた者が有料でこの動画をダウンロードできる状態に置いた。そして，Zが実際に動画をダウンロードした。

1 公然わいせつ罪とわいせつ物頒布等罪の概要

公然わいせつ罪（174条）とわいせつ物頒布等罪（175条）は，性風俗に対する罪として，社会的法益に対する罪に位置づけられる。ここでの「わいせつ」*は，「いたずらに性欲を興奮又は刺激させ，かつ，普通人の正常な性的羞恥心を害し，善良な性的道義観念に反するもの」（最大判昭和32・3・13刑集11-3-997等参照）をいう。その限界は問題となるが，事例1のような無修正の性行為，および，そのような映像しか記録されていない動画データのわいせつ性は明らかである。

* 保護法益が異なるため，強制わいせつ罪（176条）のわいせつ概念（→第23講）とは内容が異なる。例えば，嫌がる相手にキスすれば同罪が成立しうるが，その記録映像が175条のわいせつ物に直ちに該当するわけではない。

公然わいせつ罪が，不特定または多数人にわいせつな行為を直接認識させようとする犯罪であるのに対し，わいせつ物頒布等罪は，わいせつ行為が何らかの媒体に固定化された物（わいせつ物）を認識させようとする犯罪であるという点で区別される（固定化による伝播性が，175条が174条より重い法定刑であることの根拠とされている）。事例1(1)では，インターネットを介した即時配信により，わいせつな行為を不特定多数人に直接見せているから，175条ではなく174条の問題となる。

2　わいせつ物頒布等罪の構成要件

175条1項前段は，わいせつ物の頒布と公然陳列を処罰する。事例1(2)では，動画データの保存されたサーバー*が「電磁的記録に係る記録媒体」に該当する。「頒布」は客体を不特定または多数の者に交付すること，「公然陳列」は，客体のわいせつな内容を不特定または多数の者が認識できる状態に置くことをいう。事例1(2)では，動画データをサーバーに蔵置しダウンロード可能な状態に置いた時点で公然陳列が認められる（ダウンロードして再生しないと閲覧できないが，そのような簡単な操作の場合は公然陳列を否定しない）。

*　本条は国内犯のみを処罰するため，サーバーが国外にある場合が問題となるが，構成要件の一部が国内で行われれば国内犯として処罰できるという通説（遍在説）からは，アップロードや認識可能状態が国内で生じていれば，国内犯処罰が可能となる。

175条1項後段は，電磁的記録等を電気通信の送信により頒布した場合を捕捉する。この場合の「頒布」とは，不特定または多数の者の記録媒体上に電磁的記録等を存在するに至らしめることをいう（最決平成26・11・25刑集68-9-1053参照）。事例1(2)では，ダウンロードの操作をしているのはZだが，実際には，それによってAに設置された自動送信プログラムが機能しており，Xはそれを利用して頒布したといえる（反復の意思があれば，相手方が1人であっても頒布は成立する）。上述の公然陳列と頒布は包括一罪となる。

3　わいせつ物頒布等罪と共犯

175条の頒布の相手方（Z）は，不可欠の関与者なのに処罰規定が置かれていないため，必要的共犯の理論により，原則的に不可罰となる（積極的に関与した場合は別である）。Aの管理・運営者Yは，Xの特定の行為を具体的に認識していなくても，わいせつ動画の投稿・配信を積極的に勧誘しているのであれば，幇助犯になる可能性があるほか，Aの運営の仕組みや状況，収益方法次第では共同正犯となりうる（最決令和3・2・1刑集75-2-123参照）。また，動画データの削除をしなかったことにつき不作為の公然わいせつ罪・わいせつ物頒布等罪が成立する余地もないわけではない。

事例２
(1) 火葬場に勤めるＸは，同居する親Ａを殺害し，犯行隠ぺいのためにＡの死体を職場でひそかに焼却し，同日，残った骨を共同墓地に埋めた。
(2) Ｘは，同居していた老齢の親Ａが病死したにもかかわらず，Ａの年金を不正に受給し続ける目的で，Ａの死体をトランクに入れて自宅の押入れに隠し，そのまま生活を続けた。

1 死体損壊等罪の概要

死体損壊等罪（190条）は，死体，遺骨，遺髪，納棺物を損壊，遺棄，領得した場合に成立する。同罪の保護法益は，通説によれば，死者に対する一般の敬虔感情であると考えられている。客体である「死体」について，その始期は殺人罪等における「人」の終期の判断（三徴候説か脳死説か）に依存する。*

＊ 死体損壊の意図で被害者を焼こうとしたが，行為当時には生存の可能性のあった事案で，死亡前後の燃焼の継続により損壊結果が発生していることを理由に本罪の成立を認めた例がある（東京高判昭和62・7・30高刑集40-3-738〔被害者の死亡は別の原因による〕）。この理解からは，死体遺棄の故意で生者を遺棄して死亡させるという抽象的事実の錯誤とされる事例について（→第4講参照），遺棄行為がおもりをつけて海中深くに沈めるなど完了まで一定時間を要する場合に限っては，客観的に死体遺棄の構成要件に該当し，死体遺棄の故意も認められるので，同罪が成立すると解する余地がある（横浜地判平成28・5・25 LEX/DB 25543379参照）。

「損壊」は，器物損壊罪（261条）とは異なり，物理的な損傷・破壊に限られる（最判昭和23・11・16刑集2-12-1535）。「遺棄」は，死体等の放棄のほか，隠匿も含む。「領得」は死体等の占有の取得であり，不法領得の意思（→第26講参照）を不要とする理解が一般的である。社会通念上一般的に許容される死体の埋葬を行う場合も死体の破壊や移動を伴うが，法益侵害はなく本罪には該当しない。逆に，事例1(1)のように，外形的には葬祭行為をなぞっていても，死体の処遇として許容される範囲を逸脱したと評価される場合，本罪が成立する（大判昭和20・5・1刑集24-1）。具体的には，ひそかな焼却行為が死体損壊，その後の墓地へ埋めた行為が遺骨の遺棄となり，両行為は同日に引き続いて行われているので包括一罪となる（それと殺人罪とは併合罪）。

2　不作為による遺棄

遺棄には作為だけではなく不作為も含まれる。不作為の場合は当然作為義務が必要であり，死体の葬祭義務や監護義務（例えば，治療を引き受けた人が死亡した場合に，死体を葬祭義務者に引き渡す義務）がそれに該当する。一方，殺害者が死体をそのまま放置していても，殺人行為が先行行為であることを理由として作為義務が認められることはないとされている。

事例1(2)の場合，Xは，死亡したAの死体をトランクに入れて押入れに隠すという作為の遺棄を行っているが，同時に，葬祭義務の対象であるAの死体を葬送していないという不作為も観念できる*。両者の関係について，作為の形態によって本件事象の違法性が評価され尽くしているとして，作為の遺棄のみの成立を認める理解もありうるが（大阪地判平成25・3・22判タ1413-386参照），死体の適切な葬送を行わない限り葬祭義務の不履行が続いているとして，不作為による遺棄の継続を認めるという考え方も有力である（大阪地判平成28・11・8公刊物未登載。作為の遺棄については公訴時効が成立している場合などに意味を持つ）。

*　行為者と客体の場所的離隔がなくとも作為の遺棄（隠匿）は認められうる（最判昭和24・11・26刑集3-11-1850参照）。不作為については，大判大正6・11・24刑録23-1302が「死体を放置し其所在の場所より離去する」と述べているが，一般的には，離去は必須とは考えられておらず，本文のとおり，自宅内で隠匿を続けた場合に不作為犯を認めた裁判例もある。

本講のポイント

- □1　わいせつ物頒布等罪は，わいせつ表現が媒体に固定化されているかで，公然わいせつ罪と区別される。
- □2　インターネットを介する場合，様々な客体，行為態様について175条の罪が成立する可能性がある。
- □3　死体の処遇として許容される範囲を逸脱したと評価されない限り，死体損壊等の行為に該当しない。
- □4　葬祭義務・監護義務違反という不作為による死体遺棄もありうる。作為と不作為が同時に成立することがあるが不作為の遺棄は継続しうる。

第41講 公務執行妨害罪・業務妨害罪

事例１
(1) 警察官Ａらが，Ｘ宅を訪問し，Ｘを覚醒剤取締法違反の被疑者として，逮捕状を示すなど適法な方式にのっとってＸを逮捕し，逮捕現場にあった証拠品を差し押さえて玄関に置いたところ，Ｘは突然走り出しその証拠品を踏み潰した。
(2) (1)で，Ａが逮捕状を示していなかった場合はどうか。
(3) (1)で，Ｘが，逮捕状が示されたのを見ていなかったため，この逮捕は違法であると誤解していた場合はどうか。
(4) (1)で，Ｘは，友人から頼まれて覚醒剤を預かっていただけだから自己の行為は犯罪ではなく，したがってこの逮捕は違法であると誤解していた場合はどうか。

1 公務の保護と公務執行妨害罪

公務執行妨害罪（95条1項）は，「公務員が職務を執行するに当たり，これに対して暴行又は脅迫を加えた」場合に成立する。公務員ではなく公務を保護する規定であるため，公務員（7条1項）に暴行・脅迫を加えれば常に本罪が成立するわけではなく，公務員の職務執行に際して行われる必要がある。「職務」に限定はないが（最判昭和53・6・29刑集32-4-816），「職務を執行するに当たり」は，勤務時間中というだけでは足りず，個別具体的に特定された職務執行開始から終了まで，および，それと時間的に接着した一体的部分に限られる（事例1では問題なく認められる）*。

＊ ただし，職務の性質によっては，ある程度継続した一連の職務として把握されるべきものもあるとされる（前掲最判昭和53・6・29等参照）。

本罪の「暴行」は，直接的には物や補助者に加えられ公務員の身体に対し直接向けられていない暴行（間接暴行）も含む（最判昭和37・1・23刑集16-1-11

参照)。また，本罪は暴行・脅迫の時点で成立し，妨害の発生は不要だが，行為態様が職務執行の妨害となるべき性質のものであることを要する。事例1(1)の場合，Xの行為は，直接的には証拠品に向けられているが，職務執行の妨害を生じさせる性質を備えたものとして本罪の「暴行」に当たると評価される。*

* 間接暴行の限界は明らかではないが，非面前で行われる物の破壊など，公務員に物理的影響がないものまで含めるべきではないという理解が有力である。

2 職務の適法性（要保護性）

条文には明記されていないが，職務の執行は適法なものでなければならない（大判大正7・5・14刑録24-605）。職務の適法性は，①職務行為が当該公務員の抽象的職務権限に属する，②当該職務を行う具体的権限がある，③法律上の重要な方式を履践している，という3要件によって判断される*。

* 職務の適法性は，行為時を基準に客観的に判断される（最決昭和41・4・14判タ191-146）。したがって，例えば逮捕しようとした被疑事実について後の裁判で無実と判断されることは，その逮捕の職務の適法性を否定しない。

①②は，当該公務員および職務行為について規制する法令等に基づき判断されるが，③については，刑法上「重要な方式」の違反の有無が問われ，法令違反があるだけでは直ちに否定されず，違反により制約される権利と職務執行の保護の必要性を勘案して判断される。裁判例において③が否定されているのは，事例1(2)のような令状主義の趣旨に反する重要な違反の場合である。*

* 令状逮捕を例にすれば，①が否定されるのは逮捕権のない人が逮捕する場合，②が否定されるのは逮捕状が発付されていない場合である。③は実際の逮捕時の手続の問題だが，②と③の区別はときとして困難な場合がある。

3 適法性の錯誤

職務の適法性は構成要件要素であり，その錯誤は事実の錯誤と法律の錯誤の区別基準に従う（→第11講参照)。事例1(3)の場合，「逮捕状の呈示」という職務の適法性を基礎づける事実についての錯誤であり（違法だと思ったこと自体は関係ない)，事実の錯誤として故意が阻却される。一方，事例1(4)の場合，適法な逮捕の事実を誤って違法と評価しているので，違法性の錯誤の問題である（通常，犯罪の成立は否定されない。→第11講参照)。

事例2
(1)　Xは，深夜インターネットの匿名掲示板に，「明日A市にあるバス会社B社のバスに爆弾をしかける」という虚偽の投稿をした。B社の営業所長Cは，翌日朝その投稿を知り，バスの運行をすべて中止させた。
(2)　(1)で，バス事業がA市によって運営されていた場合はどうか。
(3)　Xは，A警察署に対して「B公園に爆弾をしかけた」という虚偽の電話をした。A警察署の職員は，B公園周辺の捜索や警戒等を行った。

1　業務妨害罪の行為態様

業務妨害罪は，虚偽の風説の流布，偽計（233条後段），威力（234条）のいずれかの手段を用いて業務を妨害する場合に成立する。もっとも，実際に妨害結果が生じることは必要ではなく，行為態様にそれを生じさせるおそれがあれば足りる（最判昭和28・1・30刑集7-1-128参照）。

「虚偽の風説の流布」とは，客観的真実に反する情報を不特定多数に伝播すること，「偽計」とは，他人の錯誤・不知を利用し，または，欺罔・誘惑の手段を弄すること，「威力」とは，人の意思を制圧するに足りる勢力を使用することをいう*。事例2(1)〜(3)のいずれも虚偽の爆破予告という手段だが，(3)が「偽計」と評価されるのに対して，(1)(2)のように，人の意思に圧力を加え業務に障害を与えようとする場合は，「威力」に該当するとされる。

＊　偽計・威力ともに人の意思への働きかけという要素が必要と解されているが，物に対する妨害行為のように，その要素が希薄な類型も存在する（最決昭和61・6・24刑集40-4-292）。この場合，威力と偽計は，妨害行為の公然・非公然によって区別される。

2　業務と公務——事例1と事例2(2)(3)

「業務」とは，人が社会生活を維持する上で反復・継続して従事する仕事をいう（大判大正10・10・24刑録27-643）。事例2(1)(2)は，この定義に問題なくあてはまるが，(2)のように妨害対象が公務の場合，それが業務妨害罪の客体に含まれるか検討しなければならない。公務については暴行・脅迫というより強力な手段を要求する公務執行妨害罪が存在するためである。学説は多岐にわたるが，判例は，公務が「強制力を行使する権力的公務」でないことを理由に，業務妨害罪を認めたものがある（最決昭和 62・3・12 刑集 41–2–140 等）。これに従えば，事例 1 のような警察官の逮捕という職務は，「強制力を行使する権力的公務」の典型であるため，業務妨害罪は成立しない。一方事例 2(2)の場合，市バスの運営という職務は，私人も行うことのできる業務を地方公共団体が行っているだけであり，「強制力を行使する権力的公務」には該当しない。したがって，(2)も(1)と同じく威力業務妨害罪が成立する*。**

*　(2)の公務は公務執行妨害罪の客体でもあり，行為態様は脅迫にも当たるが，脅迫が「職務の執行に当たり」行われていないので，同罪は成立しない。

**　「業務」については，事実上平穏に行われており，違法性が強度でなければ，違法性を帯びていても要保護性があると解されている。ただし，公務が業務妨害罪の客体になる場合，公務執行妨害罪の職務の適法性と同程度の基準によって判断される可能性がある（最決平成 14・9・30 刑集 56–7–395 参照）。

事例 2(3)では，まず妨害行為の対象を特定する必要がある。妨害されているのは，虚偽通報への出動ではなく，虚偽通報への対処がなければ行われていた A 警察署（職員）の本来の職務という理解が有力だが，そこには事例 1 と同様の逮捕なども含まれうる。その意味で，業務妨害罪の業務と認められるか問題となりうる。もっとも，「強制力を行使する権力的公務」が業務として保護されないのは，威力や偽計による妨害行為は強制力により排除できるからであるとすれば，本来の職務に「強制力を行使する権力的公務」が含まれているとしても，その強制力は，虚偽通報による妨害行為に対して行使しうる段階になく，それを排除する働きを有しない以上，本来の職務全体が業務として保護の対象になるとされる（東京高判平成 21・3・12 高刑集 62–1–21 参照）。

本講のポイント

□ 1　公務執行妨害罪は職務の執行に際して暴行・脅迫が行われる必要がある。

□ 2　公務執行妨害罪の職務は適法性を備えていなければならず，それが認められるためには，①抽象的権限，②具体的権限，③重要な方式履践を必要とする。

□ 3　職務の適法性の錯誤の内容によって，事実の錯誤か法律の錯誤か決まる。

□ 4　「強制力を行使する権力的公務」でない公務は業務妨害罪の客体となる。「強制力を行使する権力的公務」であっても，妨害行為の態様によっては，業務妨害罪の客体となりうる。

□ 5　公務執行妨害，業務妨害のいずれも妨害結果の発生を必要としないが，行為が妨害結果を生じさせる性質を持っていることは必要である。

第42講 司法に対する罪

事例 1

バーを営むXは，窃盗を犯した友人Aのため，次の行為を行った（各事例は独立したものとする）。

(1)　逃走用資金と逃走場所を用意した。

(2)　犯行の際に用いた道具の処分をし，Aが犯行時間にXの店に来店していた旨を示す虚偽の伝票を作成した。

(3)　Xが参考人として取調べを受けた場合に述べる犯行当日のAの虚偽のアリバイについてAと口裏合わせを行い，Aの逮捕後，その供述をもとに呼び出されたXは，警察官の聴取に対し，その虚偽のアリバイの供述を行い，警察官はその供述を調書に録取した。

1　犯人蔵匿等罪・証拠隠滅等罪の構成要件――事例 1 (1)(2)

窃盗罪（235条）という「罰金以上の刑に当たる罪を犯した者」*であるAに対し，Xは，事例1(1)で逃走場所を用意することで，場所を提供して匿っており「蔵匿」したといえ，また，逃走用資金を提供することで，蔵匿以外の方法により官憲による発見・身柄の拘束を免れさせる行為を行っており「隠避」したといえる。犯人蔵匿等罪（103条）は，抽象的危険犯であるので，犯人が発見や拘束を実際に免れたか否かは犯罪の成否に直接の関係はなく，(1)では本罪が成立する（→事例2も参照)。

> ＊　「罪を犯した者」が真犯人である必要があるか否かも争われているが，立法目的を達するためには，犯罪の嫌疑者として捜査の対象となっている者であれば足りると判例上解されている（最判昭和24・8・9刑集3-9-1440)。

また，(2)において，Xは，Aの窃盗という「他人の刑事事件」に関し，その供用道具を処分することで，証拠の顕出を妨げており証拠を「隠滅」し，また，虚偽のアリバイの物証となる伝票を作成し，実在しない証拠を実在するかのように作出しており証拠を「偽造」している。そのため，(2)では証拠隠滅等罪（104条）が成立する。*

＊　なお，XとAに親族関係がある場合の取扱いについては第36講参照。

2　参考人の虚偽供述と司法に対する罪――事例1(3)

以上に対して，(3)の参考人として警察で虚偽の供述をすること，さらにはそれが調書として録取されることにつき，Xにいかなる司法に対する罪が成立するか問題となる。判例は一貫して，参考人の捜査機関への虚偽供述のみでは，証拠偽造に当たらないと解している。刑法が偽証罪（169条）以外には虚偽の陳述・供述を処罰していないこと，捜査機関への真実供述義務を一般に課すことは妥当でないことなどがその理由である。また，その供述が録取され調書化された場合には「偽造」を認める余地があるとする見解も有力であるが，判例は，虚偽供述が書面を含む記録媒体上に録取されたとしても，それだけで偽造を認めるべきではないという理解を示している（最決平成28・3・31刑集70-3-58：例外的に成立が認められた事案である*）。供述が記録されれば前記の不処罰の趣旨が直ちに妥当しないとするのは適切ではないと解するものと思われる。ゆえに判例によれば，(3)の場合，証拠偽造罪は成立しがたい。

＊　同事案は，参考人とその供述が虚偽であることを認識していた担当警察官らが，架空の事実に関する令状請求のための証拠を作り出す意図で，相談しながら調書を作成したものである。参考人と警察側の共謀による新たな虚偽証拠の作出という特殊事情があれば，参考人といえど，警察官による証拠偽造に協力し，共同して偽造をしたという評価が可能となることを意味する。また，聴取に対する供述ではなく，参考人として内容虚偽の上申書を作成し提出する場合なども裁判例では証拠偽造罪の成立が肯定されている。

ただし，身柄の拘束を免れさせる行為であるとして，犯人隠避罪が成立する可能性がある。もっとも，(3)のように，すでにAの身柄が官憲に確保されている場合に，単なる虚偽の供述をしただけで「隠避」に足りるかは検討を要する（→事例2も参照）。ここでは，身柄の拘束を継続することに疑念を生じさせるアリバイの口裏合わせを行い，それに沿った供述を行ったという事情が，身柄の拘束を免れさせるような性質を持つといえ，隠避に該当するとの評価をより基礎づけ・強化しているといえよう。この点を加味すれば，犯人隠避罪の成立は十分に可能といえる（最決平成29・3・27刑集71-3-183）。

事例 2
暴力団幹部であるＸは，拳銃の発砲による殺人（未遂）を実行し，その３か月後，その容疑で逮捕・勾留された。逮捕直前，暴力団組員であるＹは，Ｘが捕まった場合には拳銃と実包を持って自分が身代わり犯人として出頭するとＸに提案していたところ，Ｘは，面会者を介して，提案を実施するようＹに指示をした。指示を受けたＹが拳銃と実包を持って実際に警察署に出頭したものの，Ｘの身柄拘束が解かれることはなかった。

1 「隠避」の意義

犯人隠避罪の保護法益は，（証拠偽造罪とも同様に）刑事司法作用であり，犯罪捜査，刑事裁判，刑の執行などの作用を守るものである。犯人の蔵匿や隠避につき，官憲による身柄確保から免れさせる行為が１つの典型ではあるが，すでに逮捕・勾留などにより身柄確保がなされている場合でも，あるいは確保状態が解かれることがなかった場合でも成立するかには議論の余地がある。

この点につき，判例（最決平成元・5・1 刑集 43-5-405）においては，すでに逮捕・勾留されている者でも 103 条の「罪を犯した者」に当たるとされ，現になされている身柄の拘束を免れさせるような性質の行為も「隠避」に当たるとされている。そうすると，抽象的危険犯である本罪は，すでに犯人が身柄拘束下にあったとしても，それを免れさせるような行為は該当し，実際に拘束を免れさせることは必要ないといえる。成立に実際の身柄解放を要するとすると，解放されない限りは不可罰な行為として何度でも試行可能となってしまう。

とはいえ捜査妨害的行為が広く当たるというわけではなく，類型的・一般的に見て，身柄確保から免れさせる行為と評価できるような意味を持ちうる行為であることは必要であろう。事例２では，物理的証拠も携えつつ身代わり犯人として出頭したという事実，事例１(3)では口裏を合わせてアリバイを供述したという事実が，その点を基礎づけ・強化しうる。以上のような検討を経て，事例２のＹの行為には犯人隠避罪が成立するといえる。

2 「犯人」による共犯――Ｘの罪責

条文の規定上，犯人であるＸ自身は，自己の犯罪につき，犯人隠避罪や証拠偽造罪の正犯とはなりえない。共同正犯についても同様で，本事例のような場合に，他の犯罪であれば，幹部としての指示により，かつ犯行の受益者として共謀が認められ共同正犯となるであろうが，犯人隠避罪・証拠偽造罪について，それは成立しえないという理解が一般的である。

もっとも，他人に犯罪を唆したと（も）評価できれば，その限りで同罪の教唆を認めるのが一貫した判例の立場である（最新のものとして最決令和3・6・9集刑329-85）。その理由として，そのような犯人の行為は，防御権の濫用である，あるいは期待可能性がない行為とはいえないなどの説明がなされる。正犯が成立しない根拠が教唆では妥当しないとするものである。しかし，犯人自身が正犯として不可罰である条文趣旨を，類型的な期待可能性の欠如という考慮に求める学説の一般的理解からは，共犯として処罰する実質的理由づけが困難である，あるいは教唆のみ成立しうるとする共犯理解は因果的共犯論と整合しないなどと批判され，反対も有力である。

次に，教唆が理論的に成立しうるとしても，実際の犯人の行為が，犯罪決意を生じさせるという「教唆」の定義に該当する必要がある。本事例では，Yが発案しており，Xはそれを心理的に幇助しただけではないかという問題がある。とはいえ，発案そのものが教唆者によるものでなくとも，正犯者の犯罪意思を確定させる行為も，犯罪決意を生じさせる教唆に当たると解されるため（最決平成18・11・21刑集60-9-770），本事例ではXに犯人隠避教唆が成立する。

本講のポイント

- □1　参考人としての捜査機関への虚偽供述は，証拠偽造罪は原則成立しないが，犯人隠避罪が成立する可能性がある。
- □2　官憲により身柄確保がなされている場合でも犯人隠避罪は成立しうる。
- □3　犯人自身に犯人隠避罪や証拠偽造罪の教唆犯が成立するかにつき，判例上は一貫して肯定されているが，学説では異論も強い。共同正犯も含め，正犯が成立しないことにはほぼ争いがない。
- □4　教唆は他人に犯罪決意を生じさせることを意味するが，すでに生じている犯罪意思を確定させる場合も該当しうる。

第43講　賄賂罪

事例 1

警視庁 A 署地域課に属し交番勤務をする警察官 X は，同庁 B 署刑事課で捜査中の事件に関して告発状を提出した C から，同事件についてその告発状の検討や助言を受けたいとの趣旨で金品の提供を受け，その趣旨を理解しながらそれを受領した。

1　賄賂罪の基本理解

賄賂罪（197 条以下）の保護法益は，通説・判例によれば公務員の職務の公正とそれへの信頼と解され*，その成立には，賄賂と解される利益提供と，利益を収受した公務員自身の「職務」が対価関係にあることが必要となる**。利益を受領した公務員が，その職務をその当時，法令上の権限に基づき具体的に担当していたと，法令解釈と事実の側面の両方でいえれば当然に賄賂罪は成立する。仮に，事例 1 の X が，B 署刑事課で対象事件の捜査を現実に担当していれば，成立に何の問題もない。

＊　職務の公正のみを保護法益と解する純粋性説も学説上は有力である。過去の職務に対する賄賂罪をどの程度認めうるかなどに相違が生ずる（→事例 3)。

＊＊　あっせん収賄罪（197 条の 4）については，公務員自身の職務ではなくあっせん行為が対価関係に立つことが必要となるが，それ以外の賄賂罪は，依頼の具体性の程度や内容の正・不正の相違はあるが基本的に同様の要請がある。

2　一般的職務権限論

しかし，X は，同じ警視庁下であるが，A 署地域課という別の組織に所属しており，同事件の捜査権限を現実に有していたとはいいがたい。もっとも，そのように当該公務員が具体的に当該職務を担当していなくとも，当該職務が，その公務員の「一般的職務権限」に属する事項といえる場合には，賄賂罪が成立すると解されている。その公務員の一般的職務権限に属する事項について，対価関係がある形で利益提供を受ける場合には，具体的担当がなくとも，職務の公正に対する社会の信頼が害されると解され，かつ組織の内部的分掌で直ちに犯罪の成否が左右されるのは妥当ではないことも理由となる。

3 具体的適用

もっとも，警察官には，法令上，犯罪捜査権限があるといえど，捜査に関係して利益を受領すれば，常に賄賂罪が成立するとまでは解されておらず，どのように一般的職務権限の限界設定をするかには議論がある*。

> ＊ 学説上も，一般的職務権限に属する事項に関わる賄賂罪を肯定する理解がとられているが，そこでは，その職務を将来現実に担当する可能性や職務上の影響力から，実際上公務を左右する可能性を有していたこと等も要求する理解が有力である。

この点につき，判例実務の判断においては，当該公務員の有する職務権限につき，関係法令等を解釈して検討していくことが重要となる。具体的には，警察法によれば，「都道府県警察の警察官は，この法律に特別の定がある場合を除く外，当該都道府県警察の管轄区域内において職権を行うものとする」（警察法 64 条）とされ，さらに地域警察運営規則，警視庁警察職員服務規程などの政令や内規により，警視庁警察官，および地域課所属警察官として定められている職務やその権限を，具体的に明らかにすることを通じて，検討を行うべきこととなる。

その結果，警視庁管内の交番勤務警察官は，その所属に限らず，東京都内において犯罪捜査に当たることが要請され，所属・所管課の異なるB署刑事課の事件の捜査についても一般的職務権限が及ぶと解されることになり，その事件に関する告発状の検討や助言は，Xの職務に属するといえ，賄賂罪が成立する（単純収賄罪〔197 条 1 項前段〕の成立を認めた最決平成 17・3・11 刑集 59-2-1)。

ゆえに，別の県の警察署長YがXと同様の行為を行ったとしても，事件の性質が広域にまたがるものであるなどの事情がない限りは，一般的職務権限に属しない私的行為となる。また，警察官の職務権限の特殊性ゆえに，所属組織単位（署や課）を越えて一般的職務権限が認められているが，一般の公務員についても直ちに同様にいえるものではない点にも注意をしたい。

事例2
(1) 地方議会議員であるXは，同人が所属する会派内で同議会議長候補を選出するに際し，Aから自らを候補者として選出することに協力するように依頼を受け，その趣旨の下，同人から金品を受領した。
(2) 警視庁A署地域課に属し，交番勤務をしていたXは，中古品の買取業（古物営業）を営むBから，拾得物の届出を受けるに際し，その届出者に，期間経過後の所有権取得の際にはBへの売却が可能であるとの情報提供を行うよう依頼を受け，その趣旨の下，同人から金品を受領した。

1 職務密接関連行為

法令上の権限に基づき，自己が現実に担当している職務を対価に利益を収受すれば賄賂罪が成立する。職務行為・権限の行使が，職務担当等から，現実には難しい場合であったとしても一定範囲で職務に当たると解するのが一般的職務権限の理論である（→事例1）。それに対して，対価関係に立つ一定の現実の行為は想定できるが，それが法令上，職務に属するとは直ちに解しがたい反面，その行為が本来の職務と強い関係性を有することから，賄賂罪における職務に当たるとするのが，職務密接関連行為の議論である*。

* 「職務に関し」という条文の文言から職務密接関連行為まで含まれるとする解釈も有力であるが，密接関連行為も解釈上「職務」に含まれ，「関し」は賄賂と職務の対価関係を表すとする解釈も有力である。後者の見解の中には，職務密接関連行為というカテゴリーを設け検討すること自体への批判もあるが，分析枠組みとしての有効性から，そのような検討に肯定的な見解が多数である。

事例2(1)では，議会において議長を選出する行為は，当然に地方議会議員の職務権限に属する行為といえるが，それより前の会派内での議長候補の選出については，単なる私的行為なのではないかが問題となる。また，(2)も，届出の受領はXの職務に属する行為であるが，その際に私人への働きかけを行う行為は単なる私的あっせんなのではないかが問題となる。

2 根拠・類型・判断基準

公務員の公務は，法令により定められるのが原則ではあるが，現実には，そのことごとくを法令でカバーすることは困難であり，他方で，そのカバー外であっても，公務の公正やそれへの信頼を害しうる場合があり，それは本来の職務と依頼された事項が密接な関連性を有する場合であると解されている。

判例上，問題となっているのは，①本来の職務の準備的行為（事例2(1)），②他の公務員や私人に対して影響力を行使する行為（事例2(2)），③所掌する職務に関する秘密情報を提供する行為（最決昭和59・5・30刑集38-7-2682参照）の3つである。単なる他の公務員の職務に属する事項へのあっせん行為，私的行為との限界が問題となるといえる。

この点について，依頼された事項の公務的性格，行為自体の対象者への影響力の有無・大小，本来の自己の職務への影響の有無・大小等を勘案して，依頼事項と当該公務員において有する本来の職務権限との関連性の強弱を検討するものと分析されている。

3　具体的適用

(1)の場合，会派内での選出により，その後の本来の職務である議会内での議長選出での投票行動が事実上拘束されることとなり，本来の職務への影響が非常に大きい事項といえる。会派自体，法令上の根拠がある公的性格の強い組織といえ，密接関連性は認められよう（最決昭和60・6・11刑集39-5-219参照）。

また，仮に，(1)で会派内の他の議員に働きかけることの依頼も受けた場合には，①ともいえるほか，①の性質が希薄であった場合でも，②の他の公務員への影響力行使に当たり，同じく本来の自己の職務（投票）への影響と会派という公的性格から，密接関連性を肯定する余地は十分にあろう（最決昭和63・4・11刑集42-4-419参照）。

それに対して，(2)の場合は，私人へ働きかける行為であるが，本来の職務への影響は，あまり想定できない。そのような場合も，相手方への影響力が非常に強いと想定される事案で賄賂罪を認めた例がある一方（最判昭和25・2・28刑集4-2-268），単なる私的あっせんであるとして否定した例もあり（最判昭和51・2・19刑集30-1-47），より慎重な検討が必要となる。職務関連性が肯定されるのは，対象者への影響力が強く，かつそれが本来の職務権限に裏打ちされ，職務中に行われている場合などであり，それらが公務への信頼という保護法益の観点からの限界的な事例といえよう*。

＊　②のうち，この私人への影響力行使に関し職務関連性を肯定した判例には学説上の批判もかなり有力である。

事例 3
(1) 裁判官 X は，某国在外日本国大使館に一等書記官として出向していたが，その際に，過去の担当裁判の当事者から，その裁判での訴訟指揮に関する謝礼の趣旨で 100 万円を受け取った。
(2) 某市の市長である X は，次の市長選で再選を期していたが，再選後に予定されている庁舎の建て替え工事に関し，内装の受注を希望する業者 A から，入札の執行に際し有利な取扱いをするよう依頼を受け，その趣旨で 300 万円を受け取った。

1 過去の職務に関する収賄——事例 3(1)

賄賂罪は，自己の職務（一般的職務権限に属する職務・職務密接関連行為を含む。→事例 1・事例 2）に関して利益を収受することが必要である。事例 3(1)での問題は，利益と対価関係にある職務（裁判における訴訟指揮）が，現在は担当していない過去の職務であり，かつ現在の職務（外交事務）とは異なる場合にも賄賂罪の成立が認められるかというものである。

前提として，仮に，職務の変更がない場合でも，過去の職務に関して，その謝礼の趣旨で利益を収受することに賄賂罪の成立が認められるかという点にもやや争いがある。この点は保護法益の争いを反映しており，判例・多数説の信頼保護説からは，対価関係に立つのが過去の職務である場合であっても公務への信頼を害するがゆえに成立しうると解されている*。

* これに対して，職務の公正が利益により歪められることを重視する純粋性説からは，過去の職務への謝礼は，その侵害が困難であるとして否定的となる。

もっとも，判例・多数説を前提としたとしても，(1)のように職務変更がある場合には，さらに，対価関係に立つ「過去の職務」と，「現在の自己の職務」が，一般的職務権限において同一といえる限りで職務関連性が認められるとする理解も有力である（旧判例）。その見解からは，(1)のように一般的職務権限を異にする場合には，事後収賄罪（197 条の 3 第 2 項）のみが成立しうることとなる（職務上不正な行為等が行われていたことが要件となる）。しかし，現在の判例においては，一般的職務権限の異同を問わず賄賂罪が成立すると解されている（最決昭和 58・3・25 刑集 37-2-170）。職務権限が異なっても過去の公務に関する信頼を害し，間接的に現在および将来の職務執行への信頼を害するとの根拠からである。そう解すると，(1)のXには単純収賄罪（197条1項前段）が成立する。

2　将来の職務に関する収賄――事例3(2)

同じく，現在担当する職務ではないが，将来の職務に関し利益を収受する場合に賄賂罪が成立するかも問題となり，事例3(2)ではその点が問われている。一般論としては，学説では，一般的職務権限を同じくし職務を担当する蓋然性がある事項であれば，問題なく成立すると解されている（例：市長在職中の実施未決定だがありうる工事の入札業務)。ただ，(2)のXは，任期満了で市長という公務員の身分を失うため，Aから依頼を受けた事項を担当する職務（市長）にその後も就くことができるかは，確実とはいえない。

判例（最決昭和61・6・27刑集40-4-369）はそのような場合でも，現に市長として有する一般的職務権限に属し（入札の管理)，再選後に担当する具体的職務（工事の入札事務）につき利益を受けた場合，利益と職務の対価関係があるとして賄賂罪の成立を認めている。そこでは，必ずしも再選の蓋然性は問題とされていない。

本事例では，特に再選可能性がおよそないという事情もなく，かつAから具体的に特定された職務に関する依頼である「請託」が存するので，Xには受託収賄罪（197条1項後段）が成立する。

本講のポイント

- □1　賄賂罪では，賄賂たる利益と職務が対価関係に立つ必要があり，公務員等が実際に担当していない職務に対して利益提供がなされた場合でも，一般的職務権限に属する事項といえれば対価たる職務に該当しうる。
- □2　利益提供の対象となった事項について，たとえその公務としての法令上の根拠等が明確でなかったとしても，職務密接関連行為の観点から，その事項と本来の職務との関連性が強いと評価できれば，その事項は対価たる職務に該当しうる。
- □3　現在の自己の職務と一般的職務権限において異なる過去の職務，一般的職務権限を同じくする将来の職務に関して利益を収受した場合にも，判例によれば，賄賂罪は成立する。

判例索引

＊［ ］内の「総／各／Ⅰ／Ⅱ」に続く数字は，それぞれ以下の書誌の判例項目番号を表す。
総…『判例刑法総論〔第7版〕』(2018年)
各…『判例刑法各論〔第7版〕』(2018年)
Ⅰ…『刑法判例百選Ⅰ 総論〔第8版〕』(2020年)
Ⅱ…『刑法判例百選Ⅱ 各論〔第8版〕』(2020年)

徹底チェック刑法——基本をおさえる事例演習

2022年6月10日　初版第1刷発行
2024年2月15日　初版第3刷発行

著者　嶋矢貴之
小池信太郎
品田智史
遠藤聡太

発行者　江草貞治
発行所　株式会社有斐閣
〒101-0051 東京都千代田区神田神保町 2-17
https://www.yuhikaku.co.jp/
印刷　株式会社理想社
製本　大口製本印刷株式会社

ISBN 978-4-641-13954-1